本书由
中央高校建设世界一流大学（学科）
和特色发展引导专项资金
资助

中南财经政法大学"双一流"建设文库

中｜国｜经｜济｜发｜展｜系｜列

单位根和协整前沿理论的扩展与应用

杨洋 著

中国财经出版传媒集团
经济科学出版社
Economic Science Press

图书在版编目（CIP）数据

单位根和协整前沿理论的扩展与应用/杨洋著.
—北京：经济科学出版社，2019.12
（中南财经政法大学"双一流"建设文库）
ISBN 978-7-5218-1161-2

Ⅰ.①单… Ⅱ.①杨… Ⅲ.①时间序列分析－研究
Ⅳ.①F224.0

中国版本图书馆 CIP 数据核字（2019）第 291123 号

责任编辑：孙丽丽　胡蔚婷
责任校对：李　建
版式设计：陈宇琰
责任印制：李　鹏　范　艳

单位根和协整前沿理论的扩展与应用
杨洋　著

经济科学出版社出版、发行　新华书店经销
社址：北京市海淀区阜成路甲 28 号　邮编：100142
总编部电话：010-88191217　发行部电话：010-88191522
网址：www.esp.com.cn
电子邮件：esp@esp.com.cn
天猫网店：经济科学出版社旗舰店
网址：http://jjkxcbs.tmall.com
北京季蜂印刷有限公司印装
787×1092　16 开　11.5 印张　200000 字
2019 年 12 月第 1 版　2019 年 12 月第 1 次印刷
ISBN 978-7-5218-1161-2　定价：46.00 元
（图书出现印装问题，本社负责调换。电话：010-88191510）
（版权所有　侵权必究　打击盗版　举报热线：010-88191661
QQ：2242791300　营销中心电话：010-88191537
电子邮箱：dbts@esp.com.cn）

总　序

"中南财经政法大学'双一流'建设文库"是中南财经政法大学组织出版的系列学术丛书，是学校"双一流"建设的特色项目和重要学术成果的展现。

中南财经政法大学源起于 1948 年以邓小平为第一书记的中共中央中原局在挺进中原、解放全中国的革命烽烟中创建的中原大学。1953 年，以中原大学财经学院、政法学院为基础，荟萃中南地区多所高等院校的财经、政法系科与学术精英，成立中南财经学院和中南政法学院。之后学校历经湖北大学、湖北财经专科学校、湖北财经学院、复建中南政法学院、中南财经大学的发展时期。2000 年 5 月 26 日，同根同源的中南财经大学与中南政法学院合并组建"中南财经政法大学"，成为一所财经、政法"强强联合"的人文社科类高校。2005 年，学校入选国家"211 工程"重点建设高校；2011 年，学校入选国家"985 工程优势学科创新平台"项目重点建设高校；2017 年，学校入选世界一流大学和一流学科（简称"双一流"）建设高校。70 年来，中南财经政法大学与新中国同呼吸、共命运，奋勇投身于中华民族从自强独立走向民主富强的复兴征程，参与缔造了新中国高等财经、政法教育从创立到繁荣的学科历史。

"板凳要坐十年冷，文章不写一句空"，作为一所传承红色基因的人文社科大学，中南财经政法大学将范文澜和潘梓年等前贤们坚守的马克思主义革命学风和严谨务实的学术品格内化为学术文化基因。学校继承优良学术传统，深入推进师德师风建设，改革完善人才引育机制，营造风清气正的学术氛围，为人才辈出提供良好的学术环境。入选"双一流"建设高校，是党和国家对学校 70 年办学历史、办学成就和办学特色的充分认可。"中南大"人不忘初心，牢记使命，以立德树人为根本，以"中国特色、世界一流"为核心，坚持内涵发展，"双一流"建设取得显著进步：学科体系不断健全，人才体系初步成型，师资队伍不断壮大，研究水平和创新能力不断提高，现代大学治理体系不断完善，国际交流合作优化升级，综合实力和核心竞争力显著提升，为在2048年建校百年时，实现主干学科跻身世界一流学科行列的发展愿景打下了坚实根基。

"当代中国正经历着我国历史上最为广泛而深刻的社会变革，也正在进行着人类历史上最为宏大而独特的实践创新"，"这是一个需要理论而且一定能够产生理论的时代，这是一个需要思想而且一定能够产生思想的时代"①。坚持和发展中国特色社会主义，统筹推进"五位一体"总体布局和协调推进"四个全面"战略布局，实现"两个一百年"奋斗目标、实现中华民族伟大复兴的中国梦，需要构建中国特色哲学社会科学体系。市场经济就是法治经济，法学和经济学是哲学社会科学的重要支撑学科，是新时代构建中国特色哲学社会科学体系的着力点、着重点。法学与经济学交叉融合成为哲学社会科学创新发展的重要动力，也为塑造中国学术自主性提供了重大机遇。学校坚持财经政法融通的办学定位和学科学术发展战略，"双一流"建设以来，以"法与经济学科群"为引领，以构建中国特色法学和经济学学科、学术、话语体系为己任，立足新时代中国特色社会主义伟大实践，发掘中国传统经济思想、法律文化智慧，提炼中国经济发展与法治实践经验，推动马克思主义法学和经济学中国化、现代化、国际化，产出了一批高质量的研究成果，"中南财经政法大学'双一流'建设文库"即为其中部分学术成果的展现。

文库首批遴选、出版二百余册专著，以区域发展、长江经济带、"一带一路"、创新治理、中国经济发展、贸易冲突、全球治理、数字经济、文化传承、生态文明等十个主题系列呈现，通过问题导向、概念共享，探寻中华文明生生不息的内在复杂性与合理性，阐释新时代中国经济、法治成就与自信，展望人类命运共同体构建过程中所呈现的新生态体系，为解决全球经济、法治问题提供创新性思路和方案，进一步促进财经政法融合发展、范式更新。本文库的著者有德高望重的学科开拓者、奠基人，有风华正茂的学术带头人和领军人物，亦有崭露头角的青年一代，老中青学者秉持家国情怀，述学立论、建言献策，彰显"中南大"经世济民的学术底蕴和薪火相传的人才体系。放眼未来、走向世界，我们以习近平新时代中国特色社会主义思想为指导，砥砺前行，凝心聚

---

① 习近平：《在哲学社会科学工作座谈会上的讲话》，2016年5月17日。

力推进"双一流"加快建设、特色建设、高质量建设，开创"中南学派"，以中国理论、中国实践引领法学和经济学研究的国际前沿，为世界经济发展、法治建设做出卓越贡献。为此，我们将积极回应社会发展出现的新问题、新趋势，不断推出新的主题系列，以增强文库的开放性和丰富性。

"中南财经政法大学'双一流'建设文库"的出版工作是一个系统工程，它的推进得到相关学院和出版单位的鼎力支持，学者们精益求精、数易其稿，付出极大辛劳。在此，我们向所有作者以及参与编纂工作的同志们致以诚挚的谢意！

因时间所囿，不妥之处还恳请广大读者和同行包涵、指正！

中南财经政法大学校长

目 录

第一章 绪论
    第一节　研究背景与意义　　　　　　　　　　　　　2
    第二节　文献综述　　　　　　　　　　　　　　　　4
    第三节　研究思路与结构安排　　　　　　　　　　　22
    第四节　主要创新点　　　　　　　　　　　　　　　23

第二章 非对称与时变方差的 AESTAR 单位根检验
    第一节　引言　　　　　　　　　　　　　　　　　　30
    第二节　时变方差条件下的 AESTAR 单位根检验　　　33
    第三节　时变方差和序列相关条件下的 AESTAR 单位根检验　36
    第四节　不同 AESTAR 单位根检验有限样本性质及其比较　38
    第五节　基于实际汇率的购买力平价的再检验　　　　42
    第六节　本章小结　　　　　　　　　　　　　　　　46

第三章 时变方差的单位根过程的确定性趋势检验
    第一节　引言　　　　　　　　　　　　　　　　　　64
    第二节　时变方差下的 HLT 检验及其修正　　　　　　66
    第三节　时变方差下的 PY 检验及其修正　　　　　　70
    第四节　确定性趋势检验的有限样本性质及其比较　　71
    第五节　我国 CPI 数据的确定性趋势检验　　　　　　74
    第六节　本章小结　　　　　　　　　　　　　　　　77

第四章　基于协整 VECM 模型的冲击效应的识别与冲击效应的分解——中国经济增长的长期趋势

　　第一节　引言　　96
　　第二节　基于协整 VECM 模型的冲击效应及其冲击效应的识别　　98
　　第三节　中国经济增长的长期趋势　　105
　　第四节　本章小结　　122

第五章　确定性趋势和方差具有结构变化的协整检验

　　第一节　引言　　126
　　第二节　确定性趋势和方差同时存在结构变化时的协整检验　　129
　　第三节　不同协整检验的有限样本性质及其比较　　137
　　第四节　本章小结　　144

第六章　结论与展望

　　第一节　主要结论　　156
　　第二节　研究展望　　160

参考文献　　161

第一章
绪　论

第一节 研究背景与意义

无论从主流的教科书还是从国际文献中都可以看出，单位根和协整理论，一直是宏观计量经济理论和应用研究的主要领域。之所以如此，从应用看，是因为大量的宏观和金融数据，都可能由单位根过程所生成（Nelson & Plosser，1982），并且可能存在长期协整关系。从理论来说，单位根和协整检验，开辟了宏观计量新的研究领域，发现并且检验经济数据最本质的特征即趋势（共同趋势）特征。根据博斯威克（Boswijk et al.，2010）给出的统计结果，截至 2008 年 12 月，在计量经济学领域最具有权威性的期刊 *Econometrica* 上发表的引用率最高的 10 篇文献，有 3 篇是关于单位根和协整检验的，而在另一计量权威期刊 *Journal of Econometrics* 上发表的引用率最高的 5 篇文献，全部都是关于单位根和协整检验的研究。而根据卡索尔和亨德利（Castle & Hendry，2017）给出的数据，标题包含协整（cointegration）的论文和专著数量已经超过了 20 万。以上数据清晰地表明，单位根和协整在计量理论和实证应用研究中占据了重要地位。

格兰杰和纽伯尔德（Granger & Newbold，1974）研究证明非平稳变量间有可能产生"伪回归"的现象，这一结论从根本上颠覆了传统的时间序列建模方法，从此以后，对经济变量进行单位根检验成为计量实证研究所必不可少的基础性步骤。自 1979 年迪基和富勒（Dickey & Fuller）提出 DF 单位根检验方法后，其后的 20 多年的时间，被文献称为计量经济学的单位根时代。这一领域具有开创性的工作是 ADF（Said & Dickey，1984）和 PP（Phillips & Perron，1988）单位根检验。迪基和富勒（Dickey & Fuller，1979）提出的 DF 单位根检验要求扰动项独立同分布，但是大部分时间序列数据都存在序列自相关特征，这极大地限制了 DF 单位根检验的实用价值。为了解决序列自相关问题，ADF 检验在单位根检验式中增加变量的差分滞后项，而 PP 检验则通过非参的方法对 DF 统计量进行修正。ADF 和 PP 检验实质性地扩展了 DF 单位根检验的适用范围，成为实证研究中应用最广泛的单位根检验方法。

协整的概念最早是由格兰杰（Granger，1981）所提出来的，是建立非平稳变量计量模型的最重要工具，由于这一重大贡献，格兰杰获得了2003年的诺贝尔经济学奖。其核心的思想是如果两个或多个单位根（I(1)）时间序列的线性组合是平稳的（I(0)），那么这些单位根时间序列具有协整关系，这种平稳的线性组合被称为协整方程并且被解释为变量之间的长期均衡关系。为了检验变量之间是否存在协整关系，恩格尔和格兰杰（Engle & Granger，1987）提出了EG两步法，成为协整检验领域最具开创性的研究成果。EG两步法协整检验的一个明显的缺陷是只能检验变量间是否存在协整关系，但是不能确定变量间协整关系的个数。约翰森（Johansen，1988，1991，1996）开创性地提出基于向量误差修正模型（VECM）的约翰森协整检验方法，可以用于确定协整关系的个数。此外，约翰森协整检验将所有的变量都视为内生变量，完美处理了EG两步法可能面临的内生性问题。因此，约翰森协整检验自提出以来，一直是实证研究应用最广泛的协整检验方法。

以上的文献说明了标准单位根和协整检验的研究具有里程碑意义的重大突破，但是标准单位根和协整检验隐含了两个假设，一是确定性趋势和方差没有结构变化，即单位根检验方程和VECM模型中确定性趋势的截距和斜率系数都是常数、扰动项的方差保持不变。二是向长期均衡的调节是线性的，即单位根检验式中变量一阶滞后项前面的系数保持固定、VECM模型中调节系数的值是常数。

但是由于现实经济中所发生的巨大冲击，一方面很多宏观和金融经济变量的确定性趋势和方差表现出非常明显的结构变化特征（Perron，1989；Cavaliere & Taylor，2007；林建浩和王美今，2013，2016），因此考虑确定性趋势或方差结构变化的单位根和协整检验成为目前世界前沿理论研究所重点关注的焦点。另一方面，有大量的文献证实，向均衡的调节很可能是非线性、非对称的。比如由于交易成本的存在，偏离均衡值越小，调节的速度越慢，而偏离均衡的值越大，意味着可以套利的空间也就越大，因此调节的速度很可能就会越快。再比如，由于价格和工资向下调整的刚性等非对称因素，向均衡调节的速度也很有可能表现出非对称的特征。基于上述，目前世界前沿的单位根和协整检验理论进入到结构变化、非对称、非线性的研究阶段。

基于上述研究背景，本书在解读这一领域前沿文献的基础上，致力于对单位根和协整理论进行相应地扩展。我们提出了一个新的非对称和时变方差的 AE-STAR 单位根检验；在时变方差和检验变量单位根性质未知的条件下，提出两个新的确定性趋势检验方法；在确定性趋势和方差同时存在结构变化时，提出新的协整检验方法。这些新的检验方法的提出，是对现有单位根和协整检验前沿理论的进一步扩展，同时也有广泛的实证应用价值，从而体现出本书的理论创新。

此外，约翰森协整检验后续发展的一个重要方向是识别协整系统的冲击并分解冲击效应。从我国的经济现实背景看，我国实际 GDP 增长率为从 2010 年的 10.6%，持续下降到 2016 年的 6.7%，说明我国经济已经进入了中高速增长的新常态，这在一定程度上表明我国经济增长长期趋势的变化。由此所引出的问题是，能否识别导致经济增速下滑的结构冲击并分解冲击效应，经济增速持续下降的源头是哪里？如何扭转经济增长持续下滑，GDP 增速可能稳定在什么区间？为研究上述问题，我们解析了基于 VECM 模型而识别冲击和分解冲击效应的计量方法，在此基础上，根据我国宏观经济和数据，为分解我国 GDP 的长期趋势而构建 GDP 等宏观经济变量的协整系统，将简约的协整 VECM 模型转换为结构 VECM，继而转换成包含有协整信息的 VMA，基于此分解长期趋势。本书的结果为解释中国经济增长新常态提供一定的实证证据，从而具有重要的政策含义，体现出本书的应用创新。

综上所述，本书关于单位根和协整的理论和应用研究，显然是针对现实的经济问题的需要，无疑具有重要的理论和现实意义。

第二节 文 献 综 述

一、单位根检验

1. 标准单位根检验及其后续发展

迪基和富勒（Dickey & Fuller, 1979）首次提出了 DF 单位根检验方法，成为单位根检验领域具有里程碑意义的重大突破。迪基和富勒（Dickey & Fuller, 1979）从理论上证明了 DF 单位根 t 检验统计量不再渐近服从标准正态分布，其渐近分布相比于标准的正态分布左偏，单位根检验统计量的渐近分布可以用一个维纳过程所表示。迪基和富勒（Dickey & Fuller, 1979）研究的单位根检验式不包含截距项，迪基和富勒（Dickey & Fuller, 1981）进一步扩展至检验式包含有截距的情形，因此原假设变成一个带漂移的随机游走过程，这与实际观测到的大部分经济变量更加相符，极大地扩展了 DF 检验的适用范围。

DF 单位根检验中假设误差项是一个 i.i.d 过程，但是大部分的时间序列都会存在序列自相关现象，赛义德和迪基（Said & Dickey, 1984）通过在检验式中引入检验变量的差分滞后项，可以近似保证误差项是一个 i.i.d 过程，从而形成 ADF 单位根检验。

ADF 检验是基于参数的方法修正经济变量所存在的序列自相关，而菲利普斯和佩龙（Phillips & Perron, 1988）提出的 PP 单位根检验方法则利用非参的方法修正经济变量的序列自相关。通过引入长期方差估计量，使得 PP 检验的渐近分布不再依赖于冗余参数，这就去除了序列自相关的影响。

ADF 检验和 PP 检验都是目前实证应用中使用最为广泛的单位根检验方法。

昌和帕克（Chang & Park, 2002）基于时间序列无穷阶的 MA 表述，在更加宽松的假设条件之下，推导出 ADF 单位根检验的渐近分布，与此同时发现条件异方差（GARCH）不影响 ADF 单位根检验的渐近分布。

单位根检验的一个重要研究方向是提出新的有限样本性质更好的检验方法，其中具有代表性的研究成果概述如下。

艾略特等（Elliott et al., 1996）推导出单位根检验的高斯功效包络线，并提出了新的单位根检验方法（ERS 单位根检验），并证明新的单位根检验方法与高斯功效包络线相切于某一点，而在其它位置又不会远离于高斯功效包络线。蒙特卡罗实验的结果证实新的单位根检验统计量的功效显著高于传统的 ADF 单位根检验方法。

佩龙和吴（Perron & Ng, 1996）提出了新的 M 类型的单位根检验统计量，并基于一个自回归模型估计误差项的长期方差，当误差项存在接近于 -1 的 MA 根时，PP 单位根检验存在非常严重的尺度扭曲，而新的 M 类型的单位根检验可以有效地避免这一问题。

吴和佩龙（Ng & Perron, 2001）发现传统的 AIC 和 BIC 信息准则倾向于低估单位根检验式中差分滞后项的长度，因此提出了新的针对单位根检验的信息准则方法（MAIC 和 MBIC），发现新的信息准则可以明显改善单位根检验的有限样本性质。

哈林等（Hallin et al., 2011）提出了一种新的基于非参方法的单位根检验，因此不再需要假设误差项服从具体的分布，模拟的结果发现这一新的检验的有限样本性质优于 ADF、ERS 和 M 类型的单位根检验方法。

詹森和尼尔森（Jansson & Nielsen, 2012）构造了基于似然比的单位根检验方法，其理论结果证实新的单位根检验的功效函数几乎等于高斯功效包络线，因此得到了更加有效率的单位根检验方法。

侯赛因科纳奇和哈斯勒（Hosseinkouchack & Hassler, 2016）提出了新的基于方差比的单位根检验方法，而且在原假设和备择假设下新的检验统计量都不含有任何的冗余参数，其局部功效函数与 ERS 检验非常接近。

米勒和艾略特（Müller & Elliott, 2003）重点研究初始值对不同单位根检验性质的影响，结果发现，如果时间序列的初始值较大，那么 ADF 单位根检验方法要优于 ERS 单位根检验方法。

ADF、PP、ERS 和 M 类型的单位根检验方法的原假设都是所要检验的时间序列是一个单位根过程，因此不拒绝原假设也可能并不意味着变量是一个单位根过程，有可能仅仅是因为这一类的单位根检验的功效比较低。因此，为了增强结论的稳健性，克瓦特科夫斯基等（Kwiatkowski et al., 1992）提出了新的 KPSS 单位根检验方法，其原假设是一个平稳随机过程，其核心的思想是将一个时间序列分解成为确定性时间趋势、随机趋势和平稳过程三个部分，原假设是随机趋势的方差为零，这就意味着时间序列不包含随机趋势，是一个平稳的过程。

大量文献研究表明可以运用 bootstrap 方法改善单位根检验的有限样本性质。

帕克（Park, 2003）从理论上证明了 bootstrap 单位根检验的渐近分布，从而说明 bootstrap 单位根检验是渐近有效的。帕帕罗狄特斯和普里特斯（Paparoditis & Pollitis, 2003）提出了新的依据残差的 block bootstrap 单位根检验方法，推导了 block bootstrap 单位根检验的渐近分布，证明 block bootstrap 单位根检验是渐近有效的。保罗等（Palm et al., 2008）通过蒙特卡罗的方法比较了不同 bootstrap 单位根检验的有限样本性质，发现 sieve bootstrap 方法的有限样本性质要好于 block bootstrap 方法。斯迈克（Smeekes，2013）研究了确定性时间趋势对 bootstrap 单位根检验的影响，发现如果原始的检验式中包含时间趋势，那么在构造 bootstrap 单位根检验时也必须包含相同的时间趋势成分。

2. 考虑结构变化的单位根检验

以上我们梳理了有关标准单位根检验的文献，标准的单位根检验假设数据在生成过程中的参数保持不变，即单位根检验方程式确定性时间趋势的斜率、扰动项的方差都是常数，但是由于现实经济中所发生的巨大冲击，很多经济变量表现出非常明显的结构变化特征，而结构变化会对单位根检验的结果产生非常重大的影响，因此目前世界前沿的理论研究所关注的重点是结构变化对单位根检验的影响。

佩龙（Perron，1989）首次提出了具有结构变化的单位根检验，成为这一领域具有里程碑意义的突破。他证实，如果变量的确定性时间趋势存在结构变化，传统的没有考虑结构变化的单位根检验将会产生非常严重的尺度扭曲。佩龙（Perron，1989）提出了新的检验统计量，在单位根原假设和趋势平稳备择假设条件下，都允许确定性时间趋势存在结构变化，而且佩龙（Perron，1989）检验统计量不依赖于确定性趋势结构变化的幅度，但是其检验的一个缺陷是结构突变点的位置被假设为已知的，也就是说，结构突变点的位置是外生给定的。在实际应用中，结构突变点的位置通常是未知的，而错误地选取结构突变点的位置会导致佩龙（Perron，1989）检验产生尺度扭曲（Hecq & Urbain，1993；Kim et al.，2000）。蒙塔尼斯等（Montañés et al.，2005）的研究证实错误地选择时间趋势结构变化的形式也会导致严重的尺度扭曲。

后续的研究重点关注的是将结构突变点的位置推广到内生的情形。具有代表性的重要研究包括：巴内吉等（Banerjee et al.，1992）、齐沃和安德鲁斯（Zivot & Andrews，1992）、佩龙（Perron，1997）、沃格桑和佩龙（Vogelsang & Perron，1998）等。但是，这一系列研究中，结构突变只允许发生在备择假设条件下，原假设仍然是一个不含有结构变化的单位根过程。这一设定存在两个方面的缺陷。其一，如果真实的数据生成过程是具有结构变化的单位根过程，那么这些检验有可能会错误地拒绝单位根的原假设。其二，如果数据的时间趋势确实存在结构变化，这些检验并没有充分利用这一信息提高检验统计量的功效。

金和佩龙（Kim & Perron，2009）提出了一个新的单位根检验方法，允许在单位根的原假设和趋势平稳的备择假设条件下都存在断点位置未知的结构变化，其基本的思想是首先检验经济变量的确定性时间趋势是否存在结构变化，如果检验表明确定性趋势存在结构变化，那么就应用具有结构变化的单位根检验方法，但是如果检验发现确定性趋势不存在结构变化，那么就应用传统的不包含结构变化的单位根检验方法。这样就可以保证，无论确定性时间趋势是否真的存在结构变化，所构造的单位根检验都具有渐近正确的尺度。卡罗艾西尔维斯特等（Carrion-i-Silvestre et al.，2009）进一步将这一方法扩展到包含多个结构断点的情形，而且证明了如果结构突变点的位置是未知的，那么通过最小化残差平方和可以得到断点位置的一致估计量，而且基于断点位置估计量的单位根检验和断点位置已知时的单位根检验具有一样的分布。哈维等（Harvey et al.，2012）证明了金和佩龙（Kim & Perron，2009）检验方法的渐近功效函数的性质。哈维等（Harvey et al.，2013）研究发现在特定的时间趋势突变幅度条件下，卡罗艾西尔维斯特等（Carrion-i-Silvestre et al.，2009）方法的功效较低，因此他们提出了基于最小化 ADF 检验的新的检验统计量，其结果表明新的检验对于不同的结构突变的幅度都是稳健的。

哈维等（Harvey et al.，2014）研究了如果确定性时间趋势结构突变点发生的时间区间已知，如何构造更加有效率的单位根检验。

上述的文献研究的是确定性时间趋势的结构变化对单位根检验的影响，而近年来，越来越多的学者开始关注方差的结构变化对单位根检验的影响。由于有大量的文献表明宏观经济变量数据通常存在方差的结构变化（参见 Busetti & Taylor，2003；Kim & Nelson，1999；Koop & Potter，2000；McConnell & Perez-Quiros，2000；Van Dijk et al.，2002），所以这一方向也成为单位根后续研究的热点问题。

纳尔逊等（Nelson et al.，2001）、卡瓦列雷（Cavaliere，2003）研究证实，如果方差的结构变化服从平稳的马尔可夫机制转换过程，那么传统的单位根检验统计量仍然是渐近正确的。类似的，如果方差过程服从平稳的条件异方差过程，传统的单位根检验统计量也是渐近正确的（参见 Hansen & Rahbek，1998；Kim & Schmidt，1993；Ling et al.，2003）。但是如果方差过程是一个非平稳的结构突变过程，那么传统的单位根检验统计量会存在严重的尺度扭曲（Cavaliere，2004）。

金等（Kim et al.，2002）提出了一个新的单位根检验统计量，允许方差存在一个结构变化，金等（Kim，2002）检验统计量的分布取决于结构变化点的位置。但是金等（Kim，2002）检验只允许方差存在一个结构变化点。

卡瓦列雷和泰勒（Cavaliere & Taylor，2007）扩展了金等（Kim，2002）的研究，允许方差存在多个结构变化，其基本的思想是首先估计方差变化的形式，然后通过数值模拟的方法确定单位根检验的临界值。

卡瓦列雷和泰勒（Cavaliere & Taylor，2008）提出了新的基于 Wild Bootstrap 的单位根检验方法，其基本的思想是利用 Wild Bootstrap 生成与原始数据相同的方差结构变化的形式，从而构造的 Wild Bootstrap 检验统计量的分布与原检验统计量的分布相同。在证明的过程中，卡瓦列雷和泰勒（Cavaliere & Taylor，2008）假设方差变化的形式是非随机的，卡瓦列雷和泰勒（Cavaliere & Taylor，2009）进一步扩展到随机波动的形式，并证明了 Wild Bootstrap 方法的渐近有效性。

卡瓦列雷等（Cavaliere et al.，2011）重点研究了方差和确定性趋势都存在结构变化时，如何进行单位根检验。其主要的结论是，在方差存在结构变化时，基于最小化残差平方和仍然可以得到时间趋势结构断点位置的一致估计量，将估计的时间趋势结构断点的位置代入单位根检验式，再利用 Wild Bootstrap 就可以得到渐近有效的单位根检验。但是卡瓦列雷等（Cavaliere et al.，2011）考虑的是确定性时间趋势存在单个结构变化，卡瓦列雷等（Cavaliere et al.，2015）进一步扩展到确定性趋势存在多个水平突变的情形。

3. 非线性单位根检验

以上我们梳理了考虑结构变化的单位根检验方法，结构变化体现为时间趋势或者扰动项方差的变化。上述的检验假设自回归系数保持不变。这一设定意味着在平稳的备择假设条件下，向均衡的调节速度会保持不变。但有大量的文献证实，向均衡的调节很有可能是非线性的。比如由于交易成本的存在，偏离均衡值越小，调节的速度会越慢，而偏离均衡的值越大，意味着可以套利的空间也就越大，因此调节的速度就会越快。再比如，由于价格和工资向下调整的刚性等非对称因素，向均衡调节的速度也很有可能表现出非对称的特征。如果不考虑非线性调节因素，传统的单位根检验很有可能会得到错误的结论。

典型的非线性平稳时间序列模型主要包括门限自回归模型（threshold autoregressive，TAR）和平滑转移自回归模型（smooth transition autoregressive，STAR）。

相比而言，STAR 模型允许参数在不同机制之间平滑的变化，与经济现实更为接近，因此得到了非常多的应用（参见 Sarantis，1999；Taylor et al.，2001；Nobay et al.，2010）。大量的文献表明，如果真实的数据生成过程是一个非线性调节的平稳过程，那么传统的线性单位根检验的功效非常低（参见 Pippenger and Goering，1993；Balke & Fomby，1997；Pippenger & Goering，1993；Enders & Granger，1998；Taylor，2001），因此非线性的单位根检验成为目前国际上非常热门的研究领域。

卡佩塔尼奥斯等（Kapetanios et al.，2003）提出了 ESTAR（Exponential Smooth Transition Autoregressive）单位根检验，是非线性单位根检验领域最重要的文献，其备择假设是一个全局平稳的 ESTAR 过程，检验的基本思想是利用泰勒展开，将非线性的检验问题转化成为线性的检验问题。蒙特卡罗模拟的结果证明，如果真实的数据生成过程是非线性的平稳过程，那么 ESTAR 单位根检验的功效高于 ADF 单位根检验的功效。Kılıç（2010）提出了新的 ESTAR 单位根检验方法，其基本的思想是构造 Sup 类型的检验统计量，从而不需要进行泰勒展开，Kılıç（2010）证明了新方法比卡佩塔尼奥斯等（Kapetanios et al.，2003）检验方法的功效更高。

如果时间序列存在确定性的时间趋势，传统的 ESTAR 单位根检验基于 OLS 的方法去除时间趋势后，再对去趋后的数据进行单位根检验。而卡佩塔尼奥斯和申（Kapetanios & Shin，2008）提出基于 GLS 的方法去除时间趋势，蒙特卡罗实验的结果证实基于 GLS 去趋的 ESTAR 单位根检验的功效更高。

德米特斯库和克鲁斯（Demetrescua & Kruse，2012）重点研究了 ESTAR 单位根检验的功效，发现真实的数据生成过程的非线性特征越明显，那么 ESTAR 单位根检验相比于 ADF 检验的优势也就越显著。

与线性的 ADF 单位根检验类似，ESTAR 单位根检验同样是通过在检验式中增加检验变量的差分滞后项处理序列自相关，苏等（Su et al.，2013）比较了不同的选择滞后阶长度的方法的有限样本性质，结果发现，基于 MAIC 信息准则的方法有限样本性质更好。

桑德伯格（Sandberg，2015）基于 M 估计量推导出 ESTAR 单位根检验的分布，发现新的方法对于实际数据可能出现的异常值是稳健的。

贝克（Bec et al.，2008）构造了 SupWald 类型的非线性单位根检验统计量，而且允许阈值变量是变量的水平值。崔和莫（Choi & Moh，2007）、戴迪（Daiki，2008）、斯摩伍德（Smallwood，2016）利用蒙特卡罗模拟的方法比较了不同的非线性单位根检验的有限样本性质。

ESTAR 单位根检验只考虑了调节速度取决于偏离均衡的大小，但是在实际中，调节速度也很有可能取决于偏离均衡的符号，形成非对称调节的特征（Enders & Chumrusphonlert，2004；Chang et al.，2010）。索利斯（Sollis，2009）提出了新的 AESTAR（Asymmetric Exponential Smooth Transition Autoregressive）单位根检验方法，成为 ESTAR 检验非常重要的后续发展，其基本的思想是在模型中同时引入指数和逻辑函数，因此在 AESTAR 过程的备择假设条件之下，调节速度同时取决于偏离均衡的符号和大小。与卡佩塔尼奥斯等（Kapetanios et al.，2003）一样，AESTAR 检验也是利用泰勒展开，将非线性的检验问题转化成为线性的检验问题进行处理。AESTAR 单位根检验在实证研究中得到了非常广泛的应用（Chang et al.，2012；Cuestas & Staehr，2013；Su & Nguyen，2013；Chen，2014；Akdogan，2015），是目前主流的非线性和非对称单位根检验方法。

4. 单位根过程的确定性时间趋势

以上我们梳理了非线性的单位根检验方法，对于线性或者非线性的单位根检验，如果数据生成过程具有确定性时间趋势成分，那么在单位根的检验式中必须要包含确定性时间趋势项，否则会得到错误的检验结论（参见 Perron，1988；Kwiatkowski et al.，1992）。因此检验经济变量是否存在确定性的时间趋势，对于单位根检验形式的正确设定非常的重要，直接影响到单位根检验的结论正确与否。对确定性时间趋势的检验也有非常多的经济学方面的应用。比如检验 Prebisch - Singer 假说是否成立（Kim et al.，2003；Bunzel & Vogelsang，2005；Harvey et al.，2010；Ghoshray，2011）、经济增长的收敛性（Ghoshray & Khan，2015；Delgado & Rodríguez，2015）、公司特质性扰动的时间趋势（Campbell et al.，2001；Brandt et al.，2010；Vozlyublennaia，2011）、股票收益率的关联性特征（Bekaert，2010）、股票价格指数的时间趋势特征（Astill et al.，2014）等。

根据相应的计量经济学的理论，确定性时间趋势检验统计量的分布取决于经济变量是 I(0) 还是 I(1) 的数据生成过程。所以，早期的研究主要是在假设变量的平稳性质已知的条件下检验时间趋势的显著性（如 Canjels & Watson，1994；Roy et al.，2004）。但是实际上，我们缺乏经济变量是 I(0) 还是 I(1)

过程的先验信息，另一方面，检验变量的单位根性质又必须知道变量是否存在确定性时间趋势，由此而陷入一个循环检验的困境，即单位根检验和确定性时间趋势检验相互依赖。

沃格尔桑（Vogelsang，1998）提出了一个新的时间趋势检验统计量，其基本的思想是一个加权检验统计量，并不需要事先知道所要检验的经济变量是 I(0) 还是 I(1) 的变量，但是加权权重的设计非常的复杂。

哈维等（Harvey et al.，2007）同样提出一个加权的时间趋势检验，检验统计量的分布不依赖于经济变量的平稳性质，都渐近服从标准正态分布。与沃格尔桑（Vogelsang，1998）的方法相比，其权重函数的设计更加简单，模拟的结果表明其尺度和功效的性质要优于沃格尔桑（Vogelsang，1998）的方法。

哈维等（Harvey et al.，2010）重点研究的是初始值对哈维等（Harvey et al.，2007）检验方法的影响，并相应地提出了一个修正的算法，对较小和较大的数据初始值都是稳健的。

佩龙和亚布（Perron & Yabu，2009）提出了一个新的稳健的确定性时间趋势检验方法，其基本的思想是构造广义最小二乘估计量，为了提高估计量的收敛速度，提出了一个新的截断估计量，这样就可以保证在 I(0) 和 I(1) 条件下，时间趋势检验统计量的分布是完全一样的，都渐近服从于标准的正态分布。

确定性时间趋势检验的后续发展主要关注的是模型的结构变化，基本上集中于检验时间趋势是否存在结构变化。

哈维等（Harvey et al.，2009）扩展了哈维等（Harvey et al.，2007）的方法，允许确定性时间趋势存在一个结构突变点，其思想与哈维等（Harvey et al.，2007）基本一致，也是构造加权检验统计量，在此基础上通过取上确界来估计结构突变点的位置。

哈维等（Harvey et al.，2010）进一步扩展了哈维等（Harvey et al.，2009）的方法，允许截距项存在多个结构变化点，并且通过信息准则和次序检验方法确定结构变化点的数目。

索布雷拉和纽恩斯（Sobreira & Nunes，2016）将哈维等（Harvey et al.，2009）的单个时间趋势突变点的检验扩展至多个结构变化点的检验，并且构造出 Sup 类型的检验统计量确定结构变化点的数目。

佩龙和亚布（Perron & Yabu，2009）提出了一个新的检验时间趋势是否存在结构变化的检验，在结构突变的位置已知时，可以构造 Exp、Mean、Sup 类型的检验统计量，但是如果结构突变点未知，需要使用 Exp 类型的检验统计量。淳和佩龙（Chun & Perron，2013）通过蒙特卡罗模拟的方法证实佩龙和亚布（Perron & Yabu，2009）的方法优于哈维等（Harvey et al.，2009）提出的方法。

莫希托什和佩龙（Mohitosh and Perron，2010）扩展佩龙和亚布（Perron & Yabu，2009）单个结构突变点的检验至多个结构突变点的情形，也是假设经济变量的平稳性质未知，采用的是次序检验的方法确定结构突变点的个数。

由于结构变化的形式和个数通常都是未知的，阿斯蒂尔等（Astill et al.，2015）将时间趋势设定为傅利叶函数的形式，并构造出检验统计量检验在平稳性质未知的条件下，是否存在傅利叶函数形式的时间趋势。

如果检验得到时间趋势存在结构变化，哈维和莱伯恩（Harvey and Leybourne，2015）构造了新的方法估计结构突变点位置的置信区间。

在实际应用中，变量的方差也很有可能发生结构变化（Justiniano and Primiceri，2008；林建浩和王美今，2013）。但是目前还没有相关的文献研究方差的结构变化对稳健确定性时间趋势检验统计量的影响。本书将会重点研究时变方差对稳健确定性时间趋势检验的影响，并构造新的对时变方差稳健的确定性时间趋势检验统计量，从而填补国际上这一研究领域的空白。

5. 单位根检验的实证应用研究

单位根检验被广泛用于检验宏观经济变量的平稳性质。这其中最具有影响力的是纳尔逊和普洛瑟（Nelson & Plosser，1982）所做的开创性的研究工作，其研究结果表明美国大部分宏观经济变量具有单位根的特征。这一结论具有非常重要的经济学含义，特别是准确认识造成经济波动的冲击的性质。具体而言，如果宏观经济增长变量是一个单位根过程，说明冲击对宏观经济变量产生持久性的影响，因此经济波动的主要原因是技术冲击等实际冲击，这就为实际经济周期理论提供了重要的实证依据。相反地，如果宏观经济增长变量是一个平稳过程，那么冲击对宏观经济变量只会产生短暂性的影响，因此经济波动的主要原因是由货币、预期等名义因素所产生的冲击，这也就为货币主义经济周期以及凯恩斯周期理论提供了重要的实证依据（参见 Phillips & Xiao，1998）。众所周知的是，经济周期理论一直都是宏观理论研究的焦点问题，而单位根理论则为检验不同的经济周期理论提供了相应的现实证据，因此检验宏观经济增长变量，特别是检验 GDP 变量的单位根性质,一直是单位根检验实证研究的热点问题。而随着单位根检验理论的不断发展,有越来越多的文献开始基于最新的单位根检验技术重新研究宏观经济变量的性质,取得了非常丰富的研究成果。

本戴维(Ben-David,2003)研究表明经合组织(OECD)国家中有一半的 GDP 数据服从具有两个结构突变点的趋势平稳过程。克里斯托普洛斯(Christopoulos,2006)利用 ESTAR 单位根检验发现 7 个 OECD 国家的 GDP 数据服从全局平稳的非线性调节过程。凯伊里瓦尔和洛佩兹(Kejriwal & Lopez,2013)首先基于稳健的时间趋势结构突变检验方法确定 GDP 数据是否存在结构变化,然后基于稳健时间趋势的检验结果以及最小化残差平方和确定断点的方法,设定相应的单位根检验式,其结果表明考察的 19 个 OECD 国家的 GDP 数据都不能拒绝单位根的原假设。

单位根检验还被广泛用于检验购买力平价、费雪效应、经济收敛等一系列重要的经济理论。

长期购买力平价(purchasing power parity,简称 PPP)一直是国际经济学所重点研究的问题,PPP 理论的核心思想是,一篮子商品在不同国家的货币价值应该是等价的,因此如果 PPP 理论成立,那么实际汇率在长期会回复到均衡值(Perron & Vogelsang,1992)。这就说明,可以通过单位根检验的方法检验 PPP 理论,如果实际汇率是一个单位根过程,那么实际汇率不会向均衡值回复,PPP 理论不成立。早期的研究主要基于线性单位根检验方法,但是有大量的文献表明实际汇率向均衡的回复通常会表现出非线性非对称特征(Taylor & Taylor,2004;Chang et al.,2012;Kavkler et al.,2016),因此后续的研究重点关注的是在非线性和非对称的框架下检验 PPP 理论。

卡佩塔尼奥斯等(Kapetanios et al.,2003)研究发现对于 OECD 国家的实际汇率数据,ESTAR 单位根检验可以拒绝大部分序列的单位根原假设,但是 ADF 检验不能拒绝所有实际汇率的单位根原假设,这就表明实际汇率向均衡的调节表现出明显的非线性特征。索利斯(Sollis,2009)利用北欧国家的实际汇率数据检验 PPP 理论,结果表明 AESTAR 单位根检验可以拒绝挪威和瑞典实际汇率数据的单位根原假设,而且这两个序列表现出显著的非对称调节特征。昌等(Chang et al.,2012)利用 AESTAR 单位根检验研究亚洲国家实际汇率的 PPP 理论,结果发现 3 个亚洲国家的实际汇率数据表现出非线性和非对称的调节特征。

检验经济收敛是经济增长理论所重点关注的问题，经济收敛常用的指标是β收敛和σ收敛，此外，卡利诺和米尔斯（Carlino & Mills，1993）定义了随机收敛的概念，认为如果两个国家的相对收入是一个平稳过程，那么这两个国家满足随机收敛的标准。塞兰和阿比耶夫（Ceylan & Abiyev，2016）基于AESTAR检验研究15个欧洲国家的随机收敛性质，发现只有奥地利和德国满足非对称随机收敛的定义。

二、协整检验

1. 基于EG两步法的协整检验

协整的概念最早是由格兰杰（Granger，1981）所提出来的，其核心的思想是如果两个或多个单位根（I(1)）时间序列的线性组合是平稳的（I(0)），那么这些单位根时间序列具有协整关系，这种平稳的线性组合被称为协整方程并且被解释为变量之间的长期均衡关系。

为了检验变量之间是否存在协整关系，恩格尔和格兰杰（Engle & Granger，1987）提出了EG两步法，成为协整检验领域最具开创性的研究成果。EG两步法的基本思想是，首先对需要检验的变量进行回归，得到回归方程的残差项，然后对估计得到的残差进行单位根检验。如果残差项是平稳序列，那么就存在非平稳变量的线性组合使其变平稳，这些变量具有协整关系，否则这些变量就不具有协整关系。

菲利普斯和欧里亚里斯（Phillips & Ouliaris，1990）推导出EG两步法协整检验的渐近分布，在对残差做单位根检验时，既考虑了ADF单位根检验，也考察了PP单位根检验，发现二者对于EG两步法协整检验是渐近等价的。

格雷戈里和汉森（Gregory & Hansen，1996）研究了确定性趋势和协整系数存在结构变化时的EG两步法协整检验，在结构断点的位置未知时，构造了下确界的单位根检验统计量，格雷戈里和汉森（Gregory & Hansen，1996）从理论上证明了新的协整检验统计量的渐近分布，并给出了相应的临界值。

简森（Jansson，2005）利用ERS单位根检验构造了新的EG两步法协整检验，发现新的EG两步法的检验功效得到了很大程度的提高。

卡瓦列雷和泰勒（Cavaliere & Taylor，2006）研究了方差的结构变化对 EG 两步法协整检验的影响，其结果表明协整检验的分布依赖于方差结构变化的形式。

佩龙和罗德里格斯（Perron & Rodríguez，2016）考虑的是变量包含确定性趋势的 EG 两步法协整检验，其基本的思想是首先利用 GLS 回归去除变量的确定性趋势，然后再接着运用传统的 EG 两步法协整检验，蒙特卡罗模拟的结果表明新方法具有更高的检验功效。

2. 约翰森协整检验及其后续发展

EG 两步法协整检验的一个明显的缺陷是只能检验变量间是否存在协整关系，但是不能确定变量间协整关系的个数。约翰森（1988）开创性地提出基于向量误差修正模型（VECM）的约翰森协整检验方法，可以用于确定协整关系的个数。此外，约翰森协整检验将所有的变量都视为内生变量，完美处理了 EG 两步法可能面临的内生性问题。因此，约翰森协整检验自提出以来，一直是实证研究应用最广泛的协整检验方法。约翰森协整检验分为迹检验统计量和最大特征根检验统计量，二者的渐近分布都是由布朗运动所表示的随机泛函。约翰森（Johansen，1988）的研究中，VECM 模型中不包含任何确定性成分，约翰森（Johansen，1991，1994）进一步扩展至具有确定性趋势的约翰森协整检验。特别的，约翰森（Johansen，1996）将有关约翰森协整检验的一系列研究形成专著，成为约翰森检验理论研究最具有权威性的著作。

佩龙和坎贝尔（Perron & Campbell，1993）在约翰森协整检验的框架下区分了随机协整和确定性协整，如果协整向量既消除了随机趋势又消除了确定性趋势，那么称之为确定性协整，如果协整向量只能消除随机趋势，那么称之为随机协整。

卢卡库等（Lütkepohl et al.，2001）利用蒙特卡罗模型的方法比较了约翰森协整迹检验和最大特征根检验的有限样本性质，结论是并没有一种检验在所有的情况下都优于另一种检验形式。

如果时间序列存在确定性趋势，约翰森（1991，1994）直接在 VECM 模型中引入虚拟变量，另外一种可替代的方法是赛科宁和卢卡库（Saikkonen & Lütkepohl，2000）所提出来的，先基于回归的方法去除经济变量的时间趋势，然后对去除趋势后的数据进行协整检验。特伦克勒（Trenkler，2003）给出了赛科宁和卢卡库（Saikkonen & Lütkepohl，2000）方法检验统计量 p 值非常简便的计算方法。

汉森和约翰森（Hansen & Johansen，1999）构造了新的检验统计量，检验VECM模型中的协整和调节参数是否发生了结构变化。

拉赫贝克和莫斯科尼（Rahbek & Mosconi，1999）研究了VECM模型中包含平稳解释变量时的协整检验，结果发现此时的协整检验统计量包含有冗余参数，为了处理冗余参数的问题，拉赫贝克和莫斯科尼（Rahbek & Mosconi，1999）约束平稳解释变量只出现在误差修正项里面，从而得到的协整统计量的渐近分布不再含有冗余参数。而斯文森（Swensen，2011）提出可以用Bootstrap方法解决冗余参数问题。

格兰杰表述定理表明，根据VECM模型可以将协整系统分解成为四个部分：随机游走、确定性趋势、平稳成分和初始值。汉森（Hansen，2005）提出了一种新的格兰杰表述定理的证明方法。

在实际应用中VECM模型的滞后阶通常是未知的，大量的蒙特卡罗实验证实，错误地选取VECM模型的滞后阶会导致协整检验产生明显的尺度扭曲（参见Cheung & Lai，1993；Yap & Reinsel，1995；Lütkepohl & Saikkonen，1999）。实证中一般利用AIC或BIC信息准则选取VECM模型的滞后阶（Reimers，1992），曲和佩龙（Qu & Perron，2007）提出一种修正的信息准则（MAIC），其修正因子依赖于检验统计量的值，模拟的结果证实，依据MAIC的约翰森协整检验会有更好的有限样本性质。

约翰森（Johansen，2010）所重点考察的是VECM模型的识别问题，推导出施加约束的协整和调节向量系数估计的渐近分布，与此同时，还讨论了VECM模型的长期冲击和短期冲击的识别问题。

约翰森（Johansen，1996）协整检验基于条件似然函数计算特征值和特征向量，博斯威克等（Boswijk et al.，2012）将条件似然函数扩展成为完全似然函数，在此基础上推导协整秩检验统计量及其渐近分布，结果表明新方法比传统的协整检验方法的功效更高。

大量的模拟结果证实，依据渐近分布的约翰森协整检验通常存在明显的尺度扭曲（Toda，1994，1995；Ho & Sorensen，1996；Gonzalo & Pitarakis，1999）。为了改善约翰森协整检验的有限样本性质，有两种可能的解决思路。其一是对约翰森协整检验检验统计量进行修正，从而使检验统计量有限样本的分布与渐近分布更加接近。其中最具有代表性的研究成果是约翰森（Johansen，2002），约翰森（Johansen，2002）提出的修正因子取决于随机游走函数的矩条件。

第二种改善约翰森协整检验有限样本性质的方法是利用Bootstrap算法。

斯文森（Swensen，2006）首次推导出Bootstrap协整检验的渐近分布，成为这一领域具有重大意义的突破，斯文森（Swensen，2006）在理论上证明了，Bootstrap协整检验统计量的分布与原始的约翰森协整检验分布完全一样，这样就可以保证依据Bootstrap方法可以得到渐近正确的临界值，斯文森（Swensen，2006）还证明了Bootstrap协整检验估计得到的协整秩小于真实协整秩的概率收敛于零。

斯文森（Swensen，2006）在研究Bootstrap协整检验时假设VECM模型的滞后阶是已知的，卡莎和特伦克勒（Kascha & Trenkler，2011）所重点研究的是VECM模型的滞后阶是未知时的Bootstrap协整检验，滞后阶的长度通过最小化信息准则得到，结果发现，在滞后阶未知的条件下，Bootstrap协整检验仍然可以明显地改善基于渐近分布协整检验的有限样本性质。

斯文森（Swensen，2006）在生成Bootstrap样本的时候，协整和调节系数矩阵用的是原假设下的估计量，而滞后项系数矩阵用的是无约束条件下的估计量，卡瓦列雷等（Cavaliere et al.，2012）提出了一个新的Bootstrap协整检验方法，在生成Bootstrap样本时，所有的系数都用的是原假设下的估计量，蒙特卡罗实验的结果表明新方法的有限样本性质好于斯文森（Swensen，2006）的方法。卡瓦列雷等（Cavaliere et al.，2012）研究的是无确定性趋势、受约束的截距和受约束的线性趋势三种确定性成分的设定，而卡瓦列雷等（Cavaliere et al.，2015）进一步扩展至无约束的截距和无约束的线性趋势两种确定性成分的设定。

当变量存在确定性趋势时，斯文森（Swensen，2006）和卡瓦列雷等（Cavaliere et al.，2012）所设计的Bootstrap算法都是在VECM模型中加入确定性趋势成分，而特伦克勒（Trenkler，2009）设定出一种新的Bootstrap算法，即先去除变量的确定性趋势，然后再进行协整检验，模拟的结果证实新的Bootstrap算法同样具有很好的有限样本性质。

3. 考虑结构变化的约翰森协整检验

以上我们重点梳理了标准协整检验的相关文献，标准协整检验所隐含的假设是，模型中的参数保持固定不变，即确定性趋势的系数与扰动项的方差都是常数。大量的文献表明，由于现实经济中的巨大冲击，宏观经济变量的确定性趋势通常会发生结构变化（Stock & Watson，1996，1999，2005；Perron & Zhu，2005）。目前已经有大量的文献研究确定性趋势具有结构变化的单位根检验（Perron，1989；Zivot & Andrews，1992；Kim & Perron，2009；Harris et al.，2009），但是关于确定性趋势具有结构变化的约翰森协整检验的研究却相对较少。

伊诺（Inoue，1999）研究了确定性时间趋势的结构变化对协整检验的影响，但是结构突变被假设为只发生在备择假设条件下。

约翰森等（Johansen et al.，2000）开创性地提出确定性趋势存在结构变化时的协整检验，成为这一领域具有重大意义的突破，其核心的思想是在 VECM 模型中引入虚拟变量，基于此刻画确定性趋势的结构变化，约翰森等（Johansen et al.，2000）假设确定性趋势存在多个突变点位置已知的结构变化，从理论上推导了确定性趋势存在结构变化时的协整检验统计量的渐近分布，并且给出了相应的渐近分布的临界值。

不同于约翰森等（Johansen et al.，2000）直接在 VECM 模型加入虚拟变量，另一类型的检验思路是首先去除变量中具有结构变化的确定性趋势，再对去除趋势后的数据进行协整检验。这一类的检验包括赛科宁和卢卡库（Saikkonen & Lütkepohl，2000）和特伦克勒等（Trenkler et al.，2008），其中赛科宁和卢卡库（Saikkonen & Lütkepohl，2000）允许变量确定性趋势的截距发生结构变化，而特伦克勒等（Trenkler et al.，2008）允许确定性趋势的截距和斜率都发生结构变化。

卢卡库等（Lütkepohl et al.，2003）利用蒙特卡罗的方法比较特伦克勒等（Trenkler et al.，2000）和赛科宁和卢卡库（Saikkonen & Lütkepohl，2000）检验的有限样本性质，结论是赛科宁和卢卡库（Saikkonen & Lütkepohl，2000）的方法有更好的尺度和功效的性质。特伦克勒（Trenkler，2005）的研究证明，如果真实的数据生成过程的确定性趋势存在水平的结构变化，传统的不考虑确定性趋势结构变化的协整检验会产生严重的尺度扭曲。

约翰森等（Johansen et al.，2000）、赛科宁和卢卡库（Saikkonen & Lütkepohl，2000）和特伦克勒等（Trenkler et al.，2008）都假设确定性趋势结构变化点的位置是已知的，而在实际应用中突变位置很有可能是未知的。卢卡库等（Lütkepohl et al.，2004）扩展赛科宁和卢卡库（Saikkonen & Lütkepohl，

2000）的方法至结构突变点未知的情形，其基本的思路是先根据最小化残差平方和估计出结构突变点的位置，然后去除经济变量的确定性成分，最后对去除时间趋势之后的数据进行协整检验。赛科宁等（Saikkonen et al.，2006）在卢卡库等（Lütkepohl et al.，2004）的基础上提出了一个新的结构断点估计量，并基于蒙特卡罗方法比较两个结构断点估计量的有限样本性质。与赛科宁和卢卡库（Saikkonen & Lütkepohl，2000）一样，卢卡库等（Lütkepohl et al.，2004）和赛科宁等（Saikkonen et al.，2006）都假设确定性趋势只发生截距的结构变化。哈里斯等（Harris et al.，2016）扩展了约翰森等（Johansen et al.，2000）和特伦克勒等（Trenkler et al.，2008）的研究，允许确定性趋势的截距和斜率都发生结构变化，而且结构变化点的位置是未知的，其核心思想与卢卡库等（Lütkepohl et al.，2004）一样，也是利用最小化残差平方和估计出结构变化点的位置，然后再将估计的结构断点代入对应的模型进行协整检验，哈里斯等（Harris et al.，2016）证明了结构断点位置估计量的一致性，并推导了协整检验的渐近分布。约翰森等（Johansen et al.，2000）假设确定性趋势可以存在多个结构变化，但是哈里斯等（Harris et al.，2016）假设确定性趋势只存在一个结构变化。

相关文献表明，大量宏观和金融变量存在方差的结构变化（Kim & Nelson，1999；Justiniano & Primiceri，2008），因此方差发生结构变化时的协整检验同样也是目前协整理论研究的前沿问题。

希尔（Seo，2007）研究了条件异方差对VECM模型中协整向量估计的影响，结果发现协整向量的系数服从混合正态分布，而且其渐近分布依赖于条件异方差的形式。

卡瓦列雷等（Cavaliere et al.，2010）证明了，如果方差存在结构变化，那么传统的约翰森（Johansen，1996）协整检验统计量不再收敛于根据同方差假定推导的渐近分布，其渐近分布的形式依赖于多变量方差转换的布朗运动（variance transformed Brownian motion），卡瓦列雷等（Cavaliere et al.，2010）提出了新的基于Wild Bootstrap的协整检验方法，并从理论上证明了Wild Bootstrap协整检验渐近有效性。卡瓦列雷等（Cavaliere et al.，2014）进一步改进了卡瓦列雷等（Cavaliere et al.，2010）提出Wild Bootstrap算法，得到了更好的有限样本性质。

程和菲利普斯（Cheng & Phillips，2012）提出基于信息准则的方法选择具有时变方差的 VECM 模型的协整秩，从渐近理论上证明了利用 BIC 和 HQ 信息准则可以得到协整秩的一致估计量，但 AIC 信息准则不能得到协整秩的一致估计量。

博斯威克等（Boswijk et al.，2016）研究了方差的结构变化对协整向量估计的影响，从理论上证明了传统的协整向量系数的检验统计通常不适用于时变方差的情形，对 VECM 模型参数的似然比检验不再服从卡方分布，因此提出修正的 Wald 检验和 Wild Bootstrap 算法对参数进行假设检验，蒙特卡罗实验的结果表明新方法具有非常好的有限样本性质。

涂和易（Tu & Yi，2017）研究了方差的结构变化对 VECM 模型预测能力的影响，结论是基于模型平均的参数估计可以得到更好的预测效果。

但是目前还没有文献研究确定性趋势和扰动项的方差同时存在结构变化时，如何进行协整检验。

4. 协整检验的应用研究

格兰杰和纽伯尔德（Granger & Newbold，1974）所提出的非平稳变量间有可能产生"伪回归"的现象，从根本上颠覆了传统的时间序列建模方法。由于大部分的宏观和金融变量具有非平稳的单位根特征，因此协整检验成为针对非平稳变量的最重要的计量方法。另外，有大量的经济学理论模型表明宏观和金融经济变量间存在长期均衡关系，而协整方程所刻画的正是变量之间的长期均衡关系。因此可以用协整方法检验这些经济理论，从而协整检验具有很强的经济学理论基础。在 American Economic Review 等国际顶级的经济学期刊，出现大量的基于协整检验的实证研究（Maccini et al.，2004；Lettau & Ludvigson，2004；Shambaugh，2004；Beaudry & Portier，2006；Corsetti & Konstantinou，2012），由此而凸显出协整检验的重大应用价值。

目前也有大量的考虑结构变化的协整检验的实证研究。

查班（Chaban，2010）利用特伦克勒等（Trenkler et al.，2008）所提出的考虑时间趋势结构变化的协整检验方法研究加拿大和美国的实际汇率、商品价格之间的长期关系，结果并没有发现这些变量存在长期协整关系。

李和达利（Li & Daly，2009）基于约翰森（Johansen，2000）考虑时间趋势结构变化的协整检验研究中国 GDP、消费和投资之间的长期协整关系，1978 年中国经济改革开放政策导致中国宏观经济变量的长期趋势产生结构变化，检验结果证实中国 GDP、消费和投资之间具有共同的随机趋势。

肯珀（Kemper et al., 2011）基于约翰森（Johansen, 2000）考虑时间趋势结构变化的协整检验研究德国 GDP、消费和投资之间的长期协整关系，其结果表明，如果考虑因为世界技术进步率下降而造成的时间趋势的结构变化，那么平衡经济增长假说对于德国是成立的。

第三节 研究思路与结构安排

本书共分为六章，其主要研究思路与结构安排如下：

第一章为绪论，分别阐述了本书的研究背景、理论实践意义、国内外研究综述、研究思路及主要创新点。

第二章扩展了前沿的单位根检验理论。本书重点研究时变方差和非对称的 AESTAR 单位根检验。同时研究了时变方差对非对称 AESTAR 单位根检验的影响。并提出了一个新的基于非参调整的序列相关稳健 AESTAR 检验以及 Wild Bootstrap 算法，证明了 Wild Bootstrap 序列相关稳健 AESTAR 检验的渐近性质。我们提供了一系列的蒙特卡罗模拟验证新的 AESTAR 单位根检验的有限样本性质。我们应用新的 AESTAR 单位根检验研究亚洲国家的实际汇率，为购买力平价（PPP）理论的研究提供新的证据。

第三章扩展了前沿的确定性趋势检验理论。我们将 HLT 和 PY 确定性趋势检验同方差假设扩展到时变方差的假设。并从理论上推导了时变方差条件下 HLT 和 PY 检验的渐近分布，在此基础上，我们提出了两个新的对时变方差稳健的确定性时间趋势检验。我们从理论上证明了新的检验统计量的渐近分布。我们用蒙特卡罗模拟的方法研究了不同确定性趋势检验的有限样本性质。最后，本章还应用新的检验方法研究我国 CPI 数据的时间趋势特征，得到了有意义的研究结论。

第四章解析了基于 VECM 模型而识别冲击和分解冲击效应的 KPSW 计量理论，在此基础上，根据我国宏观经济和数据，为分解我国 GDP 的长期趋势而构建 GDP 等宏观经济变量的协整系统，将简约的协整 VECM 模型转换为结构

VECM，继而转换成包含有协整信息的 VMA，基于此分解长期趋势。根据长期趋势的演变，基于左右截尾的正态分布而推断经济新常态的数量特征。

第五章扩展了前沿的协整检验理论。我们将标准的约翰森协整检验理论扩展至确定性趋势和方差同时存在结构变化的情形。并从理论上推导了确定性趋势和方差同时存在结构变化时协整检验统计量的渐近分布，在此基础上，我们提出了新的 Wild Bootstrap 协整检验方法，从理论上证明了 Wild Bootstrap 协整检验统计量的渐近有效性。我们设计了一系列的蒙特卡罗实验比较不同协整检验方法的有限样本性质。

第六章，对全书进行了总结，说明本书中存在的不足，并对未来的进一步可能的研究方向做了初步探讨。

第四节　主要创新点

相对已有文献，本书的主要创新是进一步扩展了世界前沿的单位根和协整理论，本书的理论工作既是对目前世界前沿计量方法论研究的发展，也有广泛的实证应用价值，从而体现出本书的理论创新。具体而言，本书计量方法论研究的创新之处，可以归纳为以下几点：

（1）我们提出了一个新的非对称和时变方差的 AESTAR 单位根检验，我们将传统的 AESTAR 单位根检验同方差假设扩展到时变方差的假设，从而可以允许方差存在一个或者多个结构变化，结构变化的个数、形式和时点都假设为未知的。我们推导了在时变方差条件下的 AESTAR 单位根检验统计量 F 的渐近分布，发现其显著不同于同方差假定下的分布。我们提出新的 Wild Bootstrap AESTAR 单位根检验 F^B，其渐近分布收敛于 AESTAR 单位根检验统计量 F 的渐近分布，因此检验 F^B 有渐近正确的尺度。蒙特卡罗模拟实验表明传统 AESTAR 检验（F^C）在方差存在结构变化时，存在相当严重的尺度扭曲。对于方差存在 1 个结构变化点的情形（方差从 1 结构变化为 1/4），当 T = 200 时，F^C 检验的实际尺度为 28.9%，而相应的 F^B 检验的实际尺度为 6.8%，明显修正了 F^C 检验的尺度扭曲。进一步，我们还将上述方差具有结构变化的 AESTAR 检验推广到同时存在时变方差和序列自相关的情形。我们参考 PP 单位根检验，基于非参调整的方法，提出一个新的序列相关稳健的 AESTAR 单位根检验 F_A。我们从理论上证明了 F_A 的渐近分布与误差没有自相关时 F 的渐近分布完全一样。这就意味着，基于固定方差假设的 AESTAR 单位根检验 F_A^C，适用于误差只存在自相关而不存在时变方差的情形。在时变方差的条件下，我们提出新的 Wild Bootstrap 序列相关稳健的 AESTAR 单位根检验 F_A^B。我们从理论上证明了检验 F_A^B 适用于同时存在自相关和时变方差的情形。蒙特卡罗实验发现，当方差固定时，检验 F_A^C 对序列相关是稳健的。然而，当方差存在结构变化时，检验 F_A^C 存在明显的尺度扭曲。例如，对于方差存在 1 个结构变化点的情形（方差从 1 结构变化为 1/4），当 T = 200 时，F_A^C 检验的实际尺度为 19.2%，相反，F_A^B 检验的实际尺度为 5.6%，因此检验 F_A^B 对于时变方差和序列相关都是稳健的。

（2）我们将目前世界前沿的 HLT(z_δ) 和 PY(t_{PY}) 确定性趋势检验的同方差假设扩展到时变方差的假设，从而可以允许方差存在一个或者多个结构变化，结构变化的个数、形式和时点都假设为未知的。我们从理论上证明了时变方差改变了 z_δ 和 t_{PY} 检验的渐近分布而导致这两个检验都失效了。基于上述发现，本书提出了两个新的确定性时间趋势检验。即在时变方差的假设下，本书基于徐（Xu, 2012）所提出的新的长期方差估计量对 z_δ 和 t_{PY} 检验进行修正，分别得到两个新的修正后的检验 z_δ^m 和 t_{PY}^m。我们从理论上证明，在时变方差下，不论时间序列是单位根过程（I(1)）还是平稳过程（I(0)），z_δ^m 和 t_{PY}^m 检验都会渐近收敛于标准正态分布。因此，在时变方差和变量单位根性质未知条件下，可以利用 z_δ^m 和 t_{PY}^m 对变量的确定性时间趋势进行检验。蒙特卡罗模拟证实，当方差固定的时候，所有的确定性趋势检验统计量都表现良好。但是当存在方差的结构变化时，检验统计量 z_δ 和 t_{PY} 有明显的尺度扭曲。比如，当 T = 500，κ = 1/3，τ = 0.2 和 ρ = 0.5 时，检验统计量 z_δ 的尺度高达 11.8%，但是相应的检验统计量 z_δ^m 的尺度为 6.4%。当 T = 500，κ = 1/3，τ = 0.2 和 ρ = 0.8 时，检验统计量 t_{PY} 的尺度高达 15.9%，但是相应的检验统计量 t_{PY}^m 的尺度为 5.6%。以上的结果从数值的角度证实，检验统计量 z_δ^m 和 t_{PY}^m 的渐近分布为正态分布，但是检验统计量 z_δ 和 t_{PY} 的渐近分布不是正态分布。

（3）我们将标准的约翰森协整检验理论扩展至确定性趋势和方差同时存

结构变化的情形。与标准的约翰森协整检验相比，我们在 VECM 模型中增加虚拟变量，因此允许确定性趋势存在多个结构变化，一方面我们假设确定性趋势结构变化的时点是已知的，另一方面，我们假设 VECM 模型扰动项的方差是时变的，从而可以允许方差存在一个或者多个结构变化，方差结构变化的个数、形式和时点都是未知的。我们从理论上推导了确定性趋势和方差同时存在结构变化时协整检验统计量 Q_r 的渐近分布，发现其渐近分布同时取决于确定性趋势结构变化的时点和方差结构变化的形式，因此这一渐近分布显著不同于标准协整检验 J_r^C（Johansen，1996）、只考虑确定性趋势结构变化的协整检验 Q_r^C（Johansen et al.，2000）和只考虑方差结构变化的协整检验 J_r^B（Cavaliere et al.，2014）。在此基础上，我们提出了新的 Wild Bootstrap 协整检验方法 Q_r^B，从理论上证明了 Wild Bootstrap 协整检验统计量 Q_r^B 的渐近分布与原始的协整检验统计量 Q_r 的分布完全一样，这就证明 Wild Bootstrap 协整检验具有渐近正确的尺度。我们模拟了一系列情况，对四种协整检验（J_r^C、J_r^B、Q_r^C 和 Q_r^B）的有限样本性质进行了深入的比较分析。如果确定性时间趋势和方差同时存在结构变化，那么这 4 种协整检验中，只有本书所提出来的 Q_r^B 检验具有正确的尺度性质。比如，当方差存在两个结构变化，在 $T=400$，$\sigma_1=3$，$\tau=0.4$ 时，检验 J_r^C、J_r^B 和 Q_r^C 的实际尺度分别为 84.9%、28.2% 和 55.2%，存在非常严重的尺度扭曲，但是在相同的条件之下，Q_r^B 的尺度为 5.9%。这从数值的角度证实了本书研究的理论分布。

我们基于本书所提出的新计量方法和前沿的 VECM 模型结构冲击识别和分解理论，创新性地研究我国经济的现实问题，从而形成本书的应用创新。具体而言，本书的应用创新可以概述如下：

（1）我们解析了基于 VECM 模型而识别冲击和分解冲击效应的 KPSW 计量理论，在此基础上，根据我国宏观经济和数据，为分解我国 GDP 的长期趋势而构建 GDP 等宏观经济变量的协整系统，将简约的协整 VECM 模型转换为结构 VECM，继而转换成包含有协整信息的 VMA，基于此分解长期趋势。根据长期趋势的演变，基于左右截尾的正态分布而推断经济新常态的数量特征。KPSW 冲击识别理论是协整理论重要的后续发展，我们在国内首次基于 KPSW 理论分解我国经济新常态下的长期趋势，得到的结果有很丰富的政策含义，从而体现了本书的应用创新。分解结果表明，我国 GDP 的长期趋势发生结构性下移：2001～2009 年期间，GDP 的长期趋势的年均增长率为 9.88%，而 2010～2014 年则下移到7.85%，2014年更是下降到7.6个百分点。我国现阶段GDP增长速度的持续下降，主要源于长期趋势的结构性下移。GDP的短期成分围绕着长期趋势而波动，形成了与货币、预期变化等短期冲击基本吻合的波动形态。特别是短期成分从2013年开始向下波动，2014年短期成分下降幅度达到0.55，形成下降的短期成分与长期趋势相互重合，我国现阶段处于长期趋势的结构性下移和短期成分下降的叠加期。这一结果表明，我国GDP增速持续下降来源于长期趋势的结构性下移，遏制经济增长的持续下降最为重要的途径是通过促进和培育长期经济增长因素而促进经济的长期增长，通过实时适度刺激而扭转短期成分的下降。我国GDP的长期趋势从2010年的9.44%持续下降到2014年的7.6%，由长期趋势的理论内涵和我国的现实可以看出，资本积累和技术进步的速度下降、人口红利消失等供给因素和其它长期经济增长因素，驱动长期趋势的结构性下移。从这个角度来说，长期趋势的结构性下移所隐含的意义之一是对应的宏观经济形成某种弱供给特征，因此，长期趋势的结构性下移，亦可以作为供给侧结构性改革的计量证据。经济新常态的宏观经济管理，应从过去的刺激为主的宏观调控转变为促进和培育长期经济增长因素和加强供给侧的结构性改革为主，从而形成具有持久经济增长效应的长期经济发展动力，增强经济增长稳健的长期趋势。与此同时，在GDP的短期成分下行或者周期性下滑，实时适度地实施刺激性调控。根据本书的分解结果，2014年可以作为实施适度刺激经济的时间节点并且延续至短期成分的止跌回升。

（2）我们将新的AESTAR单位根检验应用于亚洲国家和地区的实际汇率数据，发现大部分的实际汇率数据表现出明显的时变方差的特征。在25个实际汇率数据中，检验F_A^C可以在1%（5%）显著性水平下拒绝9（10）个实际汇率数据的单位根原假设。然而，检验F_A^B只能在1%（5%）显著性水平下拒绝0（3）个实际汇率数据的单位根原假设。因此，检验F_A^C过度拒绝了单位根的原假设。我们还发现一些实际汇率数据表现出明显的非对称调节特征。典型的，马来西亚林吉特兑美元的实际汇率和泰国泰铢兑人民币的实际汇率都表现出明显的非对称调节，对于偏离其均衡（平均）值的正向偏差，相比相同幅度的负向偏差表现得更加具有持续性，这意味着正向偏差的调节速度比负向偏差慢。相应地，检验F_A^B能够在10%的显著性水平拒绝单位根的原假设，因此这两个数据存在非对称调节。这就意味着，基于PPP理论所确定的实际汇率的长期均衡值是存在的，但是向长期均衡值的调整是一个更为复杂的非对称、非线性过程，AESTAR 单位根检验揭示出一种特殊形式的 PPP 理论。从这个角度上说，本书为检验 PPP 理论提供了一个崭新的视角，体现出本书的应用创新。

（3）我们利用新的确定性趋势检验方法检验我国的 CPI 数据是否具有确定性时间趋势。对我国 CPI 环比数据确定性趋势的检验直接影响后续非线性、单位根等检验结果的可靠性，而确定性趋势检验结果本身也具有重要的经济学含义。基于卡瓦列雷和泰勒（Cavaliere & Taylor，2007）构造的方差形式的估计，我们发现我国 CPI 环比数据存在显著的时变方差的特征。在 5% 显著性水平，t_{PY} 检验可以拒绝 CPI 环比数据不存在时间趋势的原假设，但是 z_δ^m 和 t_{PY}^m 不能拒绝不存在时间趋势的原假设。根据本书的理论和仿真结果，时变方差条件下 z_δ^m 和 t_{PY}^m 的结果更加可靠。这一实证结果充分体现出本书所提出的新的确定性趋势检验的实用价值。

第二章
非对称与时变方差的 AESTAR 单位根检验

第一节 引　　言

　　众所周知，单位根检验和非平稳的单位根数据，自20世纪提出以来，一直是计量经济理论研究的重点，更是应用研究不可替代的基础性检验。之所以如此，从理论来说，单位根检验，开辟了宏观计量新的研究领域，发现并且检验经济数据最本质的特征（即长期趋势特征）。从实际应用上看，格兰杰和纽伯尔德（Granger & Newbold，1974）研究证明非平稳变量间有可能产生"伪回归"的现象，这一里程碑式的发现从根本上颠覆了传统的时间序列建模方法，从此以后，对经济变量进行单位根检验成为计量实证研究所必不可少的基础性步骤。大量文献证实宏观和金融数据通常都是由单位根过程所生成（Nelson & Plosser，1982），由此而凸显出单位根方法巨大的实用价值。自1979年迪基和富勒提出DF单位根检验方法后，其后的20多年的时间，被文献称为计量经济学的单位根时代，这一段时间所形成的单位根检验的理论，最主要的标志是，单位根检验的原假设是单位根过程，但是备选假设是平稳过程；检验方程一般是线性方程，检验统计量是t统计量，但是其渐近分布函数是相对于正态分布左偏的非对称非标准分布，即渐近分布函数是以维纳过程表述的随机泛函。为简洁，我们称其为标准单位根检验。这一领域具有开创性的工作是ADF（Said & Dickey，1984）和PP（Phillips & Perron，1988）单位根检验。迪基和富勒（1979）提出的DF单位根检验要求扰动项独立同分布，但是大部分时间序列数据都存在序列自相关特征，这极大限制了DF单位根检验的实用价值。为了解决序列自相关问题，ADF检验在单位根检验式中增加变量的差分滞后项，而PP检验则通过非参的方法对DF统计量进行修正。ADF和PP检验实质性地扩展了DF单位根检验的适用范围，成为实证研究中应用最广泛的单位根检验方法。

　　ADF和PP等标准的单位根检验假设数据生成过程中的参数保持不变，即单位根检验式中的确定性趋势的系数和扰动项的方差都是常数。但是由于现实经济中所发生的巨大冲击，很多经济变量表现出非常明显的结构变化特征，而结构变化会对单位根检验的结果产生非常重大的影响，因此考虑结构变化的单位根检验成为目前世界前沿理论研究所重点关注的焦点，由此而形成单位根检验最前沿的方法论研究。佩龙（Perron，1989）首次提出了确定性时间趋势具有结构变化的单位根检验，成为这一领域具有里程碑意义的突破，深刻地影响了单位根方法的后续发展。佩龙（Perron，1989）假设时间趋势结构断点的位置是已知的，后续的研究进一步扩展至时间趋势结构突变点位置是未知的情形（Zivot & Andrews，1992；Perron，1997；Kim & Perron，2009；Harvey et al.，2013），由此形成一系列重要的单位根理论研究成果。不仅时间趋势有可能会发生结构变化，经济变量的方差也很有可能发生结构变化（Kim & Nelson，1999；Justiniano & Primiceri，2008）。但是相比于考虑时间趋势结构突变的单位根检验，考虑方差结构变化的单位根检验进展极其缓慢。直到最近，卡瓦列雷和泰勒（Cavaliere & Taylor，2007，2008，2009）提出了新的对方差结构变化稳健的单位根检验方法，可以允许方差存在多个结构变化，其核心思想在于利用 Wild Bootstrap 方法模拟原始数据中方差结构变化的特征。特别的，卡瓦列雷等（Cavaliere et al.，2015）研究了时间趋势和方差同时存在多个结构变化的单位根检验，将结构变化单位根检验提高到一个崭新的高度。这一系列研究是单位根检验又一次具有革命性的创新，形成了这一领域的最前沿。

确定性趋势或者方差结构变化的单位根检验与标准单位根检验一样，都假设自回归系数保持不变。这一设定意味着在平稳的备择假设条件下，变量向均衡的调节速度会保持不变。但有大量的文献证实，向均衡的调节很有可能是非线性、非对称的。比如由于交易成本的存在，偏离均衡值越小，调节的速度越慢，而偏离均衡的值越大，意味着可以套利的空间也就越大，因此调节的速度就会越快。再比如，由于价格和工资向下调整的刚性等非对称因素，向均衡调节的速度也很有可能表现出非对称的特征。进入 21 世纪后，单位根检验进入非对称、非线性的研究阶段，其基本标志是，检验方程设定为门限自回归模型（threshold autoregressive，TAR）或者平滑转移自回归模型（smooth transition autoregressive，STAR），由此刻画实际数据的非平稳非线性动态演变的特征。具有开辟性意义的研究是卡佩塔尼奥斯等（Kapetanios et al.，2003）提出的 ESTAR（Exponential Smooth Transition Autoregressive）单位根检验，其备择假设是一个全局平稳的 ESTAR 过程，检验的基本思想是利用泰勒展开，将非线性的检验问题转化成为线性的检验问题。蒙特卡罗模拟的结果证明，如果真实的数据生成过程是非线性的平稳过程，那么 ESTAR 单位根检验的功效显著高于标准的 ADF 单位根检验的功效。ESTAR 单位根检验缺陷在于，调节速度只取决于偏离均衡的大小，但是在实际中，向长期均衡调节速度也很有可能取决于偏离均衡的符号，即调节速度表现出非对称特征（Enders & Chumrusphonlert，2004；Chang et al.，2010）。索利斯（Sollis，2009）提出了新的 AESTAR（Asymmetric Exponential Smooth Transition Autoregressive）单位根检验方法，成为 ESTAR 检验非常重要的后续发展，其基本的思想是在模型中同时引入指数和逻辑函数，因此在 AESTAR 过程的备择假设条件之下，调节速度同时取决于偏离均衡的符号和大小。AESTAR 单位根检验方法在实证研究中得到了广泛的应用（Chang et al.，2012；Chen，2014；Akdogan，2015），成为目前主流的非线性和非对称单位根检验工具。

不难看出，目前单位根理论研究的前沿在于结构变化、非线性和非对称调节对单位根检验的影响。但是还没有文献考虑同时存在结构变化和非对称调节时的单位根检验。本章研究的目的，是提出一个新的非对称和时变方差的 AESTAR 单位根检验，我们将传统的 AESTAR 单位根检验同方差假设扩展到时变方差的假设，从而可以允许方差存在一个或者多个结构变化，结构变化的形式可以是突然变化或者是平滑转移变化，结构变化的时点也假设为未知的。我们推导出时变方差条件下的 AESTAR 单位根检验的渐近分布，发现这一分布显著不同于同方差假设下得到的结果，我们提出用 Wild Bootstrap 方法计算时变方差条件下的 AESTAR 单位根检验的临界值，我们从理论上证明了 Wild Bootstrap 检验统计量的渐近分布与原始的 AESTAR 单位根检验统计量的分布完全一样，因此 Wild Bootstrap 算法可以得到渐近正确的临界值。传统的 AESTAR 单位根检验通过在检验式增加变量的差分滞后项处理序列自相关问题，而我们参考 PP 单位根检验的思路，提出一个新的基于非参调整的对序列相关稳健的 AESTAR 单位根检验统计量，我们从理论上证明了 Wild Bootstrap 序列相关稳健的 AESTAR 单位根检验适用于同时存在序列相关的时变方差的情形。我们设计了一系列的蒙特卡罗模拟验证不同单位根检验的有限样本性质，基于数值模拟的结果证实了我们的理论推导。最后，本章还应用新的 AESTAR 单位根检验研究亚洲国家的实际汇率数据，基于此提供购买力平价理论的新证据。基于上述理论，本章是对现有单位根检验前沿理论进一步的扩展，体现出本书的理论创新。

本章的主要内容安排如下。本章的第 2 节研究时变方差的 AESTAR 单位根检验，我们首先假设误差项不存在序列自相关，而第 3 节研究同时存在时变方差和序列自相关的 AESTAR 单位根检验，第 4 节利用蒙特卡罗模拟的方法研究不同 AESTAR 单位根检验的有限样本性质，第 5 节利用我们提出的新方法和实际汇率数据检验购买力平价（PPP）理论，第 6 节是本章的小结。本章的附录给出了本章所有定理的具体证明过程。

第二节　时变方差条件下的 AESTAR 单位根检验

AESTAR 模型可以设定为：

$$\Delta y_t = G_t(\gamma_1, y_{t-1})\{S_t(\gamma_2, y_{t-1})\rho_1 + (1 - S_t(\gamma_2, y_{t-1}))\rho_2\}y_{t-1} + u_t \quad (2.1)$$

$$G_t(\gamma_1, y_{t-1}) = 1 - \exp(1 - \gamma_1(y_{t-1}^2)) \quad \gamma_1 \geqslant 0 \quad (2.2)$$

$$S_t(\gamma_2, y_{t-1}) = [1 + \exp(-\gamma_2 y_{t-1})]^{-1} \quad \gamma_2 \geqslant 0 \quad (2.3)$$

由于 AESTAR 模型同时使用了逻辑转移函数和指数转移函数，因此调节速度取决于偏离均衡的大小与符号，因此向长期均衡的调节具有非对称、非线性的特征。我们假设误差项服从如下的假设条件：

假设 2.1　$u_t = \sigma_t \varepsilon_t$，其中 $\varepsilon_t \sim iid(0, 1)$，而且对于一些 r≥4，有 $E|\varepsilon_t|^r < K < \infty$。

假设 2.2　波动项 σ_t 满足：$\sigma_{\lfloor sT \rfloor} = \omega(s)$，其中 $s \in [0, 1]$，$\omega(s)$ 是非随机的而且严格为正。对 t<0 有 $\sigma_t \leqslant \sigma^* < \infty$。

我们首先考虑的是 ε_t 不存在序列相关的情形，这意味着 u_t 是鞅差分序列。随后我们将会考虑误差项存在序列相关的情况。假设 2.1 和 2.2 将固定方差过程扩展到时变方差过程，并且可以包含大量的时变方差形式，比如一个或多个方差结构变化的形式，方差结构变化的形式和时点都假设成未知的，具体可以参见卡瓦列雷和泰勒（Cavaliere & Taylor, 2007）的讨论。容易证明 AESTAR 过程全局平稳的条件（参见 Kapetanios et al., 2003）可以

表示为 γ_1、$\gamma_2 > 0$ 以及 $-2 < \rho_1$、$\rho_2 < 0$。

AESTAR 单位根的原假设可以表示为：$H_0: \gamma_1 = 0$（Sollis, 2009）。但是参数 γ_2、ρ_1 和 ρ_2 都不能识别。为了解决不可识别参数的问题，我们可以将式（2.1）进行泰勒展开，得到如下的辅助回归方程式：

$$\Delta y_t = \varphi_1 y_{t-1}^3 + \varphi_2 y_{t-1}^4 + v_t \tag{2.4}$$

其中 $v_t = u_t + R_t$，而 R_t 是泰勒展开的余项。

根据式（2.4），AESTAR 单位根的原假设等价于 $H_0: \varphi_1 = \varphi_2 = 0$。基于此构造 AESTAR 单位根检验统计量为：

$$F = \frac{\hat{\Phi}'(\sum_{t=1}^T X_t X_t) \hat{\Phi}}{2\hat{s}^2} \tag{2.5}$$

其中 $X_t = [y_{t-1}^3, y_{t-1}^4]'$，$\hat{\Phi} = [\hat{\varphi}_1, \hat{\varphi}_2]'$，$\hat{\varphi}_1$ 和 $\hat{\varphi}_2$ 是根据式（2.4）得到的 OLS 估计量，$\hat{s}^2 = (T-2)^{-1} \sum_{t=1}^T (\Delta y_t - \hat{\varphi}_1 y_{t-1}^3 - \hat{\varphi}_2 y_{t-1}^4)^2$。为了得到时变方差条件下，AESTAR 单位根检验统计量的渐近分布，参考卡瓦列雷和泰勒（Cavaliere & Taylor, 2007），我们定义方差形式为：

$$\eta(s) = \left(\int_0^1 \omega(r)^2 dr\right)^{-1} \int_0^s \omega(r)^2 dr \tag{2.6}$$

定义 $\bar{\omega} = \int_0^1 \omega(r)^2 dr$，代表的是渐近平均方差。将方差转换的布朗运动定义为 $B_\eta(s) = B(\eta_s)$，其中 $B(\cdot)$ 是一个标准的布朗运动，$\eta_s = \left(\int_0^1 \omega(r)^2 dr\right)^{-1} \int_0^s \omega(r)^2 dr$ 是时变方差形式。使用上述的定义，我们可以得到如下的渐近分布。

定理 2.1 假设 y_t 的数据生成过程为式（2.1）~式（2.3），$\gamma_1 = 0$，在假设 2.1 和 2.2 成立时，有：

$$F \xrightarrow{w} \frac{H'Q^{-1}H}{2} = \xi \tag{2.7}$$

其中：

$$H = \begin{bmatrix} \int_0^1 B_\eta(s)^3 dB_\eta(s) \\ \int_0^1 B_\eta(s)^4 dB_\eta(s) \end{bmatrix}, \quad Q = \begin{bmatrix} \int_0^1 B_\eta(s)^6 ds & \int_0^1 B_\eta(s)^7 ds \\ \int_0^1 B_\eta(s)^7 ds & \int_0^1 B_\eta(s)^8 ds \end{bmatrix}$$

从定理 2.1 可以看出，时变方差条件下，AESTAR 单位根检验的分布显著不同于索利斯（2009）基于同方差假设所推导出的分布。因此索利斯（Sollis, 2009）提出的渐近临界值不再适用。为了得到存在时变方差时 AESTAR 单位根检验的正确临界值，我们建议使用 Wild Bootstrap 方法。Wild Bootstrap 方法的核心思想是在重新生成的 Bootstrap 数据中复制原始的时变方差的模式。Wild Bootstrap 算法概述如下。

（1）生成 Bootstrap 残差 $u_t^* = \hat{v}_t \zeta_t$，其中 $\hat{v}_t$ 是回归方程（2.4）所得到的残差项，ζ_t 是一个独立同分布序列，满足 $E(\zeta_t) = 0$ 和 $E(\zeta_t^2) = 1$。参考一些学者的研究（Davidson & Flachaire, 2008），我们取 ζ_t 为一个两点分布：$p(\zeta_t = 1) = p(\zeta_t = -1) = 0.5$。

（2）基于 Bootstrap 残差构建 Bootstrap 样本：$y_t^* = \sum_{i=1}^{t} u_i^*$。

（3）基于 $\{y_t^*\}_{t=1}^{T}$ 计算 AESTAR 单位根检验，记为 F^*。

$$F^* = \frac{(\hat{\Phi}^*)'(\sum_{t=1}^{T} X_t^*(X_t^*)')\hat{\Phi}^*}{2(\hat{s}^*)^2} \quad (2.8)$$

其中：$\hat{\Phi}^* = (\sum_{t=1}^{T} X_t^*(X_t^*)')^{-1}(\sum_{t=1}^{T} X_t^* \Delta y_t^*)$，$(\hat{s}^*)^2 = (T-2)^{-1} \sum_{t=1}^{T} (\Delta y_t^* - (X_t^*)'\hat{\Phi}^*)^2$，$X_t^* = [(y_{t-1}^*)^3, (y_{t-1}^*)^4]'$。

（4）计算 Bootstrap 方法形成的 p 值，$P^* = 1 - G^*(F)$，其中 $G^*(\cdot)$ 代表 F^* 的累积密度函数。

下面我们给出 Wild Bootstrap 检验的渐近性质。

定理 2.2 假设 y_t 的数据生成过程为式（2.1）～式（2.3），$\gamma_1 = 0$，在假设 2.1 和 2.2 成立时，有：

$$F^* \xrightarrow{w}_{p} \xi \quad (2.9)$$

定理 2.2 表明 F^* 和 F 有相同的渐近分布，因此，使用 Wild Bootstrap 的统计量 F^* 的渐近分布收敛于 F 的渐近分布，这就表明了当样本量趋近于无穷大的时候，Wild Bootstrap 的统计量 F^* 所形成的临界值与原始的检验统计量 F 完全一样，这就说明，在时变方差的条件下，Wild Bootstrap 的 AESTAR 单位根检验具有渐近正确的尺度。

第三节　时变方差和序列相关条件下的 AESTAR 单位根检验

以下我们将模型扩展到误差项包含序列相关的情形。为了引入序列相关，我们将假设 2.1 扩展为假设 2.3。

假设 2.3　(a) $u_t = C(L)e_t$，$e_t = \sigma_t \varepsilon_t$，$C(L) = \sum_{j=0}^{\infty} c_j L^j$。(b) $\varepsilon_t \sim iid(0, 1)$ 而且对于一些 $r \geq 8$ 有 $E|\varepsilon_t|^r < K < \infty$。(c) $\sum_{j=0}^{\infty} j|c_j| < \infty$。(d) 对 $|z| \leq 1$，有 $C(z) \neq 0$。

在（a）中，我们将误差项 u_t 表述为一个无穷阶的 MA 过程，基于此刻画误差项存在的序列自相关的特征。在（b）中，我们要求误差项具有有限的 8 阶矩。在（c）中，我们约束 MA 过程的系数满足可求和的条件。在（d）中，我们约束误差项 u_t 是一个 I(0) 过程。以下我们给出时变方差和序列相关条件下 AESTAR 单位根检验统计量的渐近分布。

定理 2.3　假设 y_t 的数据生成过程为式 (2.1)~式 (2.3)，$\gamma_1 = 0$，在假设 2.2 和 2.3 成立时，有：

$$F \xrightarrow{w} \frac{H_d Q_d^{-1} H_d}{2 \bar{c}_2 \bar{\omega}^2} \qquad (2.10)$$

其中：

$$H_d = \begin{bmatrix} \bar{c}_1^4 \bar{\omega}^4 \int_0^1 B_\eta(s)^3 dB_\eta(s) + 3\kappa \bar{c}_1^2 \bar{\omega}^2 \int_0^1 B_\eta(s)^2 ds \\ \bar{c}_1^5 \bar{\omega}^5 \int_0^1 B_\eta(s)^4 dB_\eta(s) + 4\kappa \bar{c}_1^3 \bar{\omega}^3 \int_0^1 B_\eta(s)^3 ds \end{bmatrix},$$

$$Q_d = \begin{bmatrix} \bar{c}_1^6 \bar{\omega}^6 \int_0^1 B_\eta(s)^6 ds & \bar{c}_1^7 \bar{\omega}^7 \int_0^1 B_\eta(s)^7 ds \\ \bar{c}_1^7 \bar{\omega}^7 \int_0^1 B_\eta(s)^7 ds & \bar{c}_1^8 \bar{\omega}^8 \int_0^1 B_\eta(s)^8 ds \end{bmatrix},$$

$$\bar{c}_1 = C(1), \kappa = (\bar{c}_1^2 - \bar{c}_2)\bar{\omega}^2/2, \bar{c}_2 = \sum_{k=0}^{\infty} c_k^2 \text{。}$$

定理 2.3 表明，序列相关会导致 AESTAR 单位根检验统计量的渐近分布存在额外的冗余参数。在同方差的假设下，索利斯（Sollis，2009）通过在检验式中加入变量的差分滞后项处理自相关。我们参考菲利普斯（Phillips，1987）和菲利普斯和佩龙（Phillips & Perron，1988）的研究，提出一个新的 AESTAR 单位根检验如下：

$$F_A = \left(\frac{\hat{\sigma}^2}{\hat{\lambda}^2}\right) F - \left(\frac{1}{2\hat{\lambda}^2}\right)(A'Q_A^{-1}B + B'Q_A^{-1}A + B'Q_A^{-1}B) \quad (2.11)$$

其中：

$$B = \begin{bmatrix} (3/2)(\hat{\lambda}^2 - \hat{\sigma}^2)\sum_{t=1}^{T} y_{t-1}^2 \\ 2(\hat{\lambda}^2 - \hat{\sigma}^2)\sum_{t=1}^{T} y_{t-1}^3 \end{bmatrix}, Q_A := \begin{bmatrix} \sum_{t=1}^{T} y_{t-1}^6 & \sum_{t=1}^{T} y_{t-1}^7 \\ \sum_{t=1}^{T} y_{t-1}^7 & \sum_{t=1}^{T} y_{t-1}^8 \end{bmatrix},$$

$$A := \begin{bmatrix} (1/4)y_T^4 - (3/2)\hat{\lambda}^2 \sum_{t=1}^{T} y_{t-1}^2 \\ (1/5)y_T^5 - 2\hat{\lambda}^2 \sum_{t=1}^{T} y_{t-1}^3 \end{bmatrix}$$

$\hat{\lambda}^2$ 是 $\{u_t\}$ 长期方差的一致估计量。检验 F_A 的渐近分布如下。

定理 2.4 假设 y_t 的数据生成过程为式（2.1）~式（2.3），$\gamma_1 = 0$，在假设 2.2 和 2.3 成立时，有：

$$F_A \xrightarrow{w} \xi \quad (2.12)$$

定理 2.4 表明，对于同方差的情形，检验 F_A 的渐近分布与同方差且不含有序列自相关条件下的检验统计量的分布完全一样，因此序列相关稳健的统计量 F_A 适用于只含有序列相关但是方差固定不变的情形。但是在时变方差的假设下，检验 F_A 的渐近分布仍然取决于未知的方差形式，所以我们依然运用 Wild Bootstrap 计算检验 F_A 的临界值。Wild Bootstrap 算法如前所述。我们有如下的结果。

定理 2.5 假设 y_t 的数据生成过程为式（2.1）~式（2.3），$\gamma_1 = 0$，在假设 2.2 和 2.3 成立时，有：

$$F^* \xrightarrow[p]{w} \xi \quad (2.13)$$

定理 2.5 表明，检验 F_A 的渐近分布与 Wild Bootstrap 检验 F^* 的渐近分布完全一样，由此说明 Wild Bootstrap 方法是渐近正确的。注意到由于我们所生成的 Wild Bootstrap 样本不含有序列自相关，所以计算 Wild Bootstrap 检验统计量时，我们仍然可以用不考虑序列相关的 F 检验，得到 Wild Bootstrap 检验 F^*。

第四节 不同 AESTAR 单位根检验有限样本性质及其比较

一、时变方差条件下的 AESTAR 单位根检验的有限样本性质

下面我们通过蒙特卡罗模拟的方法来评估传统和 Wild Bootstrap AESTAR 单位根检验的有限样本性质。传统和 Wild Bootstrap AESTAR 单位根检验分别表示为 F^C 和 F^B。F^C 使用索利斯（Sollis，2009）得到的基于固定方差假设的临界值进行检验。我们在 5% 显著性水平评估实际的尺度和功效。所有蒙特卡罗模拟都是基于 $N=2\,000$ 次模拟和 $N_B=499$ 次 Bootstrap 模拟。所有的蒙特卡罗模拟都使用去除均值的模拟数据（因为在实际应用中非零平均值是最常见的，参见 Taylor et al., 2001）。由于检验统计量的分布与均值的取值是无关的，为了简便，我们将平均值设置为零（参见 Kapetanios et al., 2003）。因此，为了研究检验统计量 F^C 和 F^B 的尺度性质，数据生成过程是没有漂移项的单位根过程，$y_t = y_{t-1} + u_t$，其中 $u_t = \sigma_t \varepsilon_t$，$\varepsilon_t \sim iidN(0, 1)$，假设 σ_t 具有以下的时变方差模式：

模式 1：方差存在 1 个结构变化。$\sigma_t^2 = \sigma_0^2 + (\sigma_1^2 - \sigma_0^2) I(t > T\tau)$，其中 $\tau = 0.5$。

模式 2：方差存在 2 个结构变化。$\sigma_t^2 = \sigma_0^2 + (\sigma_1^2 - \sigma_0^2) I(T\tau_1 < t \leqslant T\tau_2)$，其中 $\tau_1 = 0.3$，$\tau_2 = 0.7$。

不失一般性，我们假设 $\sigma_0 = 1$ 并且使 $\delta = \sigma_1/\sigma_0$ 在 $\{4, 1/4\}$ 之间变化。为

了比较，我们还考虑了标准的 ESTAR 和 DF 单位根检验。传统 ESTAR 和 DF 单位根检验被表示为 t_{KSS}^C 和 t_{DF}^C，分别使用卡佩塔尼奥斯等（Kapetanios et al.，2003）和迪基和富勒（Dickey & Fuller，1979）得到的基于固定方差假设的渐近临界值进行检验。Wild Bootstrap ESTSR 和 DF 单位根检验分别表示为 t_{KSS}^B 和 t_{DF}^B。

表 2-1 报告了检验统计量的尺度性质。主要的发现可概述如下。对于固定方差的情形，F^C 和 F^B 检验的实际尺度都接近于 5%。然而，对于方差存在 1 个或 2 个结构变化点的情形，F^C 检验存在相当严重的尺度扭曲。例如，对于方差存在 1 个结构变化点的情形，当 T = 200，δ = 1/4 时，F^C 检验的实际尺度为 28.9%，尺度扭曲比 t_{KSS}^C 和 t_{DF}^C 更加明显。因此，在时变方差的条件下，使用传统临界值会导致 AESTAR 单位根检验产生严重的尺度扭曲。相反，表 2-1 表明，F^B 检验在时变方差条件下仍然表现良好。在绝大部分情形下，F^B 实际的尺度都非常接近于 5%，典型的例子是，当 T = 200，δ = 1/4 时，F^B 检验的实际尺度为 6.8%，明显修正了 F^C 检验的尺度扭曲。因此蒙特卡罗模拟从数值的角度证实了我们的理论结果。

表 2-1　　　　　　　　5% 显著性水平下的有限样本尺度

	T	传统检验			Wild bootstrap		
		F^C	t_{KSS}^C	t_{DF}^C	F^B	t_{KSS}^B	t_{DF}^B
		固定方差					
	100	0.070	0.041	0.051	0.058	0.068	0.058
	200	0.067	0.049	0.057	0.059	0.060	0.052
		方差存在一个结构变化					
δ = 4	100	0.129	0.092	0.053	0.051	0.051	0.051
δ = 4	200	0.140	0.103	0.056	0.075	0.077	0.074
δ = 1/4	100	0.294	0.218	0.192	0.049	0.049	0.053
δ = 1/4	200	0.289	0.220	0.181	0.068	0.073	0.059
		方差存在两个结构变化					
δ = 4	100	0.163	0.126	0.051	0.064	0.053	0.050
δ = 4	200	0.170	0.123	0.058	0.065	0.079	0.062
δ = 1/4	100	0.186	0.127	0.128	0.045	0.047	0.040
δ = 1/4	200	0.222	0.147	0.131	0.062	0.068	0.056

我们现在考虑传统的和 Wild Bootstrap AESTAR 单位根检验的有限样本功效。备择假设是（2.1）中的全局平稳的 AESTAR 过程。为了节约篇幅，我们在这里报告一些具有代表性的结果。样本大小设置为 T = 200，名义尺度设置为 5%。我们令 $\gamma_1 = 0.1$，$\gamma_2 = 1$，$\rho_1 = -0.05$，并且令 ρ_2 在 $\{-0.05, -0.30, -0.90\}$ 之间变化。表 2-2 报告了传统的和 Wild Bootstrap AETSAR 单位根检验的功效。表 2-2 中的主要结论可以概述如下。在大多数情况下，F^C 和 F^B 的经过尺度调整的功效非常接近。而当不对称性非常明显时，F^B 明显比 t_{KSS}^B 和 t_{DF}^B 有更大的功效。这就凸显出 F^B 检验的优势。

表 2-2　　　　　　　　　　5%显著性水平下的功效

	ρ_1	ρ_2	传统检验			Wild bootstrap		
			F^C	t_{KSS}^C	t_{DF}^C	F^B	t_{KSS}^B	t_{DF}^B
			固定方差					
	-0.05	-0.05	0.229	0.217	0.183	0.234	0.232	0.217
	-0.05	-0.30	0.710	0.590	0.591	0.700	0.603	0.602
	-0.05	-0.90	0.944	0.735	0.823	0.936	0.717	0.822
			方差存在一个结构变化					
$\delta = 4$	-0.05	-0.05	0.264	0.251	0.343	0.289	0.284	0.371
$\delta = 4$	-0.05	-0.30	0.612	0.449	0.666	0.632	0.469	0.709
$\delta = 4$	-0.05	-0.90	0.792	0.460	0.746	0.768	0.454	0.746
$\delta = 1/4$	-0.05	-0.05	0.069	0.086	0.061	0.101	0.119	0.071
$\delta = 1/4$	-0.05	-0.30	0.302	0.297	0.225	0.359	0.355	0.234
$\delta = 1/4$	-0.05	-0.90	0.629	0.437	0.466	0.633	0.439	0.438
			方差存在两个结构变化					
$\delta = 4$	-0.05	-0.05	0.247	0.240	0.343	0.280	0.256	0.379
$\delta = 4$	-0.05	-0.30	0.604	0.479	0.716	0.605	0.475	0.708
$\delta = 4$	-0.05	-0.90	0.747	0.453	0.740	0.756	0.452	0.749
$\delta = 1/4$	-0.05	-0.05	0.103	0.121	0.077	0.130	0.149	0.098
$\delta = 1/4$	-0.05	-0.30	0.395	0.378	0.258	0.446	0.412	0.319
$\delta = 1/4$	-0.05	-0.90	0.745	0.521	0.540	0.751	0.522	0.548

二、时变方差和序列相关条件下的 AESTAR 单位根检验的有限样本性质

为了评价对序列相关的处理,我们通过一系列蒙特卡罗实验研究序列相关稳健的传统的和 Wild Bootstrap AESTAR 单位根检验。序列相关稳健的传统的和 Wild Bootstrap AESTAR 单位根检验分别记为 F_A^C 和 F_A^B。F_A^C 使用从索利斯(Sollis, 2009)得到的基于固定方差假设的临界值。数据生成过程设计为 $y_t = y_{t-1} + u_t$,其中 $u_t = \tilde{\alpha} u_{t-1} + e_t$,$e_t = \sigma_t \varepsilon_t$,使得在假设 2.3 中 $C(L) = (1 + \tilde{\alpha}L + \tilde{\alpha}^2 L^2 + \cdots)$。为了简洁,我们仅考虑 $\tilde{\alpha} = 0.5$。我们令 σ_t 的时变方差与模式 1 或模式 2 相同。出于比较的目的,我们还考虑其他两个相关的检验。一种是由罗斯和西伯森(Rothe & Sibbertsen, 2006)提出的基于非参调整的 ESTAR 单位根检验,另一种是标准 PP 单位根检验。传统的非参调整的 ESTAR 和 PP 单位根检验分别表示为 t_{RS}^C 和 t_{PP}^C,使用在固定方差条件下的临界值进行检验。相应的 Wild Bootstrap 检验表示为 t_{RS}^B 和 t_{PP}^B。

有限样本尺度性质的模拟结果总结在表 2-3 中。首先考虑固定方差的情况,当 T = 100 时,检验 F_A^C 仍然存在明显的尺度扭曲。但是当 T = 200 时,检验 F_A^C 的尺度扭曲明显被消除。因此,当方差固定时,检验 F_A^C 对序列相关是稳健的。然而,对于方差存在 1 个或者 2 个结构变化点的情况,检验 F_A^C 存在明显的尺度扭曲,并且随着样本长度增加,尺度扭曲仍然存在。例如,对于方差存在 1 个结构变化点的情形,当 T = 200,$\delta = 1/4$ 时,F_A^C 检验的实际尺度为 19.2%,尺度扭曲比 t_{RS}^C 和 t_{PP}^C 更加明显。相反,检验 F_A^B 在有限样本中表现良好,当 T = 200,$\delta = 1/4$ 时,F_A^B 检验的实际尺度为 5.6%,因此检验 F_A^B 对于时变方差和序列相关都是稳健的。

表 2-3　5% 显著性水平下的有限样本尺度(时变方差和序列相关同时存在)

T	传统检验			Wild bootstrap		
	F_A^C	t_{RS}^C	t_{PP}^C	F_A^B	t_{RS}^B	t_{PP}^B
	固定方差					
100	0.113	0.073	0.064	0.037	0.046	0.052
200	0.078	0.062	0.058	0.046	0.057	0.053

续表

	T	传统检验			Wild bootstrap		
		F_A^C	t_{RS}^C	t_{PP}^C	F_A^B	t_{RS}^B	t_{PP}^B
		方差存在一个结构变化					
$\delta = 4$	100	0.194	0.070	0.086	0.021	0.029	0.029
$\delta = 4$	200	0.122	0.039	0.066	0.033	0.038	0.044
$\delta = 1/4$	100	0.231	0.126	0.183	0.041	0.056	0.075
$\delta = 1/4$	200	0.192	0.115	0.186	0.056	0.075	0.066
		方差存在两个结构变化					
$\delta = 4$	100	0.193	0.107	0.066	0.023	0.033	0.049
$\delta = 4$	200	0.136	0.088	0.060	0.033	0.039	0.045
$\delta = 1/4$	100	0.193	0.095	0.146	0.031	0.055	0.049
$\delta = 1/4$	200	0.137	0.086	0.135	0.046	0.063	0.057

未报告的蒙特卡罗模拟结果还表明，在时变方差和序列相关同时存在的条件下，检验 F_A^B 和 F_A^C 经过尺度调整的功效非常相似。这与只存在时变方差时的结果是一致的。

第五节　基于实际汇率的购买力平价的再检验

在本节中，我们将 AESTAR 单位根检验应用于亚洲国家和地区的实际汇率。值得注意的是，备择假设是一个全局平稳的 AESTAR 过程，意味着对购买力平价（PPP）的不对称调整。从文献可以看出，长期购买力平价（purchasing power parity，简称 PPP）一直是国际经济学所重点研究的问题，PPP 理论的核心思想是，一篮子商品在不同国家的货币价值应该是等价的，因此如果 PPP 理论成立，那么实际汇率在长期会回复到均衡值（Perron & Vogelsang，1992）。这就说明，可以通过单位根检验的方法检验 PPP 理论。如果实际汇率是一个单位根过程，那么实际汇率不会向均衡值回复，PPP 理论不成立；反之，如果检验发现实际汇率是一个时变方差的 AESTAR 过程,说明存在向长期均衡的非对称调整,PPP 理论是成立的。早期的研究主要基于线性单位根检验方法,但是有大量的文献表明实际汇率向均衡的回复通常会表现出非线性非对称特征(Taylor & Taylor,2004;Chang et al.,2012;Kavkler et al.,2016),因此后续的研究重点关注的是在非线性和非对称的框架下检验 PPP 理论。本书基于新提出的 Wild Bootstrap AESTAR 单位根检验方法对 PPP 理论进行再检验,不仅充分考虑了实际汇率向长期均衡调整的非对称特征,并且检验结论对于实际汇率普遍存在的时变方差是稳健的。因此新的检验方法非常具有针对性,从而体现出本书的应用创新。

本书重点研究 13 个亚洲国家和地区(即中国,中国香港,印度,印度尼西亚,日本,马来西亚,缅甸,尼泊尔,菲律宾,新加坡,斯里兰卡,泰国,韩国)的实际汇率,用美元(USD)和人民币(CY)作为参考货币。所有数据均来自国际货币基金组织。所有变量都是其对数形式。基于数据的可得性,本书使用 1990 年 1 月~2015 年 12 月的月度数据。

为了分析实际汇率数据中的时变方差形式,参考卡瓦列雷和泰勒(Cavaliere & Taylor,2007)的研究,本书通过下式估计方差形式 η_s:

$$\hat{\eta}_s = \frac{\sum_{t=1}^{\lfloor sT \rfloor} \Delta \hat{y}_t^2 + (sT - \lfloor sT \rfloor) \Delta \hat{y}_{\lfloor sT \rfloor + 1}^2}{\sum_{t=1}^{T} \Delta \hat{y}_t^2} \qquad (2.14)$$

其中,$\Delta \hat{y}_t$ 是数据去除均值后再做一阶差分。卡瓦列雷和泰勒(Cavaliere & Taylor,2007)研究表明 $\hat{\eta}_s$ 是 η_s 的一致估计量。

限于篇幅,图 2-1 给出了人民币、日元和林吉特兑美元的实际汇率,泰铢兑人民币的实际汇率,其中虚线表示的是拟合的均值。对应的方差形式的估计

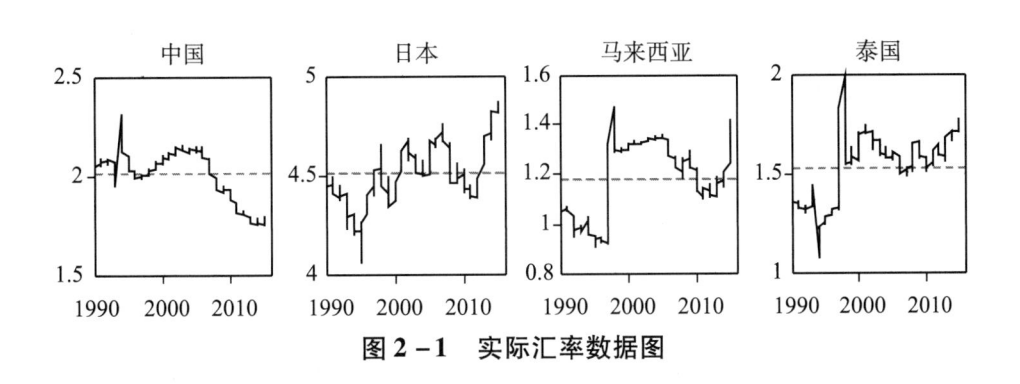

图 2-1 实际汇率数据图

由图 2-2 给出，其中 45°线对应的是一个固定方差过程，偏离 45°线的程度越大，说明时变方差的特征越明显。图 2-2 表明除日本汇率以外的 3 个实际汇率数据存在明显的时变方差特征。

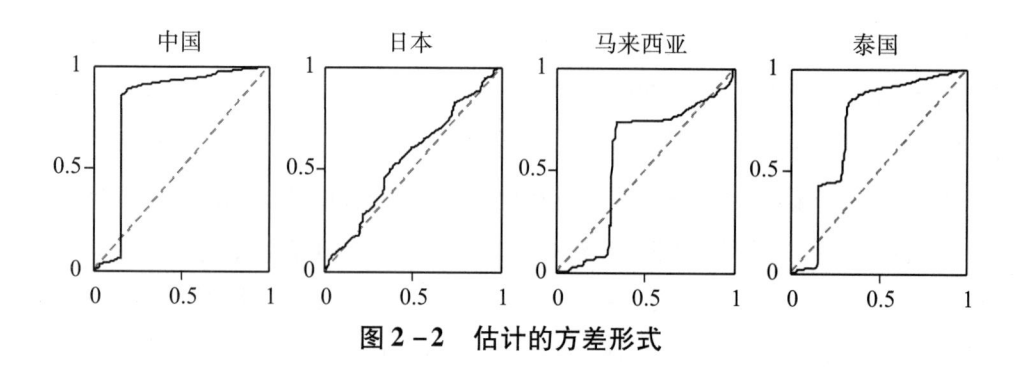

图 2-2 估计的方差形式

表 2-4 报告了 F_A^C 的检验统计量值、Wild Bootstrap 检验 F_A^B，t_{RS}^B 和 t_{PP}^B 的 Bootstrap-p 值。检验 F_A^C 和 F_A^B 表现出明显的差异，这意味着，在考虑时变方差后，我们很可能得到完全不同的结论。在 25 个实际汇率数据中，检验 F_A^C 可以在 1%（5%）显著性水平下拒绝 9（10）个实际汇率数据的单位根原假设。然而，检验 F_A^B 只能在 1%（5%）显著性水平下拒绝 0（3）个实际汇率数据的单位根原假设。因此，检验 F_A^C 过度拒绝了单位根的原假设。根据我们的理论和数值结果，在存在时变方差的条件下，检验 F_A^B 的结论比检验 F_A^C 更加可靠。这一结果充分体现出新的检验方法的优势。

表 2-4 实际汇率的单位根检验的结果

	以美元为基准				以人民币为基准			
	F_A^C	F_A^B	t_{RS}^B	t_{PP}^B	F_A^C	F_A^B	t_{RS}^B	t_{PP}^B
中国	1.981	0.962	0.998	0.994	—	—	—	—
中国香港	15.01***	0.309	0.293	0.323	1.571	0.970	0.922	0.948
印度	1.259	0.882	0.770	0.715	21.21***	0.018**	0.064*	0.050*
印尼	28.07***	0.307	0.389	0.170	7.834***	0.130	0.070*	0.106
日本	1.127	0.818	0.691	0.561	0.905	0.936	0.974	0.988
马来西亚	8.028***	0.090*	0.267	0.653	1.388	0.880	0.898	0.986
缅甸	2.275	0.234	0.000***	0.000***	1.506	0.255	0.000***	0.000***

续表

	以美元为基准				以人民币为基准			
	F_A^C	F_A^B	t_{RS}^B	t_{PP}^B	F_A^C	F_A^B	t_{RS}^B	t_{PP}^B
尼泊尔	2.002	0.473	0.445	0.595	11.45***	0.066*	0.110	0.022**
菲律宾	2.285	0.577	0.615	0.617	1.922	0.794	0.840	0.657
新加坡	1.812	0.573	0.511	0.589	1.774	0.896	0.860	0.389
斯里兰卡	1.868	0.651	0.860	0.806	4.219*	0.463	0.339	0.002***
泰国	9.129***	0.080*	0.036**	0.253	7.289***	0.030**	0.108	0.824
韩国	7.331***	0.040**	0.050*	0.084*	4.989**	0.066*	0.024**	0.168

注：我们报告了检验 F_A^C 的检验统计量值、Wild Bootstrap 检验 F_A^B，t_{RS}^B 和 t_{PP}^B 的 Bootstrap-p 值。检验 F_A^C 临界值来自索利斯（Sollis，2009）。***，**，* 分别表示在1%、5%和10%的显著性水平下显著。

我们现在开始讨论可能存在的非对称调节。显然，从图 2-1 可以看出，马来西亚兑美元的实际汇率和泰国兑人民币的实际汇率表现出明显的非对称调节。典型的，对于偏离其平衡（平均）值的正向偏差，相比相同幅度的负向偏差表现得更加具有持续性，这意味着正向偏差的调节速度比负向偏差慢。相应地，检验 F_A^B 能够在 10% 的显著性水平拒绝单位根的原假设，但是检验 t_{RS}^B 和 t_{PP}^B 在 10% 的显著性水平不能拒绝马来西亚兑美元实际汇率和泰国兑人民币实际汇率的单位根原假设。从这个角度可以说明，如果不考虑实际汇率向长期均衡的非对称调节，我们不能拒绝这两个时间序列单位根的原假设。基于上述，这两个数据存在非对称调节特征，在长期这两个数据仍然会向其长期均衡回复，但是正向偏差时的回复速度要比负向偏差时的回复速度更慢。这就意味着，基于 PPP 理论所确定的实际汇率的长期均衡值是存在的，但是向长期均衡值的调整是一个更为复杂的非对称、非线性过程。AESTAR 单位根检验揭示出一种特殊形式的 PPP 理论，与经典的基于线性单位根的 PPP 检验相比较，本书基于 AESTAR 单位根方法检验 PPP，其结论不仅为 PPP 检验提供证据，而且在拒绝原假设的条件下，也为非对称调节提供了证据。也就是说，实际汇率不是一个单位根过程，而是一个非对称且时变波动的非线性动态调整过程。而经典的 PPP 检验，不可能刻画这样的调整特征。从这个角度上说，本书为检验 PPP 理论提供了一个崭新的视角，从而体现出本书的应用创新。

第六节 本章小结

本章提出了一个新的非对称和时变方差的 AESTAR 单位根检验，我们将传统的 AESTAR 单位根检验同方差假设扩展到时变方差的假设，从而可以允许方差存在一个或者多个结构变化，结构变化的形式可以是突然变化或者是平滑转移变化，结构变化的时点也假设为未知的。本章是对现有单位根检验前沿理论进一步扩展，体现了本书的理论创新。本章所得到的主要结论可以概述如下。

（1）我们推导了在时变方差条件下的 AESTAR 单位根检验统计量 F 的渐近分布，这一渐近分布取决于方差变化的形式，而且显著不同于同方差假设下得到的分布。因此，传统的基于固定方差假设下渐近分布临界值的 F^C 检验（Sollis, 2009），在时变方差情形会产生非常严重的尺度扭曲。因此，我们从理论上证实，传统的 AESTAR 检验 F^C 不再适用于方差具有结构变化的数据。根据上述理论发现，我们基于方差的结构变化而提出新的 Wild Bootstrap AESTAR 单位根检验 F^B，Wild Bootstrap 算法的核心思想是在生成的 Bootstrap 数据中模拟方差结构变化的形式。我们从理论上证明了，F^B 的渐近分布收敛于 AESTAR 单位根检验统计量 F 的渐近分布，这就意味着，随着样本量的增大，Wild Bootstrap 算法将会得到渐近正确的临界值。因此，我们从理论上证明了新的 Wild Bootstrap AESTAR 单位根检验 F^B 适用于方差发生了结构变化的数据。

（2）我们通过一系列蒙特卡罗模拟实验评估传统 AESTAR（F^C）和 Wild Bootstrap AESTAR（F^B）单位根检验的有限样本性质。对于固定方差的情形，F^C 和 F^B 检验的实际尺度都接近于 5%。然而，对于方差存在 1 个或 2 个结构变化点的情形，F^C 检验存在相当严重的尺度扭曲。典型的例子是，对于方差存在 1 个结构变化点的情形（方差从 1 结构变化为 1/4），当 T = 200 时，F^C 检验的实际尺度为 28.9%，而相应的 F^B 检验的实际尺度为 6.8%，明显修正了 F^C 检验的尺度扭曲。在大多数情况下，F^C 和 F^B 的经过尺度调整的功效非常接近。而且在存在非对称调节的情况下，F^B 检验的功效比 ESTAR 检验和 DF 检验的功效更高。

（3）我们还将上述方差具有结构变化的 AESTAR 检验进一步推广到误差项具有时变方差以及序列自相关的情形。传统的 AESTAR 检验（Sollis，2009）通过在检验式中加入变量的差分滞后项处理自相关。我们参考菲利普斯（Phillips，1987）和菲利普斯和佩龙（Phillips & Perron，1988）的研究，基于非参调整的方法，提出一个新的序列相关稳健的 AESTAR 单位根检验 F_A。我们从理论上证明了 F_A 的渐近分布与误差没有自相关时 F 的渐近分布完全一样，这就意味着，基于固定方差假设的 AESTAR 单位根检验 F_A^C，适用于误差只存在自相关而不存在时变方差的情形。在时变方差的条件下，检验 F_A 的渐近分布仍然取决于未知的方差形式，所以我们依然运用 Wild Bootstrap 计算检验 F_A 的临界值，由此而形成 Wild Bootstrap 序列相关稳健的 AESTAR 单位根检验 F_A^B。我们从理论上证明了检验 F_A^B 适用于同时存在自相关和时变方差的情形。

（4）我们设计了一系列蒙特卡罗实验，结果发现，在固定方差的情况下，当 T = 100 时，检验 F_A^C 仍然存在明显的尺度扭曲。但是当 T = 200 时，检验 F_A^C 的尺度扭曲明显被消除。因此，当方差固定时，检验 F_A^C 对序列相关是稳健的。然而，对于方差存在 1 个或者 2 个结构变化点的情况，检验 F_A^C 存在明显的尺度扭曲，并且随着样本长度增加，尺度扭曲仍然存在。例如，对于方差存在 1 个结构变化点的情形（方差从 1 结构变化为 1/4），当 T = 200 时，F_A^C 检验的实际尺度为 19.2%，相反，F_A^B 检验的实际尺度为 5.6%，因此检验 F_A^B 对于时变方差和序列相关都是稳健的。

（5）我们将新的 AESTAR 单位根检验应用于亚洲国家和地区的实际汇率数据，发现大部分的实际汇率数据表现出明显的时变方差的特征。在 25 个实际汇率数据中，检验 F_A^C 可以在 1%（5%）显著性水平下拒绝 9（10）个实际汇率数据的单位根原假设。然而，检验 F_A^B 只能在 1%（5%）显著性水平下拒绝 0（3）个实际汇率数据的单位根原假设。因此，检验 F_A^C 过度拒绝了单位根的原假设。我们还发现一些实际汇率数据表现出明显的非对称调节特征。典型的，马来西亚兑美元实际汇率和泰国兑人民币实际汇率都表现出明显的非对称调节，对于偏离其平衡（平均）值的正向偏差，相比相同幅度的负向偏差表现得更加具有持续性，这意味着正向偏差的调节速度比负向偏差慢。相应地，检验 F_A^B 能够在

10%的显著性水平拒绝单位根的原假设，因此这两个数据存在非对称调节。这就意味着，基于 PPP 理论所确定的实际汇率的长期均衡值是存在的，但是向长期均衡值的调整是一个更为复杂的非对称、非线性过程，AESTAR 单位根检验揭示出一种特殊形式的 PPP 理论。从这个角度上说，本书为检验 PPP 理论提供了一个崭新的视角，体现出本书的应用创新。

本 章 附 录

定理 2.1 的证明

根据 OLS 参数估计的公式，我们可以得到：

$$(\hat{\Phi} - \Phi) = \left(\sum_{t=1}^{T} X_t X_t'\right)^{-1} \sum_{t=1}^{T} X_t v_t \qquad (A2.1)$$

其中 $X_t = [y_{t-1}^3, y_{t-1}^4]'$，在原假设的条件下，$v_t = u_t$，$\Phi = (0, 0)'$。

令 $Y = \begin{bmatrix} T^2 & 0 \\ 0 & T^{5/2} \end{bmatrix}$，我们容易得到：

$$Y\hat{\Phi} = \left[Y^{-1}\left(\sum_{t=1}^{T} X_t X_t'\right)Y^{-1}\right]^{-1}\left(Y^{-1}\sum_{t=1}^{T} X_t u_t\right) \qquad (A2.2)$$

其中，

$$Y^{-1}\left(\sum_{t=1}^{T} X_t X_t'\right)Y^{-1} = \begin{bmatrix} T^{-4}\sum_{t=1}^{T} y_{t-1}^6 & T^{-9/2}\sum_{t=1}^{T} y_{t-1}^7 \\ T^{-9/2}\sum_{t=1}^{T} y_{t-1}^7 & T^{-5}\sum_{t=1}^{T} y_{t-1}^8 \end{bmatrix}$$

$$Y^{-1}\sum_{t=1}^{T} X_t u_t = \left[T^{-2}\sum_{t=1}^{T} y_{t-1}^3 u_t \quad T^{-5/2}\sum_{t=1}^{T} y_{t-1}^4 u_t\right]'$$

由于：

$$T^{-1/2}\sum_{t=1}^{\lfloor Ts \rfloor} u_t = T^{-1/2}\sum_{t=1}^{\lfloor Ts \rfloor} \sigma_t \varepsilon_t \sim N\left(0, \int_0^s \omega(r)^2 dr\right)$$

因此我们可以得到：

$$T^{-1/2}\sum_{t=1}^{\lfloor Ts \rfloor} u_t \xrightarrow{w} \bar{\omega} B_\eta(s) \qquad (A2.3)$$

根据连续映射定理，我们可以得到：

$$Y^{-1}\left(\sum_{t=1}^{T} X_t X_t\right)Y^{-1} \xrightarrow{w} Q_1 \qquad (A2.4)$$

其中：

$$Q_1 = \begin{bmatrix} \bar{\omega}^6 \int_0^1 B_\eta(s)^6 ds & \bar{\omega}^7 \int_0^1 B_\eta(s)^7 ds \\ \bar{\omega}^7 \int_0^1 B_\eta(s)^7 ds & \bar{\omega}^8 \int_0^1 B_\eta(s)^8 ds \end{bmatrix}$$

根据卡瓦列雷等（Cavaliere et al.，2010）引理 2 的证明，我们可以得到：

$$Y^{-1} \sum_{t=1}^T X_t u_t \xrightarrow{w} H_1 \tag{A2.5}$$

其中：

$$H_1 = \left[\bar{\omega}^4 \int_0^1 B_\eta(s)^3 dB_\eta(s) \quad \bar{\omega}^5 \int_0^1 B_\eta(s)^4 dB_\eta(s) \right]'$$

容易得到：$\hat{s}^2 = T^{-1} \sum_{t=1}^T u_t^2 + o_p(1)$，$T^{-1} \sum_{t=1}^T u_t^2 \xrightarrow{p} \bar{\omega}^2$，因此 $\hat{s}^2 \xrightarrow{p} \bar{\omega}^2$。

由于：

$$Q_1 = \begin{bmatrix} \bar{\omega}^3 & 0 \\ 0 & \bar{\omega}^4 \end{bmatrix} Q \begin{bmatrix} \bar{\omega}^3 & 0 \\ 0 & \bar{\omega}^4 \end{bmatrix}, \quad H_1 = \bar{\omega} \begin{bmatrix} \bar{\omega}^3 & 0 \\ 0 & \bar{\omega}^4 \end{bmatrix} H$$

所以在时变方差的条件下，AESTAR 单位根检验统计量的分布为：

$$F \xrightarrow{w} \frac{(Q_1^{-1} H_1)' Q_1 (Q_1^{-1} H_1)}{2\bar{\omega}^2} = \frac{H_1' Q_1^{-1} H_1}{2\bar{\omega}^2} = \frac{H' Q^{-1} H}{2} \tag{A2.6}$$

其中：

$$H = \begin{bmatrix} \int_0^1 B_\eta(s)^3 dB_\eta(s) \\ \int_0^1 B_\eta(s)^4 dB_\eta(s) \end{bmatrix}, \quad Q = \begin{bmatrix} \int_0^1 B_\eta(s)^6 ds & \int_0^1 B_\eta(s)^7 ds \\ \int_0^1 B_\eta(s)^7 ds & \int_0^1 B_\eta(s)^8 ds \end{bmatrix}$$

定理 2.2 的证明

Bootstrap 样本满足 $y^*_{\lfloor sT \rfloor} = \sum_{t=1}^{\lfloor sT \rfloor} \hat{v}_t \zeta_t$，$s \in [0,1]$，原假设成立时，有 $v_t = u_t$。容易得到 $E(T^{-1/2} y^*_{\lfloor sT \rfloor})^2 = T^{-1} \sum_{t=1}^{\lfloor sT \rfloor} \hat{v}_t^2 = T^{-1} \sum_{t=1}^{\lfloor sT \rfloor} u_t^2 + o_p(1) \xrightarrow{p} \int_0^s w(r)^2 dr = \bar{\omega}^2 \eta(s)$。

我们利用博斯威克等（Boswijk et al.，2016）引理 4 的证明，得到：

$$T^{-1/2} y^*_{\lfloor sT \rfloor} \xrightarrow{w}_p \bar{\omega} B_\eta(s) \tag{A2.7}$$

根据连续映射定理，可以得到：

$$Y^{-1} \sum_{t=1}^T X_t^* u_t^* \xrightarrow{w}_p H_1$$

$$Y^{-1}\left(\sum_{t=1}^{T} X_t^*(X_t^*)'\right)Y^{-1} \xrightarrow{w}_{p} Q_1$$

容易得到：$(\hat{s}^*)^2 = T^{-1}\sum_{t=1}^{T}(\Delta y_t^*)^2 + o_p(1) = T^{-1}\sum_{t=1}^{T}\hat{v}_t^2 \zeta_t^2 + o_p(1) = T^{-1}\sum_{t=1}^{T}\hat{v}_t^2 + o_p(1)$，由于 $T^{-1}\sum_{t=1}^{T}\hat{v}_t^2 \xrightarrow{p} \bar{\omega}^2$，所以 $(\hat{s}^*)^2 \xrightarrow{p} \bar{\omega}^2$，从而我们可以得到：

$$F^* \xrightarrow{w}_{p} \xi \quad (A2.8)$$

定理 2.3 的证明

根据 BN 分解公式，可以得到：$u_t = \bar{c}_1 e_t + \tilde{e}_{t-1} - \tilde{e}_t$，$\tilde{e}_t = \widetilde{C}(L)e_t = \sum_{j=0}^{\infty}\tilde{c}_j e_{t-j}$，$\tilde{c}_j = \sum_{i=j+1}^{\infty} c_i$。

我们容易得到：

$$T^{-1/2}\sum_{t=1}^{\lfloor Ts \rfloor} e_t = T^{-1/2}\sum_{t=1}^{\lfloor Ts \rfloor}\sigma_t \varepsilon_t \sim N\left(0, \int_0^s \omega(r)^2 dr\right)$$

根据方差转换布朗运动的定义，我们可以得到：

$$T^{-1/2}\sum_{t=1}^{\lfloor Ts \rfloor} e_t \xrightarrow{w} \bar{\omega} B_\eta(s)$$

所以有：

$$T^{-1/2}\sum_{t=1}^{\lfloor Ts \rfloor} u_t = T^{-1/2}\bar{c}_1 \sum_{t=1}^{\lfloor Ts \rfloor} e_t + T^{-1/2}(\tilde{e}_0 - \tilde{e}_{\lfloor Ts \rfloor}) \quad (A2.9)$$

根据连续映射定理，我们可以得到：

$$T^{-1/2}\bar{c}_1 \sum_{t=1}^{\lfloor Ts \rfloor} e_t \xrightarrow{w} \bar{c}_1 \bar{\omega} B_\eta(s)$$

要证明：$T^{-1/2}\sum_{t=1}^{\lfloor Ts \rfloor} u_t \xrightarrow{w} \bar{c}_1 \bar{\omega} B_\eta(s)$，只需要证明：$\max_{0 \leq t \leq T}(T^{-1/2}\tilde{e}_t)$ 是 $o_p(1)$。

由于：

$$|\tilde{e}_t| = \left|\sum_{j=0}^{\infty}\tilde{c}_j e_{t-j}\right| \leq \sum_{j=0}^{\infty}|\tilde{c}_j|^{3/4}(|\tilde{c}_j|^{1/4}\sigma_{t-j}|\varepsilon_{t-j}|)$$

$$\leq \max_t \sigma_t \left(\sum_{j=0}^{\infty}|\tilde{c}_j|\right)^{3/4}\left(\sum_{j=0}^{\infty}|\tilde{c}_j||\varepsilon_{t-j}|^4\right)^{1/4}$$

所以：

$$\max_{0 \leq t \leq T} E(\tilde{e}_t^4) \leq \max_t \sigma_t^4 \left(\sum_{j=0}^{\infty}|\tilde{c}_j|\right)^4 E(\varepsilon_t^4) < \infty$$

因此 $\max_{0 \leq t \leq T} E(\tilde{e}_t^4)$ 是有界的，根据邦费罗尼和马尔可夫不等式，对于任意的

$\delta > 0$,我们可以得到:

$$\max_{0 \leq t \leq T} \Pr(T^{-1/2} | \tilde{e}_t | > \delta) \leq \sum_{t=0}^{T} \Pr(|\tilde{e}_t| > T^{1/2}\delta) \leq \sum_{t=0}^{T} \frac{E(\tilde{e}_t^4)}{T^2\delta^4} \leq \frac{\max_{0 \leq t \leq T} E(\tilde{e}_t^4)}{T\delta^4} \to 0$$

这就说明:$T^{-1/2} \sum_{t=1}^{\lfloor Ts \rfloor} u_t \xrightarrow{w} \bar{c}_1 \bar{\omega} B_\eta(s)$。

根据连续映射定理,可以得到:

$$Y^{-1}(\sum_{t=1}^{T} X_t X_t') Y^{-1} \xrightarrow{w} Q_d \quad (A2.10)$$

其中:

$$Q_d = \begin{bmatrix} \bar{c}_1^6 \bar{\omega}^6 \int_0^1 B_\eta(s)^6 ds & \bar{c}_1^7 \bar{\omega}^7 \int_0^1 B_\eta(s)^7 ds \\ \bar{c}_1^7 \bar{\omega}^7 \int_0^1 B_\eta(s)^7 ds & \bar{c}_1^8 \bar{\omega}^8 \int_0^1 B_\eta(s)^8 ds \end{bmatrix}$$

因此,我们可以得到:

$$T^{-5/2} \sum_{t=1}^{T} y_{t-1}^4 u_t = T^{-5/2} \sum_{t=1}^{T} y_{t-1}^4 (\bar{c}_1 e_t + \tilde{e}_{t-1} - \tilde{e}_t)$$

$$= \bar{c}_1 T^{-5/2} \sum_{t=1}^{T} y_{t-1}^4 e_t + T^{-5/2} \sum_{t=1}^{T} (y_t^4 - y_{t-1}^4) \tilde{e}_t + o_p(1)$$

利用卡瓦列雷等(Cavaliere et al.,2010)引理2的证明,可以得到:

$$\bar{c}_1 T^{-5/2} \sum_{t=1}^{T} y_{t-1}^4 e_t \xrightarrow{w} \bar{c}_1^5 \bar{\omega}^5 \int_0^1 B_\eta(s)^4 dB_\eta(s) \quad (A2.11)$$

现在考虑 $T^{-5/2} \sum_{t=1}^{T} (y_t^4 - y_{t-1}^4) \tilde{e}_t$ 的收敛性质。

在原假设条件下,有 $y_t = y_{t-1} + u_t$,容易得到:

$$y_t^4 - y_{t-1}^4 = (y_{t-1} + u_t)^4 - y_{t-1}^4$$

$$= 4y_{t-1}^3 u_t + 6y_{t-1}^2 u_t^2 + 4y_{t-1} u_t^3 + u_t^4$$

所以,我们可以得到:

$$T^{-5/2} \sum_{t=1}^{T} (y_t^4 - y_{t-1}^4) \tilde{e}_t = T^{-5/2} \sum_{t=1}^{T} u_t^4 \tilde{e}_t + 4T^{-5/2} \sum_{t=1}^{T} y_{t-1} u_t^3 \tilde{e}_t$$

$$+ 6T^{-5/2} \sum_{t=1}^{T} y_{t-1}^2 u_t^2 \tilde{e}_t + 4T^{-5/2} \sum_{t=1}^{T} y_{t-1}^3 u_t \tilde{e}_t$$

以下我们证明 $T^{-5/2} \sum_{t=1}^{T} u_t^4 \tilde{e}_t$,$4T^{-5/2} \sum_{t=1}^{T} y_{t-1} u_t^3 \tilde{e}_t$ 和 $6T^{-5/2} \sum_{t=1}^{T} y_{t-1}^2 u_t^2 \tilde{e}_t$ 依概率收敛到零。

(1) 根据 Hölder 不等式，可以得到：

$$E\left|4T^{-5/2}\sum_{t=1}^{T}y_{t-1}u_t^3\tilde{e}_t\right| \leq 4T^{-5/2}\sum_{t=1}^{T}E|y_{t-1}u_t^3\tilde{e}_t|$$

$$\leq 4T^{-5/2}\sum_{t=1}^{T}(Ey_{t-1}^2)^{1/2}(E(u_t^6\tilde{e}_t^2))^{1/2}$$

由于：

$$|u_t| = \left|\sum_{j=0}^{\infty}c_j\sigma_{t-j}\varepsilon_{t-j}\right| \leq \sum_{j=0}^{\infty}|c_j|^{7/8}(|c_j|^{1/8}\sigma_{t-j}|\varepsilon_{t-j}|)$$

$$\leq \sup_t\sigma_t\left(\sum_{j=0}^{\infty}|c_j|\right)^{7/8}\left(\sum_{j=0}^{\infty}|c_j||\varepsilon_{t-j}|^8\right)^{1/8}$$

所以我们可以得到：$\sup_t E(u_t^8) \leq \sup_t\sigma_t^8\left(\sum_{j=0}^{\infty}|c_j|\right)^8 E(\varepsilon_t^8) < \infty$。

基于相似的推导，我们得到：

$$|\tilde{e}| = \left|\sum_{j=0}^{\infty}\tilde{c}_j\sigma_{t-j}\varepsilon_{t-j}\right| \leq \sum_{j=0}^{\infty}|\tilde{c}_j|^{7/8}(|\tilde{c}_j|^{1/8}\sigma_{t-j}|\varepsilon_{t-j}|)$$

$$\leq \sup_t\sigma_t\left(\sum_{j=0}^{\infty}|\tilde{c}_j|\right)^{7/8}\left(\sum_{j=0}^{\infty}|\tilde{c}_j||\varepsilon_{t-j}|^8\right)^{1/8}$$

所以 $\sup_t E(\tilde{e}_t^8)$ 也是有界的。因此 $(E(u_t^6\tilde{e}_t^2))^{1/2} \leq (E(u_t^8))^{3/8}(E(\tilde{e}_t^8))^{1/8}$ 是有界的。

由于 $\sup_t E(T^{-1}y_{t-1}^2)$ 是 $O(1)$，因此是有界的。所以：

$$4T^{-5/2}\sum_{t=1}^{T}(Ey_{t-1}^2)^{1/2} = 4T^{-2}\sum_{t=1}^{T}(E(T^{-1}y_{t-1}^2))^{1/2} \xrightarrow{p} 0$$

因此，我们可以得到：

$$E\left|4T^{-5/2}\sum_{t=1}^{T}y_{t-1}u_t^3\tilde{e}_t\right| \leq 4T^{-5/2}\sum_{t=1}^{T}(Ey_{t-1}^2)^{1/2}(E(u_t^6\tilde{e}_t^2))^{1/2} \xrightarrow{p} 0$$

根据马尔可夫不等式，对于任意的 $\delta > 0$，有：

$$\Pr\left\{\left|4T^{-5/2}\sum_{t=1}^{T}y_{t-1}u_t^3\tilde{e}_t\right| > \delta\right\} \leq \frac{E\left|4T^{-5/2}\sum_{t=1}^{T}y_{t-1}u_t^3\tilde{e}_t\right|}{\delta} \xrightarrow{p} 0$$

这就说明，$4T^{-5/2}\sum_{t=1}^{T}y_{t-1}u_t^3\tilde{e}_t$ 是 $o_p(1)$。

(2) 根据 Hölder 不等式，可以得到：

$$E\left|T^{-5/2}\sum_{t=1}^{T}u_t^4\tilde{e}_t\right| \leq T^{-5/2}\sum_{t=1}^{T}E|u_t^4\tilde{e}_t|$$

$$\leq T^{-5/2}\sum_{t=1}^{T}(Eu_t^8)^{1/2}(E\tilde{e}_t^2)^{1/2} \xrightarrow{p} 0$$

根据马尔可夫不等式,对于任意的 $\delta > 0$,有:

$$\Pr\left\{\left|T^{-5/2}\sum_{t=1}^{T}u_t^4\tilde{e}_t\right| > \delta\right\} \leq \frac{E\left|T^{-5/2}\sum_{t=1}^{T}u_t^4\tilde{e}_t\right|}{\delta} \xrightarrow{p} 0$$

这就说明,$T^{-5/2}\sum_{t=1}^{T}u_t^4\tilde{e}_t$ 是 $o_p(1)$。

(3)我们容易得到,$\sup_t(E(u_t^4\tilde{e}_t^2))^{1/2} \leq \sup_t(Eu_t^6)^{1/3}(E\tilde{e}_t^6)^{1/6}$ 是有界的。与前面相似,由于 $\sup_t E(T^{-1}y_{t-1}^2)$ 是 $O(1)$,有 $6T^{-5/2}\sum_{t=1}^{T}(Ey_{t-1}^4)^{1/2} = 6T^{-3/2}\sum_{t=1}^{T}(E(T^{-2}y_{t-1}^4))^{1/2} \xrightarrow{p} 0$。所以,我们可以得到:

$$E\left|6T^{-5/2}\sum_{t=1}^{T}y_{t-1}^2 u_t^2\tilde{e}_t\right| \leq 6T^{-5/2}\sum_{t=1}^{T}E\left|y_{t-1}^2 u_t^2\tilde{e}_t\right|$$

$$\leq 6T^{-5/2}\sum_{t=1}^{T}(Ey_{t-1}^4)^{1/2}(E(u_t^4\tilde{e}_t^2))^{1/2} \xrightarrow{p} 0$$

根据马尔可夫不等式,对于任意的 $\delta > 0$,有:

$$\Pr\left\{\left|6T^{-5/2}\sum_{t=1}^{T}y_{t-1}^2 u_t^2\tilde{e}_t\right| > \delta\right\} \leq \frac{E\left|6T^{-5/2}\sum_{t=1}^{T}y_{t-1}^2 u_t^2\tilde{e}_t\right|}{\delta} \xrightarrow{p} 0$$

这就说明,$6T^{-5/2}\sum_{t=1}^{T}y_{t-1}^2 u_t^2\tilde{e}_t$ 是 $o_p(1)$。

下面我们开始考虑 $4T^{-5/2}\sum_{t=1}^{T}y_{t-1}^3 u_t\tilde{e}_t$ 的收敛性质。使用二阶 BN 分解公式,我们可以得到:

$$u_t\tilde{e}_t = C(L)e_t\tilde{C}(L)e_t$$

$$= (c_0 e_t + c_1 e_{t-1} + c_2 e_{t-2} + \cdots)(\tilde{c}_0 e_t + \tilde{c}_1 e_{t-1} + \tilde{c}_2 e_{t-2} + \cdots)$$

$$= (c_0\tilde{c}_0 e_t^2 + c_1\tilde{c}_1 e_{t-1}^2 + c_2\tilde{c}_2 e_{t-2}^2 + \cdots)$$

$$+ (c_0\tilde{c}_1 e_t e_{t-1} + c_1\tilde{c}_2 e_{t-1}e_{t-2} + c_2\tilde{c}_3 e_{t-2}e_{t-3} + \cdots)$$

$$+ (\tilde{c}_0 c_1 e_t e_{t-1} + \tilde{c}_1 c_2 e_{t-1}e_{t-2} + \tilde{c}_2 c_3 e_{t-2}e_{t-3} + \cdots) + \cdots$$

$$= \sum_{i=0}^{\infty} c_i\tilde{c}_i e_{t-i}^2 + \sum_{i=0}^{\infty} c_i\tilde{c}_{i+1} e_{t-i}e_{t-i-1} + \sum_{i=0}^{\infty} \tilde{c}_i c_{i+1} e_{t-i}e_{t-i-1} + \cdots$$

$$= h_0(L)e_t^2 + \sum_{s=1}^{\infty} h_s(L)e_t e_{t-s}$$

其中 $h_0(L) = \sum_{k=0}^{\infty} c_k\tilde{c}_k L^k$,$h_s(L) = \sum_{k=0}^{\infty} (c_k\tilde{c}_{k+s} + c_{k+s}\tilde{c}_k)L^k$。

再次运用 BN 分解公式，我们可以得到：$h_0(L) = h_0(1) + \tilde{h}_0(L)$，$h_s(L) = h_s(1) + \tilde{h}_s(L)$。

因此，我们可以得到：

$$4T^{-5/2} \sum_{t=1}^{T} y_{t-1}^3 u_t \tilde{e}_t = 4T^{-5/2} \sum_{t=1}^{T} y_{t-1}^3 h_0(1) e_t^2 + 4T^{-5/2} \sum_{t=1}^{T} y_{t-1}^3 \tilde{h}_0(L)(e_{t-1}^2 - e_t^2)$$

$$+ 4T^{-5/2} \sum_{t=1}^{T} y_{t-1}^3 \left(\sum_{s=1}^{\infty} h_s(1) e_{t-s} \right) e_t + 4T^{-5/2} \sum_{t=1}^{T} y_{t-1}^3$$

$$\left(\sum_{s=1}^{\infty} \tilde{h}_s(L) e_{t-1-s} \right) e_{t-1} - 4T^{-5/2} \sum_{t=1}^{T} y_{t-1}^3 \left(\sum_{s=1}^{\infty} \tilde{h}_s(L) e_{t-s} \right) e_t$$

下面我们依次证明这些项的收敛性质。

(1) 根据 κ 的定义，有：

$$\kappa = \frac{(\bar{c}_1^2 - \bar{c}_2)\bar{\omega}^2}{2} = \frac{(c_0 + c_1 + c_2 + \cdots)^2 - (c_0^2 + c_1^2 + c_2^2 + \cdots)}{2} \bar{\omega}^2 = h_0(1)\bar{\omega}^2$$

我们可以得到如下的式子：

$$4T^{-5/2} \sum_{t=1}^{T} y_{t-1}^3 h_0(1) e_t^2 - 4T^{-5/2} \sum_{t=1}^{T} y_{t-1}^3 \kappa$$

$$= 4T^{-5/2} \sum_{t-1}^{T} y_{t-1}^3 h_0(1)(\sigma_t^2 \varepsilon_t^2 - \sigma_t^2 + \sigma_t^2 - \bar{\omega}^2)$$

$$= 4T^{-5/2} \sum_{t-1}^{T} y_{t-1}^3 h_0(1) \sigma_t^2 (\varepsilon_t^2 - 1)$$

$$+ 4T^{-5/2} \sum_{t-1}^{T} y_{t-1}^3 h_0(1)(\sigma_t^2 - \bar{\omega}^2) \xrightarrow{p} 0$$

(2) 以下我们证明 $4T^{-5/2} \sum_{t=1}^{T} y_{t-1}^3 \left(\sum_{s=1}^{\infty} h_s(1) e_{t-s} \right) e_t$ 是 $o_p(1)$。

记：$e_t^h = \sum_{s=1}^{\infty} h_s(1) e_{t-s}$，$\eta_{1t} = (T^{-1/2} y_{t-1})^3 e_t^h e_t$。

容易得到 $\left| \sum_{s=1}^{\infty} h_s(1) \right| = \left| \sum_{s=1}^{\infty} \sum_{k=0}^{\infty} (c_k \tilde{c}_{k+s} + \tilde{c}_k c_{k+s}) \right| \leq 2 \left(\sum_{j=0}^{\infty} |c_j| \right)$ $\left(\sum_{j=0}^{\infty} |\tilde{c}_j| \right)$，根据假设 2.3，我们可以得到：$\sum_{j=0}^{\infty} |\tilde{c}_j| = \sum_{j=0}^{\infty} \sum_{k=j+1}^{\infty} |c_k| = \sum_{k=0}^{\infty} k |c_k| < \infty$，所以 $\left| \sum_{s=1}^{\infty} h_s(1) \right| < \infty$。进一步，我们容易得到：$E(e_t^h)^4 < \infty$。

因此，我们有：

$$\max_t E \eta_{1t}^2 = \max_t E e_t^2 E \{ (T^{-1/2} y_{t-1})^6 (e_t^h)^2 \}$$

$$\leq \max_t E e_t^2 E [(T^{-1/2} y_{t-1})^{12}]^{1/2} [E(e_t^h)^4]^{1/2} < \infty$$

所以：$\Pr\{4T^{-1} |\sum_{t=1}^{T} \eta_{1t}| > \delta\} \leqslant \dfrac{E(\sum_{t=1}^{T}\eta_{1t})^2}{T^2\delta^2} \leqslant \dfrac{\max_t E\eta_{1t}^2}{T\delta^2} \xrightarrow{p} 0$

这就证明：$4T^{-5/2}\sum_{t=1}^{T} y_{t-1}^3 (\sum_{s=1}^{\infty} h_s(1) e_{t-s}) e_t$ 是 $o_p(1)$。

（3）经过简单的运算，可以得到：

$$4T^{-5/2}\sum_{t=1}^{T} y_{t-1}^3 \tilde{h}_0(L)(e_{t-1}^2 - e_t^2) = 4T^{-5/2}\sum_{t=1}^{T}(y_t^3 - y_{t-1}^3) \tilde{h}_0(L) e_t^2 + o_p(1)$$

由于：$|\tilde{h}_0(1)| = |\sum_{k=0}^{\infty}\sum_{j=k+1}^{\infty} c_j \tilde{c}_j| \leqslant \sum_{j=1}^{\infty}\sum_{k=0}^{j-1}|c_j||\tilde{c}_j|$

$$\leqslant \sum_{j=1}^{\infty} j|c_j||\tilde{c}_j| \leqslant (\sum_{j=1}^{\infty} j|c_j|)(\sum_{j=1}^{\infty}|\tilde{c}_j|) < \infty$$

容易证明 $4T^{-5/2}\sum_{t=1}^{T} y_{t-1}^3 \tilde{h}_0(L)(e_{t-1}^2 - e_t^2)$ 是 $o_p(1)$。

（4）容易得到：

$$4T^{-5/2}\sum_{t=1}^{T} y_{t-1}^3 (\sum_{s=1}^{\infty} \tilde{h}_s(L) e_{t-1-s}) e_{t-1} - 4T^{-5/2}\sum_{t=1}^{T} y_{t-1}^3 (\sum_{s=1}^{\infty} \tilde{h}_s(L) e_{t-s}) e_t$$

$$= 4T^{-5/2}\sum_{t=1}^{T-1}(y_t^3 - y_{t-1}^3)(\sum_{s=1}^{\infty} \tilde{h}_s(L) e_{t-s}) e_t + o_p(1)$$

首先考虑 $\sum_{s=1}^{\infty} \tilde{h}_s(1) = \sum_{s=1}^{\infty}\sum_{k=0}^{\infty}\sum_{j=k+1}^{\infty}(c_j \tilde{c}_{j+s} + \tilde{c}_j c_{j+s})$ 的性质，有：

$$\sum_{s=1}^{\infty}\sum_{k=0}^{\infty}\sum_{j=k+1}^{\infty}|c_j||\tilde{c}_{j+s}| = \sum_{s=1}^{\infty}\sum_{j=1}^{\infty}\sum_{k=0}^{j-1}|c_j||\tilde{c}_{j+s}|$$

$$\leqslant \sum_{s=1}^{\infty}\sum_{j=1}^{\infty} j|c_j||\tilde{c}_{j+s}|$$

$$\leqslant (\sum_{j=1}^{\infty} j|c_j|)(\sum_{k=1}^{\infty}|\tilde{c}_k|) < \infty$$

以及：$\sum_{s=1}^{\infty}\sum_{k=0}^{\infty}\sum_{j=k+1}^{\infty}|\tilde{c}_j||c_{j+s}| = \sum_{s=1}^{\infty}\sum_{j=1}^{\infty}\sum_{k=0}^{j-1}|\tilde{c}_j||c_{j+s}|$

$$\leqslant \sum_{s=1}^{\infty}\sum_{j=1}^{\infty} j|\tilde{c}_j||c_{j+s}| \leqslant \sum_{s=1}^{\infty}\sum_{j=1}^{\infty} j|c_{j+s}|\sum_{k=j+1}^{\infty}|c_k|$$

$$\leqslant \sum_{s=1}^{\infty}\sum_{j=1}^{\infty}|c_{j+s}|\sum_{k=1}^{\infty} k|c_k| \leqslant (\sum_{s=1}^{\infty}\sum_{j=s}^{\infty}|c_j|)(\sum_{k=1}^{\infty} k|c_k|) < \infty$$

容易证明 $4T^{-5/2}\sum_{t=1}^{T} y_{t-1}^3(\sum_{s=1}^{\infty}\tilde{h}_s(L) e_{t-1-s}) e_{t-1} - 4T^{-5/2}\sum_{t=1}^{T} y_{t-1}^3(\sum_{s=1}^{\infty}\tilde{h}_s(L) e_{t-s}) e_t$ 是 $o_p(1)$。

基于上述公式，我们就证明了：

$$T^{-5/2}\sum_{t=1}^{T} y_{t-1}^{4} u_{t} \xrightarrow{w} \bar{c}_{1}^{5}\bar{\omega}^{5}\int_{0}^{1} B_{\eta}(s)^{4} dB_{\eta}(s) + 4\kappa \bar{c}_{1}^{3}\bar{\omega}^{3}\int_{0}^{1} B_{\eta}(s)^{3} ds \quad (A2.12)$$

根据相似的推导，我们可以得到

$$T^{-2}\sum_{t=1}^{T} y_{t-1}^{3} u_{t} \xrightarrow{w} \bar{c}_{1}^{4}\bar{\omega}^{4}\int_{0}^{1} B_{\eta}(s)^{3} dB_{\eta}(s) + 3\kappa \bar{c}_{1}^{2}\bar{\omega}^{2}\int_{0}^{1} B_{\eta}(s)^{2} ds \quad (A2.13)$$

根据卡瓦列雷和泰勒（Cavaliere & Taylor，2009）定理 3 的证明过程，我们可以得到：$\hat{s}^{2} \xrightarrow{p} \bar{c}_{2}\bar{\omega}^{2}$。

所以存在序列相关和时变方差的条件下，AESTAR 单位根检验统计量的渐近分布为：

$$F \xrightarrow{w} \frac{(Q_{d}^{-1} H_{d})' Q_{d} (Q_{d}^{-1} H_{d})}{2 \bar{c}_{2} \bar{\omega}^{2}} = \frac{H_{d} Q_{d}^{-1} H_{d}}{2 \bar{c}_{2} \bar{\omega}^{2}} \quad (A2.14)$$

其中：

$$H_{d} = \begin{bmatrix} \bar{c}_{1}^{4}\bar{\omega}^{4}\int_{0}^{1} B_{\eta}(s)^{3} dB_{\eta}(s) + 3\kappa \bar{c}_{1}^{2}\bar{\omega}^{2}\int_{0}^{1} B_{\eta}(s)^{2} ds \\ \bar{c}_{1}^{5}\bar{\omega}^{5}\int_{0}^{1} B_{\eta}(s)^{4} dB_{\eta}(s) + 4\kappa \bar{c}_{1}^{3}\bar{\omega}^{3}\int_{0}^{1} B_{\eta}(s)^{3} ds \end{bmatrix}$$

$$Q_{d} = \begin{bmatrix} \bar{c}_{1}^{6}\bar{\omega}^{6}\int_{0}^{1} B_{\eta}(s)^{6} ds & \bar{c}_{1}^{7}\bar{\omega}^{7}\int_{0}^{1} B_{\eta}(s)^{7} ds \\ \bar{c}_{1}^{7}\bar{\omega}^{7}\int_{0}^{1} B_{\eta}(s)^{7} ds & \bar{c}_{1}^{8}\bar{\omega}^{8}\int_{0}^{1} B_{\eta}(s)^{8} ds \end{bmatrix}$$

定理 2.4 的证明

根据假设 2.3，我们可以得到：

$$u_{t}^{2} = \left(\sum_{i=0}^{\infty} c_{i} e_{t-i}\right)^{2} = \sum_{i=0}^{\infty} c_{i}^{2} e_{t-i}^{2} + \sum_{i=0}^{\infty}\sum_{\substack{j=0 \\ j \neq i}}^{\infty} c_{i} c_{j} e_{t-i} e_{t-j} \quad (A2.15)$$

经过简单的运算，我们可以得到：

$$\sum_{i=0}^{\infty} c_{i}^{2} e_{t-i}^{2} = \sum_{i=0}^{\infty} c_{i}^{2} (\sigma_{t-i}^{2} - \sigma_{t}^{2})(\varepsilon_{t-i}^{2} - 1) + \sum_{i=0}^{\infty} c_{i}^{2} (\sigma_{t-i}^{2} - \sigma_{t}^{2}) $$
$$+ \sum_{i=0}^{\infty} c_{i}^{2} \sigma_{t}^{2} (\varepsilon_{t-i}^{2} - 1) + \sum_{i=0}^{\infty} c_{i}^{2} \sigma_{t}^{2} := f_{t}^{a} + f_{t}^{b} + f_{t}^{c} + f_{t}^{d}$$

$$(A2.16)$$

由于：$\sup_{t} E | E(\sum_{i=0}^{\infty} c_{i}^{2} (\varepsilon_{t-i}^{2} - 1) | \mathcal{F}_{t-m}) | \leq 2 \sum_{i=m}^{\infty} c_{i}^{2} \to 0$，根据卡瓦列雷和泰勒（Cavaliere & Taylor，2009）定理 A.1 的证明过程，我们可以得到：

$$T^{-1}\sum_{t=1}^{T} f_t^c \xrightarrow{p} 0$$

取 $m = T^{\upsilon}$，其中 $0 < \upsilon < 1$，我们容易得到：

$$T^{-1}\sum_{t=1}^{T} f_t^b = T^{-1}\sum_{t=1}^{T}\sum_{i=0}^{m} c_i^2(\sigma_{t-i}^2 - \sigma_t^2) + T^{-1}\sum_{t=1}^{T}\sum_{i=m+1}^{\infty} c_i^2(\sigma_{t-i}^2 - \sigma_t^2)$$

$$\leqslant \sum_{i=0}^{\infty} c_i^2 \sup_{i=1,2,\cdots,m} T^{-1}\sum_{t=1}^{T} |\sigma_{t-i}^2 - \sigma_t^2| + 2\sup_{t\leqslant T}\sigma_t^2 \sum_{i=m+1}^{\infty} c_i^2 \xrightarrow{p} 0$$

运用相似的运算，我们可以得到：

$$|T^{-1}\sum_{t=1}^{T} f_t^a| \leqslant |T^{-1}\sum_{t=1}^{T}\sum_{i=0}^{m} c_i^2(\sigma_{t-i}^2 - \sigma_t^2)(\varepsilon_{t-i}^2 - 1)|$$

$$+ |T^{-1}\sum_{t=1}^{T}\sum_{i=m+1}^{\infty} c_i^2(\sigma_{t-i}^2 - \sigma_t^2)(\varepsilon_{t-i}^2 - 1)|$$

$$\leqslant \sum_{i=0}^{\infty} c_i^2 \sup_{i=1,2,\cdots,m} T^{-1}\sum_{t=1}^{T} |\sigma_{t-i}^2 - \sigma_t^2|$$

$$|(\varepsilon_{t-i}^2 - 1)| + o_p(1) \xrightarrow{p} 0$$

基于上述，我们可以得到：$T^{-1}\sum_{t=1}^{T}\sum_{i=0}^{\infty} c_i^2 e_{t-i}^2 \xrightarrow{p} \overline{c}_2 \overline{\omega}^2$。运用相似的运算，我们可以证明：$T^{-1}\sum_{t=1}^{T}\sum_{i=0}^{\infty}\sum_{\substack{j=0\\j\neq i}}^{\infty} c_i c_j e_{t-i} e_{t-j} \xrightarrow{p} 0$，根据参数估计的一致性，我们可以得到：

$$\hat{s}^2 \xrightarrow{p} \overline{c}_2 \overline{\omega}^2 \qquad (A2.17)$$

为了证明长期方差估计量的概率极限，我们首先假设误差项 u_t 是可以观测得到的，基于此而定义一个新的长期方差估计量：

$$\overline{\lambda}_u^2 = \overline{\gamma}_0 + 2\sum_{s=1}^{T-1} h(sq_T^{-1})\overline{\gamma}_s \quad \overline{\gamma}_s = T^{-1}\sum_{t=1}^{T-s} u_t u_{t+s}$$

我们可以得到：

$$\overline{\gamma}_s = \sum_{k=0}^{\infty}\sum_{j=0}^{\infty} c_k c_j T^{-1}\sum_{t=1}^{T-s} \sigma_{t-k}\sigma_{t+s-j}\varepsilon_{t-k}\varepsilon_{t+s-j}$$

$$= \sum_{k=0}^{\infty} c_k c_{k+s} T^{-1}\sum_{t=1}^{T-s} \sigma_{t-k}^2 \varepsilon_{t-k}^2 + \sum_{k=0}^{\infty}\sum_{j=0}^{\infty} c_k c_j I\{j \neq k+s\} T^{-1}$$

$$\sum_{t=1}^{T-s} \sigma_{t-k}\sigma_{t+s-j}\varepsilon_{t-k}\varepsilon_{t+s-j}$$

其中 $I(\cdot)$ 代表的是一个指示函数。定义：

$$\breve{\lambda}_u^2 = \breve{\gamma}_0 + 2\sum_{s=1}^{T-1} h(sq_T^{-1})\breve{\gamma}_s \quad \breve{\gamma}_s = \sum_{k=0}^{\infty} c_k c_{k+s} T^{-1}\sum_{t=1}^{T-s} \sigma_{t-k}^2$$

我们可以得到：

$$\bar{\gamma}_s - \breve{\gamma}_s = \sum_{k=0}^{\infty} c_k c_{k+s} T^{-1} \sum_{t=1}^{T-s} \sigma_{t-k}^2 (\varepsilon_{t-k}^2 - 1)$$
$$+ \sum_{k=0}^{\infty} \sum_{j=0}^{\infty} c_k c_j I\{j \neq k+s\} T^{-1} \sum_{t=1}^{T-s} \sigma_{t-k} \sigma_{t+s-j} \varepsilon_{t-k} \varepsilon_{t+s-j}$$

根据霍尔和海德（Hall & Heyde, 1980）定理 2.22 的证明，我们可以得到：

$$E \big| \sum_{k=0}^{\infty} c_k c_{k+s} T^{-1} \sum_{t=1}^{T-s} \sigma_{t-k}^2 (\varepsilon_{t-k}^2 - 1) \big| \leq (T^{-1/2} C_\varepsilon + \varepsilon) \sum_{k=0}^{\infty} |c_k c_{k+s}|$$

(A2.18)

经过简单的运算，我们可以得到：

$$E \big| \sum_{k=0}^{\infty} \sum_{j=0}^{\infty} c_k c_j I\{j \neq k+s\} T^{-1} \sum_{t=1}^{T-s} \sigma_{t-k} \sigma_{t+s-j} \varepsilon_{t-k} \varepsilon_{t+s-j} \big|$$
$$\leq \sum_{k=0}^{\infty} \sum_{j=0}^{\infty} |c_k c_j| (E(T^{-1} \sum_{t=1}^{T-s} \sigma_{t-k} \sigma_{t+s-j} \varepsilon_{t-k} \varepsilon_{t+s-j})^2)^{1/2}$$
$$\leq T^{-1/2} \sup_t \sigma_t^2 (\sum_{k=0}^{\infty} |c_k|)^2$$

(A2.19)

根据（A2.18）和（A2.19），我们可以得到：

$$E | \bar{\lambda}_u^2 - \breve{\lambda}_u^2 | \leq (T^{-1/2} C_\varepsilon + \varepsilon) \sum_{k=0}^{\infty} c_k^2 + T^{-1/2} \sup_t \sigma_t^2 (\sum_{k=0}^{\infty} |c_k|)^2$$
$$+ 2(T^{-1/2} C_\varepsilon + \varepsilon) \sup_{x \geq 0} |h(x)| \sum_{s=1}^{T-1} \sum_{k=0}^{\infty} |c_k c_{k+s}|$$
$$+ 2 \sup_t \sigma_t^2 (\sum_{k=0}^{\infty} |c_k|)^2 T^{-1/2} \sum_{s=1}^{T-1} h(sq_T^{-1})$$

根据简森（Jansson, 2002）引理 1 的证明，我们有 $T^{-1/2} \sum_{s=1}^{T-1} h(sq_T^{-1}) = o_p(1)$。

这样，我们就可以证明：

$$\bar{\lambda}_u^2 - \breve{\lambda}_u^2 = o_p(1) \tag{A2.20}$$

现在开始考虑 $\breve{\lambda}_u^2$ 的概率极限，我们有：

$$\breve{\lambda}_u^2 = \sum_{k=0}^{\infty} c_k^2 T^{-1} \sum_{t=1}^{T} \sigma_{t-k}^2 + 2 \sum_{s=1}^{T-1} h(sq_T^{-1}) \sum_{k=0}^{\infty} c_k c_{k+s} T^{-1} \sum_{t=1}^{T-s} \sigma_{t-k}^2$$
$$= (\sum_{k=0}^{\infty} c_k^2 + 2 \sum_{s=1}^{T-1} h(sq_T^{-1}) \sum_{k=0}^{\infty} c_k c_{k+s}) T^{-1} \sum_{t=1}^{T} \sigma_t^2 + \sum_{k=0}^{\infty} c_k^2 T^{-1} \sum_{t=1}^{T} (\sigma_{t-k}^2 - \sigma_t^2)$$
$$- 2 \sum_{s=1}^{T-1} h(sq_T^{-1}) \sum_{k=0}^{\infty} c_k c_{k+s} T^{-1} \sum_{t=T-s+1}^{T} \sigma_t^2 + 2 \sum_{s=1}^{T-1} h(sq_T^{-1}) \sum_{k=0}^{\infty} c_k c_{k+s} T^{-1} \sum_{t=1}^{T-s} (\sigma_{t-k}^2 - \sigma_t^2)$$

(A2.21)

根据简森（Jansson，2002）引理 6 的结果，有：

$$\left(\sum_{k=0}^{\infty} c_k^2 + 2\sum_{s=1}^{T-1} h(sq_T^{-1}) \sum_{k=0}^{\infty} c_k c_{k+s}\right) T^{-1} \sum_{t=1}^{T} \sigma_t^2 \xrightarrow{p} \bar{c}_1^2 \bar{\omega}^2 \quad (A2.22)$$

经过简单的运算，可以得到：

$$\left| 2\sum_{s=1}^{T-1} h(sq_T^{-1}) \sum_{k=0}^{\infty} c_k c_{k+s} T^{-1} \sum_{t=T-s+1}^{T} \sigma_t^2 \right|$$

$$\leq 2(\sup_{x\geq 0} |h(x)|)(\sup_t \sigma_t^2) T^{-1} \sum_{s=1}^{T-1} s \sum_{k=0}^{\infty} |c_k c_{k+s}| = o_p(1) \quad (A2.23)$$

取 $m = T^{\upsilon}$，其中 $0 < \upsilon < 1$，我们容易得到：

$$\left| 2\sum_{s=1}^{T-1} h(sq_T^{-1}) \sum_{k=0}^{\infty} c_k c_{k+s} T^{-1} \sum_{t=1}^{T-s} (\sigma_{t-k}^2 - \sigma_t^2) \right|$$

$$\leq \left| 2\sum_{s=1}^{T-1} h(sq_T^{-1}) \sum_{k=0}^{m} c_k c_{k+s} T^{-1} \sum_{t=1}^{T-s} (\sigma_{t-k}^2 - \sigma_t^2) \right|$$

$$+ \left| 2\sum_{s=1}^{T-1} h(sq_T^{-1}) \sum_{k=m+1}^{\infty} c_k c_{k+s} T^{-1} \sum_{t=1}^{T-s} (\sigma_{t-k}^2 - \sigma_t^2) \right|$$

$$\leq 2(\sup_{x\geq 0} |h(x)|)(\sup_{k=0,1,\cdots,m} T^{-1} \sum_{t=1}^{T} |\sigma_{t-k}^2 - \sigma_t^2|) \sum_{s=1}^{T-1} \sum_{k=0}^{m} |c_k c_{k+s}|$$

$$+ 4(\sup_{x\geq 0} |h(x)|)(\sup_t \sigma_t^2) \sum_{k=m+1}^{\infty} |c_k| \sum_{s=1}^{T-1} |c_{k+s}| = o_p(1) \quad (A2.24)$$

根据相似的证明，有：

$$\sum_{k=0}^{\infty} c_k^2 T^{-1} \sum_{t=1}^{T} (\sigma_{t-k}^2 - \sigma_t^2) = o_p(1) \quad (A2.25)$$

综合（A2.22）至（A2.25）的结果，我们可以得到：

$$\breve{\lambda}_u^2 \xrightarrow{p} \bar{c}_1^2 \bar{\omega}^2 \quad (A2.26)$$

根据参数估计的一致性，我们容易证明：

$$\hat{\lambda}^2 \xrightarrow{p} \bar{c}_1^2 \bar{\omega}^2 \quad (A2.27)$$

根据菲利普斯（Phillips，1987）和菲利普斯和佩龙（Phillips & Perron，1988）相似的证明过程，我们容易得到：$F_A \xrightarrow{w} \xi$。

定理 2.5 的证明

使用卡瓦列雷和泰勒（Cavaliere & Taylor，2009）定理 3 的证明过程，我们很容易得到 $T^{-1} \sum_{t=1}^{\lfloor sT \rfloor} u_t^2 \xrightarrow{p} \bar{c}_2 \bar{\omega}^2 \eta(s)$。基于此，容易得到：

$$E(T^{-1/2} y_{\lfloor sT \rfloor}^*)^2 = T^{-1} \sum_{t=1}^{\lfloor sT \rfloor} \hat{v}_t^2 = T^{-1} \sum_{t=1}^{\lfloor sT \rfloor} u_t^2 + o_p(1) \xrightarrow{p} \bar{c}_2 \bar{\omega}^2 \eta(s)$$

利用博斯威克（Boswijk，2016）引理4的证明，容易得到：

$$T^{-1/2}y^*_{\lfloor sT \rfloor} \xrightarrow{w}_p (\bar{c}_2)^{1/2}\bar{\omega}B_\eta(s)$$

基于连续映射定理，我们可以得到：

$$Y^{-1}\left(\sum_{t=1}^{T} X^*_t (X^*_t)'\right)Y^{-1} \xrightarrow{w}_p Q^*_1 \quad (A2.28)$$

其中：

$$Q^*_1 = \begin{bmatrix} (\bar{c}_2)^3\bar{\omega}^6\int_0^1 B_\eta(s)^6 ds & (\bar{c}_2)^{7/2}\bar{\omega}^7\int_0^1 B_\eta(s)^7 ds \\ (\bar{c}_2)^{7/2}\bar{\omega}^7\int_0^1 B_\eta(s)^7 ds & (\bar{c}_2)^4\bar{\omega}^8\int_0^1 B_\eta(s)^8 ds \end{bmatrix}$$

利用卡瓦列雷（Cavaliere，2010）引理2的证明，可以得到：

$$Y^{-1}\sum_{t=1}^{T} X^*_t u^*_t \xrightarrow{w}_p H^*_1 \quad (A2.29)$$

其中：

$$H^*_1 = \left[(\bar{c}_2)^2\bar{\omega}^4\int_0^1 B_\eta(s)^3 dB_\eta(s) \quad (\bar{c}_2)^{5/2}\bar{\omega}^5\int_0^1 B_\eta(s)^4 dB_\eta(s)\right]'$$

利用卡瓦列雷和泰勒（Cavaliere & Taylor，2009）定理3的证明，可以得到：$(\hat{s}^*)^2 \xrightarrow{p} \bar{c}_2\bar{\omega}^2$。

基于上述，我们可以得到：

$$F^* \xrightarrow{w}_p \xi$$

第三章
时变方差的单位根过程的确定性趋势检验

第一节 引 言

从相关文献可以看出，无论是单位根检验（ADF、PP 检验等）还是时间趋势平稳性检验（KPSS 检验等），对确定性趋势的设定，一直是含糊不清的。但是，在单位根检验的方程式中，是否设定以及如何设定确定性趋势，即是否设定截距或者截距和时间趋势，直接关系到单位根检验结论是否正确。佩龙（Perron，1988）研究表明如果真实的数据生成过程有时间趋势，但是单位根检验式中没有包含时间趋势，那么单位根检验会产生显著的尺度扭曲。玛什（Marsh，2005）的研究证明如果真实的数据生成过程没有时间趋势，但是单位根检验式中包含了不必要的时间趋势，那么单位根检验会产生明显的功效损失。这一系列的文献表明，正确设定确定性趋势的形式对于单位根检验结果的准确性至关重要。

许多时间序列，特别是宏观经济时间序列数据，无论是单位根过程，还是时间趋势平稳过程，都可能直观地表现出随时间而稳定增加或减少的趋势。比如，我国的 GDP、投资、消费数据等，而这种趋势特征可以表示为线性的确定性时间趋势。因此，无论是对于单位根过程或者是趋势平稳过程，检验其是否存在线性的确定性时间趋势，具有重要的理论和现实意义。首先，确定性趋势检验对单位根检验本身具有重大的设定意义，而单位根检验方程的设定，直接影响单位根检验结论正确与否。其次，对于诸如 GDP 等宏观经济变量，确定性趋势检验的经济意义和现实意义也是非常明显的。确定性时间趋势检验有广泛的实证应用价值。比如检验 Prebisch – Singer 假说是否成立（Kim et al.，2003；Bunzel & Vogelsang，2005）、经济增长的收敛性（Ghoshray & Khan，2015）、公司特质性扰动的时间趋势（Campbell et al.，2001）、股票收益率的关联性特征（Bekaert，2010）、股票价格指数的时间趋势特征（Astill et al.，2014）等。但是，长期以来，对这个问题的计量理论研究是非常薄弱的，最近几年，确定性趋势的检验问题，不仅得到了充分的研究，也成为这一方向的研究前沿。

根据相应的计量经济学的理论，确定性时间趋势检验统计量的分布取决于经济变量是 I(0) 还是 I(1) 的数据生成过程。所以，早期的研究都需要假设变量的单位根性质已知，在此条件下检验确定性趋势（如 Canjels & Watson，1994；Roy et al.，2004）。但是实际上，我们并不知道经济变量是 I(0) 还是 I(1) 过程。另一方面，检验变量的单位根性质又必须知道变量是否存在确定性时间趋势，单位根检验的结果依赖于单位根检验方程式中确定性趋势的设定。这就说明，单位根检验和确定性趋势的检验结果互相依赖，由此而陷入一个循环检验的困境。对这一检验难题，一直没有出现比较好的检验方法，直到近期出现的文献，才对这一问题进行了比较深入的研究，形成了一系列有重大价值的理论。

沃格尔桑（Vogelsang，1998）提出了一个稳健的确定性时间趋势检验统计量，其基本的思想是构造一个加权检验统计量，因此并不需要事先知道所要检验的经济变量是 I(0) 还是 I(1) 的变量。但是其加权权重的设计非常的复杂。哈维、莱伯恩和泰勒（Harvey，Leybourne & Taylor，2007，以下简称 HLT）实质性改进了沃格尔桑（Vogelsang，1998）的方法，同样提出一个加权的时间趋势检验，无论经济变量是 I(0) 还是 I(1) 的过程，检验统计量的渐近分布都服从标准正态分布。与沃格尔桑（Vogelsang，1998）的方法相比，其权重函数的设计更加简单，而且模拟的结果表明其尺度和功效的性质都要优于沃格尔桑（Vogelsang，1998）的方法。佩龙和亚布（Perron & Yabu，2009，以下简称 PY）提出了另一个新的稳健的时间趋势检验方法，其基本的思想是构造广义最小二乘估计量，为了提高估计量的收敛速度，提出了一个新的截断估计量，这样就可以保证在 I(0) 和 I(1) 条件下，时间趋势检验统计量的分布是完全一样的，都渐近服从于标准的正态分布。HLT 和 PY 所提出的方法是确定性时间趋势检验领域具有重大意义的突破，而且检验统计量的计算方法非常简便，与此同时具有非常好的有限样本性质，因此在实证中得到了非常广泛的应用（Harvey et al.，2010；Ghoshray，2011；Ghoshray & Khan，2015；Delgado & Rodríguez，2015），是目前这一领域最前沿的方法论。

然而，HLT 和 PY 都假定时间序列的方差是固定的。贾斯汀亚诺和普里米切里（Justiniano & Primiceri，2008）证明，这种假设不适用于那些方差具有结构变化的经济时间序列数据。一系列研究结论表明，时变方差改变了传统单位根检验的渐近分布（Cavaliere & Taylor，2007）。然而，目前还没有文献研究时变方差对 HLT 和 PY 检验的影响，以及在时变方差的条件下如何检验确定性时间趋势的存在性。本章将会重点研究时变方差对稳健时间趋势检验的影响，并构造新的对时变方差稳健的时间趋势检验统计量，从而填补国际上这一研究领域的空白。因此，本章的内容是对前沿的确定性时间趋势检验理论的进一步扩展，从而体现出本书的理论创新。

我们将 HLT 和 PY 检验同方差假设扩展到时变方差的假设，从而可以允许方差存在一个或者多个结构变化，方差结构变化的形式可以是突然变化或者是平滑转移变化，方差结构变化的时点也假设为未知的。我们从理论上推导了时变方差条件下 HLT 和 PY 检验的渐近分布，发现这一分布显著不同于同方差假设下得到的分布。因此，我们提出了 2 个新的对时变方差稳健的确定性时间趋势检验。我们从理论上证明了，在时变方差条件下，不论经济变量是 I(0) 还是 I(1) 过程，新的检验统计量都渐近收敛于标准正态分布。我们用蒙特卡罗模拟的方法研究了不同确定性趋势检验的有限样本性质。最后，本章还应用新的检验方法研究我国 CPI 数据的时间趋势特征，得到了有意义的研究结论，形成本书的应用创新。

本章的主要内容安排如下。本章的第二节研究时变方差条件下的 HLT 检验，并提出对时变方差稳健的修正 HLT 检验方法，第三节研究时变方差条件下的 PY 检验，并提出对时变方差稳健的修正 PY 检验方法，第四节利用蒙特卡罗模拟的方法研究不同确定性趋势检验的有限样本性质，第五节利用我们提出的新方法检验我国 CPI 数据的确定性时间趋势，第六节是本章的小结。本章的附录给出了本章所有定理的具体证明过程。

第二节 时变方差下的 HLT 检验及其修正

考虑如下的数据生成过程：

$$y_t = \mu + \beta t + u_t \quad u_t = \rho u_{t-1} + v_t \tag{3.1}$$

$$v_t = C(L)e_t = \sum_{j=0}^{\infty} c_j e_{t-j} e_t = \sigma_t \varepsilon_t \tag{3.2}$$

哈维、卡瓦列雷和泰勒（2007，简称 HLT）检验的原假设是 $H_0: \beta = \beta_0$，而备择假设可以是一个双侧的备择假设 $H_1: \beta \neq \beta_0$，也可以是一个单侧的备择假设

$H_1: \beta > \beta_0$ 或者 $H_1: \beta < \beta_0$，而且假设我们事先并不知道 u_t 是 $I(0)$ 还是 $I(1)$ 变量。我们重点关注的是确定性时间趋势是否存在，也就是 $\beta_0 = 0$。如果 $|\rho| < 1$ 那么 $u_t \sim I(0)$，如果 $\rho = 1$ 那么 $u_t \sim I(1)$。假设误差项满足如下的条件：

假设 3.1 （a）滞后多项式满足：对于所有的 $|z| \leq 1$ 有 $C(z) \neq 0$。（b）$\sum_{j=0}^{\infty} j|c_j| < \infty$。（c）$\varepsilon_t \sim iid(0, 1)$ 而且对于一些 $r \geq 4$ 有 $E|\varepsilon_t|^r < K < \infty$。（d）波动项 σ_t 满足：$\sigma_{\lfloor sT \rfloor} = \omega(s)$，其中 $s \in [0, 1]$，$\omega(s)$ 是非随机的而且严格为正。对 $t < 0$ 有 $\sigma_t \leq \sigma^* < \infty$。

假设 3.1 将固定方差（$\omega(\cdot) = \sigma_u$）扩展到时变方差的情形（$\sigma_{\lfloor sT \rfloor} = \omega(s)$），假设 3.1 涵盖了很多常见的时变方差过程，比如方差存在单个或者多个结构突变点的情形。

如果已知 u_t 是一个 $I(0)$ 过程，那么关于 β 的传统的 t 检验统计量定义为：

$$z_0 = \frac{\hat{\beta} - \beta_0}{s_0} \tag{3.3}$$

其中 $\hat{\mu}$ 和 $\hat{\beta}$ 是根据式（3.1）得到的 OLS 估计量，$s_0 = \sqrt{\hat{\lambda}_u^2 / \sum_{t=1}^{T} (t - \bar{t})^2}$，$\bar{t} = T^{-1} \sum_{t=1}^{T} t$，$\hat{\lambda}_u^2$ 是 $\{u_t\}$ 长期方差的一致估计量，$\hat{u}_t = y_t - \hat{\mu} - \hat{\beta} t$。

如果已知 u_t 是一个 $I(1)$ 过程，那么我们基于 y_t 的一阶差分估计 β：

$$\Delta y_t = \beta + v_t \tag{3.4}$$

关于 β 的 t 检验统计量定义为：

$$z_1 = \frac{\tilde{\beta} - \beta_0}{s_1} \tag{3.5}$$

其中 $\tilde{\beta}$ 是根据式（3.4）得到的 OLS 估计量，$s_1 = \sqrt{\tilde{\lambda}_v^2 / T_*}$，$T_* = T - 1$，$\tilde{\lambda}_v^2$ 是 $\{v_t\}$ 长期方差的一致估计量，$\tilde{v}_t = \Delta y_t - \tilde{\beta}$。

参考 HLT，我们将 $\{u_t\}$ 和 $\{v_t\}$ 的长期方差定义：$\lambda_u^2 = \lim_{T \to \infty} T^{-1} E(\sum_{t=1}^{T} u_t)^2$ 和 $\lambda_v^2 = \lim_{T \to \infty} T^{-1} E(\sum_{t=1}^{T} v_t)^2$，相应的估计量通过式（3.6）和式（3.7）进行计算。

$$\hat{\lambda}_u^2 = \hat{\gamma}_0 + 2 \sum_{s=1}^{T-1} h(s q_T^{-1}) \hat{\gamma}_s \hat{\gamma}_s = T^{-1} \sum_{t=1}^{T-s} \hat{u}_t \hat{u}_{t+s} \tag{3.6}$$

$$\tilde{\lambda}_v^2 = \tilde{\gamma}_0 + 2\sum_{s=1}^{T_*-1} h(sq_T^{-1}) \tilde{\gamma}_s \tilde{\gamma}_s = T_*^{-1} \sum_{t=1}^{T-s} \tilde{v}_t \tilde{v}_{t+s} \qquad (3.7)$$

其中，$h(\cdot)$ 表示的是核函数，q_T 表示的是带宽参数。

为了研究时变方差对 λ_u^2、λ_v^2 以及相应估计量的影响，我们定义 $\bar{\omega}^2 = \int_0^1 \omega(r)^2 dr$，代表的是 $T^{-1}\sum_{t=1}^T \sigma_t^2$ 的概率极限。我们有如下的引理成立。

引理 3.1 如果 y_t 的数据生成过程是式（3.1）~式（3.2），$\beta = \beta_0$，在假设 3.1 成立时，有：(i) 如果 u_t 是 I(0) 变量，那么 $\lambda_u^2 = (1-\rho)^{-2} C(1)^2 \bar{\omega}^2$，$\hat{\lambda}_u^2 \xrightarrow{p} \lambda_u^2$，$\tilde{\lambda}_v^2$ 依概率收敛于零，且其收敛速度要慢于 $O_p(T^{-1/2})$；(ii) 如果 u_t 是 I(1) 变量，那么 $\lambda_v^2 = C(1)^2 \bar{\omega}^2$，$\tilde{\lambda}_v^2 \xrightarrow{p} \lambda_v^2$，$\hat{\lambda}_u^2$ 发散到 $+\infty$，且其发散的速度要快于 $O_p(T)$。

引理 3.1 表明，如果 u_t 是 I(0) 变量，$\hat{\lambda}_u^2$ 是 λ_u^2 的一致估计量，如果 u_t 是 I(1) 变量，$\tilde{\lambda}_v^2$ 是 λ_v^2 的一致估计量。但是 λ_u^2 和 λ_v^2 都取决于渐近的平均方差 $\bar{\omega}^2$。当且仅当 $\omega(\cdot) = \sigma_e$，我们有 $\lambda_u^2 = (1-\rho)^{-2} C(1)^2 \sigma_e^2$ 和 $\lambda_v^2 = C(1)^2 \sigma_e^2$，此时 λ_u^2 和 λ_v^2 的表达式和 HLT 是一样的。

如果事先并不知道 u_t 是 I(0) 还是 I(1) 变量，HLT 提出的一个稳健的检验统计量为：

$$z_\delta = \delta z_0 + (1-\delta) z_1 \qquad (3.8)$$

很显然，z_δ 是 z_0 和 z_1 的一个加权平均，参数 δ 是一个依赖于样本数据的权重，而且满足如下的假设条件：

假设 3.2 (i) 如果 u_t 是 I(0) 变量，那么 $\delta = 1 + o_p(1)$；(ii) 如果 u_t 是 I(1) 变量，那么 $\delta = o_p(T^{-1/2})$。

为了推导 HLT 检验在时变方差条件下和渐近分布，我们参考卡瓦列雷和泰勒（2007）的研究，将方差转换的布朗运动定义为 $B_\eta(s) = B(\eta_s)$，其中 $B(\cdot)$ 是一个标准的布朗运动，$\eta_s = (\int_0^1 \omega(r)^2 dr)^{-1} \int_0^s \omega(r)^2 dr$ 是时变方差形式。使用上述的定义，我们可以得到如下的渐近分布。

定理 3.1 如果 y_t 的数据生成过程是式（3.1）~式（3.2），$\beta = \beta_0$，在假设 3.1 和假设 3.2 成立时，有：(i) 如果 u_t 是 I(0) 变量，那么 $z_0 \xrightarrow{w} \sqrt{12} \int_0^1 (r -$

$1/2)dB_\eta(r) = \xi$, $z_\delta \xrightarrow{w} \xi$；(ii) 如果 u_t 是 I(1) 变量，那么 $z_1 \xrightarrow{w} N(0, 1)$，$z_\delta \xrightarrow{w} N(0, 1)$。

定理 3.1 表明，当 u_t 是 I(0) 时，检验统计量 z_δ 的渐近分布 ξ 取决于方差形式 η_s。当且仅当 $\omega(\cdot) = \sigma_u$ 时，分布 ξ 退化为标准正态分布。因此，时间方差会导致分布 ξ 和标准正态分布之间的差异。因为分布 ξ 取决于未知的方差形式 η_s，我们需要修正检验统计量 z_0。

如果已知 u_t 是一个 I(0) 过程，参考徐（2012）的方法，我们对检验统计量 z_0 进行如下的修正：

$$z_0^m = \frac{\hat{\beta} - \beta_0}{s_0^m} \tag{3.9}$$

其中：$s_0^m = \sqrt{\{\sum_{t=p+1}^{T}(t-\bar{t})^2\}^{-2}(1-\hat{B}(1))^{-2}\sum_{t=p+1}^{T}(t-\bar{t})^2\hat{e}_{t,p}^2}$，$\hat{B}(1) = \sum_{i=1}^{p}\hat{b}_i$，$\hat{b}_i$，$i = 1, \cdots, p$，和 $\hat{e}_{t,p}$ 分别是回归方程 $\hat{u}_t = \sum_{i=1}^{p}b_i\hat{u}_{t-i} + e_{t,p}$ 的回归系数和残差。滞后长度 p 通过 AIC 信息准则选取且满足 $p < \lfloor 12(T/100)^{1/4}\rfloor$。

利用 z_0，我们提出一个新的稳健的检验统计量：

$$z_\delta^m = \delta z_0^m + (1-\delta)z_1 \tag{3.10}$$

检验统计量的渐近分布由如下的定理给出：

定理 3.2 如果 y_t 的数据生成过程是式（3.1）～式（3.2），$\beta = \beta_0$，在假设 3.1 和 3.2 成立时，有：(i) 如果 u_t 是 I(0) 变量，那么 $z_0^m \xrightarrow{w} N(0, 1)$，$z_\delta^m \xrightarrow{w} N(0, 1)$；(ii) 如果 u_t 是 I(1) 变量，那么 $z_\delta^m \xrightarrow{w} N(0, 1)$。

定理 3.2 说明在时变方差下 z_δ^m 具有标准正态分布。因此，一旦确定了权重 δ，就可以实现在没有任何关于 u_t 单整阶数先验信息的条件下检验数据中的线性趋势。

参考哈维等（Harvey et al., 2009），我们将权重 δ 设置为：

$$\delta = \exp\{-(gK_0K_1)^2\} \tag{3.11}$$

其中 g 是一个正数，K_0 和 K_1 分别是关于 $\{\hat{u}_t\}_{t=1}^{T}$ 和 $\{\tilde{v}_t\}_{t=2}^{T}$ 的 KPSS 单位根检验统计量。即：

$$K_0 = \frac{\sum_{t=1}^{T}(\sum_{i=1}^{t}\hat{u}_i)^2}{T^2\hat{\lambda}_u^2} \quad K_1 = \frac{\sum_{t=2}^{T}(\sum_{i=2}^{t}\tilde{v}_i)^2}{T_*^2\tilde{\lambda}_v^2} \tag{3.12}$$

权重 δ 的大样本性质由以下的命题所给出。

命题 3.1 如果 y_t 的数据生成过程是式（3.1）~式（3.2），$\beta = \beta_0$，在假设 3.1 成立时，有：(i) 如果 u_t 是 I(0) 变量，那么 $K_0 = O_p(1)$，$K_1 = o_p(T^{-1/2})$，δ 依概率收敛于 1；(ii) 如果 u_t 是 I(1) 变量，那么 $K_0 = O_p(Tq_T^{-1})$，$K_1 = O_p(1)$，$\delta = o_p(T^{-1/2})$。

命题 3.1 证明在（3.11）中定义的 δ 满足假设 3.2。基于模拟，我们取 g = 200。

第三节　时变方差下的 PY 检验及其修正

现在，我们考虑在时变方差下的佩龙和亚布（Perron & Yabu，2009，简称 PY）检验。检验模型与式（3.1）中的相同，但是通过可行的拟广义最小二乘法估计 β：

$$y_t - \hat{\rho}_s y_{t-1} = \mu(1 - \hat{\rho}_s) + \beta[t - \hat{\rho}_s(t-1)] + (u_t - \hat{\rho}_s u_{t-1}) \tag{3.13}$$

其中 t = 2, …, T，而 $y_1 = \mu + \beta + u_1$。$\hat{\rho}_s$ 是当 $\rho = 1$ 时关于 ρ 的超一致估计量，其定义为：

$$\hat{\rho}_s = \begin{cases} \hat{\rho} & \text{如果 } |\hat{\rho} - 1| > T^{-1/2} \\ 1 & \text{如果 } |\hat{\rho} - 1| \leq T^{-1/2} \end{cases} \tag{3.14}$$

其中 $\hat{\rho}$ 根据回归方程 $\hat{u}_t = \rho \hat{u}_{t-1} + \sum_{i=1}^{k} \zeta_i \Delta \hat{u}_{t-i} + e_{t,k}$ 估计得到。滞后长度 k 通过 AIC 信息准则选取得到。

将式（3.13）中 β 的估计记为 $\hat{\beta}_G$，PY 检验统计量定义为：

$$t_{PY} = \frac{\hat{\beta}_G - \beta_0}{s_\beta} \tag{3.15}$$

其中 $s_\beta = \sqrt{\hat{h}(X'X)_{22}^{-1}}$，而 $(X'X)_{22}^{-1}$ 是矩阵 $(X'X)^{-1}$ 第 2 行第 2 列中的元

素，$X = [x_1, \cdots, x_T]'$，如果 $t = 2, \cdots, T$，$x_t' = [(1 - \hat{\rho}_s), t - \hat{\rho}_s(t-1)]$，$x_1' = (1, 1)$。$\hat{h}$ 是 $\{u_t - \rho u_{t-1}\}$ 的长期方差的一致估计量。

t_{PY} 的渐近分布由如下的定理给出。

定理 3.3 如果 y_t 的数据生成过程是式 (3.1) ~ 式 (3.2)，$\beta = \beta_0$，在假设 3.1 成立时，有：(i) 如果 u_t 是 I(0) 变量，那么 $t_{PY} \xrightarrow{w} \xi$；(ii) 如果 u_t 是 I(1) 变量，那么 $t_{PY} \xrightarrow{w} N(0, 1)$。

定理 3.3 表明当 u_t 是 I(0) 变量时，检验统计量 t_{PY} 收敛于分布 ξ。但是分布 ξ 又取决于未知的方差形式 η_s。因此，当 $|\rho| < 1$ 时，我们需要修正检验统计量。但是，我们并不知道真实的 ρ 值。根据与 PY 相似的证明，有 $\lim_{T \to \infty} \Pr\{\hat{\rho}_s = 1 | \rho = 1\} = 1$ 和 $\lim_{T \to \infty} \Pr\{|\hat{\rho}_s| < 1 | |\rho| < 1\} = 1$。基于此我们提出新的检验统计量为：

$$t_{PY}^m = \begin{cases} (\hat{\beta}_G - \beta_0)/s_\beta^m & \text{如果 } |\hat{\rho}_s| < 1 \\ t_{PY} & \text{如果 } \hat{\rho}_s = 1 \end{cases} \tag{3.16}$$

其中 $s_\beta^m = \sqrt{\{\sum_{t=k+1}^{T}(t - \bar{t})^2\}^{-2}(1 - \hat{\rho}_s)^{-2} \sum_{t=k+1}^{T}(t - \bar{t})^2 \hat{e}_{t,k}^2}$，而 $\hat{e}_{t,k}$ 是如下的回归方程 $y_t - \hat{\rho}_s y_{t-1} = \mu^* + \beta^* t + \sum_{i=1}^{k} \varphi_i \Delta y_{t-i} + e_{t,k}$ 的残差。根据与徐（2012）相似的结论，当 $|\rho| < 1$ 时，s_β^m 是 $(\hat{\beta}_G - \beta_0)$ 标准差的一致估计量。我们可以得到如下的结果。

定理 3.4 如果 y_t 的数据生成过程是式 (3.1) ~ 式 (3.2)，$\beta = \beta_0$，在假设 3.1 成立时，有：(i) 如果 u_t 是 I(0) 变量，那么 $t_{PY}^m \xrightarrow{w} N(0, 1)$；(ii) 如果 u_t 是 I(1) 变量，那么 $t_{PY}^m \xrightarrow{w} N(0, 1)$。

定理 3.4 证明，不论 u_t 是 I(0) 还是 I(1) 变量，检验统计量 t_{PY}^m 的分布都是标准正态分布，因此 t_{PY}^m 可以用于检验确定性时间趋势。

第四节 确定性趋势检验的有限样本性质及其比较

以下我们通过蒙特卡罗模拟的方法研究本章提出的检验统计量 z_δ^m 和 t_{PY}^m 的有

限样本性质。为了比较，我们也报告了检验统计量 z_δ 和 t_{PY} 的性质。数据生成过程为 $y_t = \beta t + u_t$，其中 $u_t = \rho u_{t-1} + v_t$，$v_t = \varphi v_{t-1} + e_t$，$e_t = \sigma_t \varepsilon_t$。我们取 $\varphi = 0.5$，ρ 取值为 $\{0, 0.5, 0.8, 0.9, 1\}$。σ_t 的生成过程为 $\sigma_t^2 = \sigma_0^2 + (\sigma_1^2 - \sigma_0^2) I(T\tau < t \leq T(1-\tau))$，因此存在 2 个结构变化点，第 1 个结构变化点在时点 $\lfloor T\tau \rfloor$ 从 σ_0 变化为 σ_1，第 2 个结构变化点在时点 $\lfloor T(1-\tau) \rfloor$ 从 σ_1 变化为 σ_0。我们也考虑了其他的时变方差形式，但是主要的结论不发生变化。不失一般性，我们取 $\sigma_0 = 1$ 而且令 $\kappa = \sigma_1/\sigma_0$ 取值为 $\{1, 1/3, 3\}$。显然，$\kappa = 1$ 代表的是固定方差过程。令 τ 取值为 $\{0.2, 0.4\}$，原假设为 $\beta = 0$，备择假设为 $\beta > 0$。蒙特卡罗的次数取为 2 000 次。

所有的结果都是通过标准正态分布的临界值得到。我们考虑 5% 的显著性水平，因此临界值取为 1.645。表 3-1 列出的检验统计量的尺度性质。当方差固定的时候（$\kappa = 1$），所有的检验统计量都表现良好。但是当存在方差的结构变化时（$\kappa = 1/3$ 或者 $\kappa = 3$），检验统计量 z_δ 和 t_{PY} 有明显的尺度扭曲。比如，当 T = 500，$\kappa = 1/3$，$\tau = 0.2$ 和 $\rho = 0.5$ 时，检验统计量 z_δ 的尺度高达 11.8%，但是相应的检验统计量 z_δ^m 的尺度为 6.4%。当 T = 500，$\kappa = 1/3$，$\tau = 0.2$ 和 $\rho = 0.8$ 时，检验统计量 t_{PY} 的尺度高达 15.9%，但是相应的检验统计量 t_{PY}^m 的尺度为 5.6%。以上的结果清晰地表明了渐近分布 ξ 和正态分布之间的区别，而且从数值的角度证实，检验统计量 z_δ^m 和 t_{PY}^m 的渐近分布为正态分布，但是检验统计量 z_δ 和 t_{PY} 的渐近分布不是正态分布。

表 3-1　　　　　　　　检验统计量的尺度性质

τ	ρ	T = 300				T = 500			
		z_δ	z_δ^m	t_{PY}	t_{PY}^m	z_δ	z_δ^m	t_{PY}	t_{PY}^m
		$\kappa = 1$							
0	0	0.054	0.043	0.056	0.053	0.060	0.053	0.057	0.055
	0.5	0.055	0.046	0.066	0.055	0.066	0.053	0.065	0.059
	0.8	0.050	0.038	0.079	0.042	0.060	0.041	0.065	0.033
	0.9	0.035	0.023	0.061	0.024	0.051	0.024	0.068	0.018
	1	0.069	0.069	0.053	0.053	0.067	0.066	0.056	0.056

续表

τ	ρ	T = 300				T = 500			
		z_δ	z_δ^m	t_{PY}	t_{PY}^m	z_δ	z_δ^m	t_{PY}	t_{PY}^m
					$\kappa = 1/3$				
0.2	0	0.094	0.054	0.140	0.074	0.106	0.053	0.128	0.065
	0.5	0.095	0.056	0.156	0.074	0.118	0.064	0.153	0.072
	0.8	0.070	0.036	0.158	0.055	0.109	0.043	0.159	0.056
	0.9	0.049	0.026	0.131	0.039	0.064	0.023	0.131	0.027
	1	0.068	0.066	0.064	0.062	0.050	0.050	0.041	0.040
0.4	0	0.078	0.058	0.092	0.069	0.069	0.051	0.070	0.057
	0.5	0.073	0.053	0.087	0.060	0.087	0.060	0.088	0.060
	0.8	0.069	0.043	0.110	0.046	0.084	0.049	0.082	0.039
	0.9	0.041	0.018	0.095	0.034	0.051	0.027	0.081	0.022
	1	0.066	0.064	0.055	0.054	0.067	0.065	0.057	0.057
					$\kappa = 3$				
0.2	0	0.008	0.038	0.011	0.046	0.009	0.054	0.008	0.056
	0.5	0.004	0.041	0.008	0.041	0.014	0.059	0.013	0.053
	0.8	0.010	0.031	0.013	0.021	0.013	0.043	0.009	0.024
	0.9	0.008	0.016	0.023	0.020	0.012	0.017	0.011	0.010
	1	0.079	0.080	0.055	0.055	0.071	0.070	0.057	0.057
0.4	0	0.008	0.049	0.013	0.060	0.011	0.060	0.020	0.065
	0.5	0.012	0.059	0.024	0.063	0.007	0.057	0.015	0.056
	0.8	0.017	0.052	0.031	0.051	0.012	0.043	0.014	0.034
	0.9	0.014	0.030	0.036	0.037	0.020	0.036	0.030	0.034
	1	0.078	0.078	0.055	0.055	0.066	0.065	0.055	0.055

为了评价检验统计量的功效性质，我们考虑在备择假设下生成数据（$\beta > 0$）。由于在时变方差条件下检验统计量 z_δ 和 t_{PY} 有明显的尺度扭曲，所以我们报告经过尺度调整的功效。结果表明检验统计量 t_{PY}^m（z_δ^m）和 t_{PY}（z_δ）具有非常相近的经过尺度调整的功效（见表3-2）。

表 3-2　　　　　检验统计量的功效性质（$T=300$，$\kappa=1/3$）

ρ	β	\multicolumn{4}{c}{$\tau=0.2$}	\multicolumn{4}{c}{$\tau=0.4$}
		z_δ	z_δ^m	t_{PY}	t_{PY}^m	z_δ	z_δ^m	t_{PY}	t_{PY}^m
0	0.001	0.208	0.200	0.198	0.203	0.178	0.169	0.176	0.178
	0.01	0.971	0.969	1.000	1.000	0.994	0.994	1.000	1.000
	0.1	1.000	1.000	1.000	1.000	1.000	1.000	1.000	1.000
	1	1.000	1.000	1.000	1.000	1.000	1.000	1.000	1.000
0.5	0.001	0.116	0.110	0.110	0.106	0.095	0.090	0.097	0.098
	0.01	0.925	0.902	0.986	0.981	0.957	0.945	0.988	0.987
	0.1	1.000	1.000	1.000	1.000	1.000	1.000	1.000	1.000
	1	1.000	1.000	1.000	1.000	1.000	1.000	1.000	1.000
0.8	0.001	0.071	0.070	0.079	0.078	0.065	0.062	0.064	0.065
	0.01	0.436	0.415	0.660	0.626	0.393	0.375	0.546	0.537
	0.1	0.977	0.993	0.998	0.999	0.986	0.994	0.999	1.000
	1	1.000	1.000	1.000	1.000	1.000	1.000	1.000	1.000
0.9	0.001	0.055	0.057	0.045	0.045	0.055	0.054	0.058	0.053
	0.01	0.166	0.169	0.318	0.310	0.148	0.142	0.245	0.234
	0.1	0.870	0.982	0.716	0.885	0.789	0.922	0.623	0.680
	1	1.000	1.000	1.000	1.000	1.000	1.000	1.000	1.000
1	0.001	0.042	0.041	0.044	0.045	0.059	0.061	0.060	0.060
	0.01	0.065	0.067	0.071	0.074	0.067	0.069	0.068	0.068
	0.1	0.344	0.348	0.331	0.338	0.247	0.250	0.233	0.232
	1	1.000	1.000	1.000	1.000	1.000	1.000	1.000	1.000

第五节　我国 CPI 数据的确定性趋势检验

　　通货膨胀是影响宏观经济稳定运行的重要因素，因此一直都是实施宏观调控的重要参考指标，也是学界所重点研究的焦点问题。针对我国的通货膨胀现象，学者从各个不同的角度进行解读，形成了大量的研究文献。其中研究的一个热点问题是通货膨胀的非线性动态调整机制，其中有代表性的研究成果是，张凌翔和张晓峒（2011）对我国的 CPI 环比数据建立多区制的平滑转移自回归，创新性地提示了 CPI 数据的非线性调整特征。但是其模型设定所隐含的一个假设是 CPI 环比数据只含有截距项，而不具有确定性时间趋势。因此，一方面对我国 CPI 环比数据确定性趋势的检验直接影响后续非线性、单位根等检验结果的可靠性。另一方面，确定性趋势检验结果本身也具有重要的经济学含义，对于认识 CPI 的长期趋势特征、构建经济理论模型以及货币政策的实施都有明显的意义。由于我国 CPI 数据体现出明显的时变方差的特征，因此本书所提出的新方法具有很强的针对性。

我们应用提出的检验方法检验中国 CPI 环比时间序列的线性时间趋势。我们将 CPI 定基指数进行季节调整之后取对数，然后进行一阶差分，得到 CPI 环比数据。数据来源于 OECD 经济数据库，样本区间是 1987 年 1 月~2016 年 10 月。

为了评估 CPI 环比时间序列的方差特征，参考卡瓦列雷和泰勒（Cavaliere & Taylor，2007），我们通过以下方法估计方差形式：

$$\hat{\eta}_s = \frac{\sum_{t=1}^{\lfloor sT \rfloor} \hat{v}_t^2 + (sT - \lfloor sT \rfloor)\hat{v}_{\lfloor sT \rfloor + 1}^2}{\sum_{t=1}^{T} \hat{v}_t^2} \quad (3.17)$$

其中 $\hat{v}_t$ 将 $\hat{u}_t$ 对 $\hat{u}_{t-1}$ 进行回归后形成的残差。

我们在图 3-1 中画出了 CPI 环比数据图，其中虚线表示的是拟合的线性时间趋势。对应的方差形式的估计由图 3-2 给出，其中 45°线对应的是一个固定

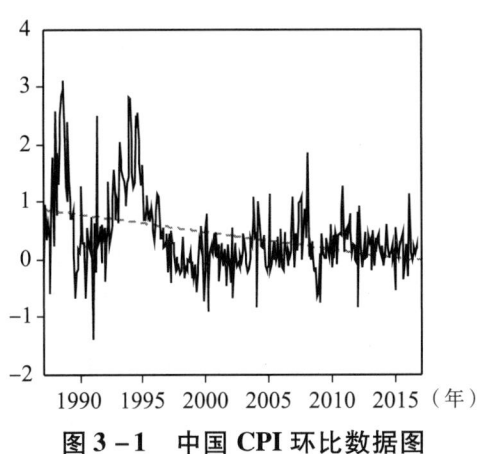

图 3-1 中国 CPI 环比数据图

方差过程，偏离45°线的程度越大，说明时变方差的特征越明显。图3-2表明中国 CPI 环比数据有明显的时变方差特征。在1987~1996年这一时间段内，CPI 的方差明显大于后一时间段的方差。形成 CPI 数据高方差的主要原因，是这一段时期的价格改革，造成较大的经济扰动成分。

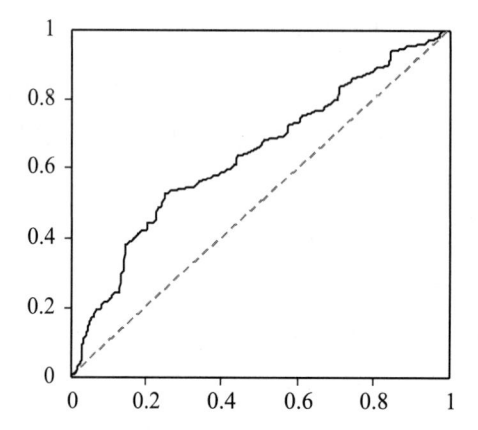

图3-2 估计的中国 CPI 环比的方差形式

表3-3报告了检验统计量 z_δ，z_δ^m，t_{PY} 和 t_{PY}^m 的结果。所有的检验都是假设双侧备择假设。在5%显著性水平，t_{PY} 检验可以拒绝 CPI 环比数据不存在时间趋势的原假设，但是 z_δ^m 和 t_{PY}^m 不能拒绝不存在时间趋势的原假设。根据先前所述的理论和仿真结果，时变方差条件下 z_δ^m 和 t_{PY}^m 的结果更加可靠。因此，我们可以认为，CPI 环比数据不存在时间趋势。这一结果支持了张凌翔和张晓峒（2011）的模型设定，从一个侧面印证了其结论的稳健性，这一结果也为后续对 CPI 数据的研究提供了重要的支撑。这也说明，1987~1996年高 CPI 值并不是由于确定性趋势所造成的，其隐含的政策含义是，要加强对 CPI 的监测，进行实时的调控，从而降低 CPI 的波动率，维持宏观经济平稳运行。

表3-3 对中国 CPI 环比数据时间趋势的检验结果

	$\hat{\delta}$	z_δ	z_δ^m	$\hat{\rho}_s$	t_{PY}	t_{PY}^m
CPI	0.122	-0.293	-0.168	0.767	-2.031**	-1.616

注：** 表示在5%的显著性水平下显著。10%、5%和1%的渐近临界值分别是1.645、1.960和2.576。

第六节 本 章 小 结

本章重点研究时变方差条件下的确定性时间趋势检验，我们将目前世界前沿的 HLT(z_δ) 和 PY(t_{PY}) 确定性趋势检验的同方差假设扩展到时变方差的假设，从而可以允许方差存在一个或者多个结构变化，结构变化的形式（即突然变化或者是平滑转移变化）和结构变化的时点都假设为未知的。本章是对现有确定性时间趋势检验前沿理论进一步的扩展，体现了本书的理论创新。本章所得到的主要结论概述如下。

（1）我们研究了时变方差对 z_δ 和 t_{PY} 检验的影响，发现如果时间序列是一个单位根过程（I(1)），在时变方差条件下，z_δ 和 t_{PY} 检验仍然渐近收敛于标准正态分布，但是如果时间序列是一个平稳过程（I(0)），那么 z_δ 和 t_{PY} 检验不再渐近收敛于标准正态分布，这时的渐近分布取决于时变方差的形式。这就说明，在时变方差的条件下，z_δ 和 t_{PY} 检验的渐近分布取决于变量的单位根性质，时变方差改变了 z_δ 和 t_{PY} 检验的渐近分布而导致这两个检验都失效了。

（2）基于上述发现，本书提出了两个新的确定性时间趋势检验。即在时变方差的假设下，本书基于徐（Xu，2012）所提出的新的长期方差估计量对 z_δ 和 t_{PY} 检验进行修正，分别得到两个新的修正后的检验 z_δ^m 和 t_{PY}^m。我们从理论上证明，在时变方差下，不论时间序列是单位根过程（I(1)）还是平稳过程（I(0)），z_δ^m 和 t_{PY}^m 检验都会渐近收敛于标准正态分布。因此，在时变方差和变量单位根性质未知条件下，可以利用 z_δ^m 和 t_{PY}^m 对变量的确定性时间趋势进行检验。

（3）我们设计了一系列蒙特卡罗模拟实验比较不同确定性趋势检验的有限样本性质。结果证实，当方差固定的时候，所有的确定性趋势检验统计量都表现良好。但是当存在方差的结构变化时，检验统计量 z_δ 和 t_{PY} 有明显的尺度扭曲。比如，当 T = 500，κ = 1/3，τ = 0.2 和 ρ = 0.5 时，检验统计量 z_δ 的尺度高达 11.8%，但是相应的检验统计量 z_δ^m 的尺度为 6.4%。当 T = 500，κ = 1/3，τ = 0.2 和 ρ = 0.8 时，检验统计量 t_{PY} 的尺度高达 15.9%，但是相应的检验统计量 t_{PY}^m

的尺度为 5.6%。以上的结果从数值的角度证实，检验统计量 z_δ^m 和 t_{PY}^m 的渐近分布为正态分布，但是检验统计量 z_δ 和 t_{PY} 的渐近分布不是正态分布。

（4）我们提供了一个实证研究，检验我国的 CPI 数据是否具有显著的时间趋势。对我国 CPI 环比数据确定性趋势的检验直接影响后续非线性、单位根等检验结果的可靠性，而确定性趋势检验结果本身也具有重要的经济学含义。在 5% 显著性水平，t_{PY} 检验可以拒绝 CPI 环比数据不存在时间趋势的原假设，但是 z_δ^m 和 t_{PY}^m 不能拒绝不存在时间趋势的原假设。根据先前所述的理论和仿真结果，时变方差条件下 z_δ^m 和 t_{PY}^m 的结果更加可靠。这一实证研究充分说明了本书理论研究的应用价值。

本 章 附 录

引理 3.1 的证明

(i) 如果 u_t 是 $I(0)$ 变量,有 $u_t = D(L)e_t$,其中 $D(L) = C(L)/(1-\rho L)$。根据标准的 BN 分解公式,我们可以得到 $u_t = D(1)e_t + \tilde{e}_{t-1} - \tilde{e}_t$,$\tilde{e}_t = \tilde{D}(L)e_t = \sum_{j=0}^{\infty} \tilde{d}_j e_{t-j}$,$\tilde{d}_j = \sum_{i=j+1}^{\infty} d_i$,因此我们就可以得到:

$$\sum_{t=1}^{T} u_t = D(1)\sum_{t=1}^{T} e_t + \tilde{e}_0 - \tilde{e}_T$$

利用卡瓦列雷和泰勒(Cavaliere & Taylor,2007)定理 1 的结果,有 $\sup_t (T^{-1/2}\tilde{e}_t) = o_p(1)$,因此,

$$T^{-1}E(\sum_{t=1}^{T} u_t)^2 = D(1)^2 T^{-1}\sum_{t=1}^{T} \sigma_t^2 + o_p(1) \xrightarrow{p} D(1)^2 \bar{\omega}^2$$

所以,我们可以得到:

$$\lambda_u^2 = (1-\rho)^{-2} C(1)^2 \bar{\omega}^2 \tag{A3.1}$$

为了证明 $\hat{\lambda}_u^2$ 是 λ_u^2 的一致估计量,我们首先假设误差项 u_t 是可以观测得到的,基于此而定义一个新的长期方差估计量:

$$\bar{\lambda}_u^2 = \bar{\hat{\gamma}}_0 + 2\sum_{s=1}^{T-1} h(sq_T^{-1})\bar{\hat{\gamma}}_s \quad \bar{\hat{\gamma}}_s = T^{-1}\sum_{t=1}^{T-s} u_t u_{t+s}$$

经过简单的运算,容易得到:

$$\bar{\hat{\gamma}}_s = \sum_{k=0}^{\infty}\sum_{j=0}^{\infty} d_k d_j T^{-1}\sum_{t=1}^{T-s} \sigma_{t-k}\sigma_{t+s-j}\varepsilon_{t-k}\varepsilon_{t+s-j}$$

$$= \sum_{k=0}^{\infty} d_k d_{k+s} T^{-1}\sum_{t=1}^{T-s} \sigma_{t-k}^2 \varepsilon_{t-k}^2$$

$$+ \sum_{k=0}^{\infty}\sum_{j=0}^{\infty} d_k d_j I\{j \neq k+s\} T^{-1}\sum_{t=1}^{T-s} \sigma_{t-k}\sigma_{t+s-j}\varepsilon_{t-k}\varepsilon_{t+s-j}$$

其中 $I(\cdot)$ 代表的是一个指示函数。定义:

$$\breve{\hat{\lambda}}_u^2 = \breve{\hat{\gamma}}_0 + 2\sum_{s=1}^{T-1} h(sq_T^{-1})\breve{\hat{\gamma}}_s \quad \breve{\hat{\gamma}}_s = \sum_{k=0}^{\infty} d_k d_{k+s} T^{-1}\sum_{t=1}^{T-s} \sigma_{t-k}^2$$

容易得到：

$$\bar{\gamma}_s - \breve{\gamma}_s = \sum_{k=0}^{\infty} d_k d_{k+s} T^{-1} \sum_{t=1}^{T-s} \sigma_{t-k}^2 (\varepsilon_{t-k}^2 - 1)$$
$$+ \sum_{k=0}^{\infty} \sum_{j=0}^{\infty} d_k d_j I\{j \neq k+s\} T^{-1} \sum_{t=1}^{T-s} \sigma_{t-k} \sigma_{t+s-j} \varepsilon_{t-k} \varepsilon_{t+s-j}$$

根据霍尔和海德（Hall & Heyde，1980）定理2.22的证明，可以得到，对任意的 $\varepsilon > 0$，有：

$$E \left| \sum_{k=0}^{\infty} d_k d_{k+s} T^{-1} \sum_{t=1}^{T-s} \sigma_{t-k}^2 (\varepsilon_{t-k}^2 - 1) \right| \leq (T^{-1/2} C_\varepsilon + \varepsilon) \sum_{k=0}^{\infty} |d_k d_{k+s}| \quad (A3.2)$$

其中 C_ε 是独立于 s 和 T 的常数，经过简单的运算，我们可以得到：

$$E \left| \sum_{k=0}^{\infty} \sum_{j=0}^{\infty} d_k d_j I\{j \neq k+s\} T^{-1} \sum_{t=1}^{T-s} \sigma_{t-k} \sigma_{t+s-j} \varepsilon_{t-k} \varepsilon_{t+s-j} \right|$$
$$\leq \sum_{k=0}^{\infty} \sum_{j=0}^{\infty} |d_k d_j| (E(T^{-1} \sum_{t=1}^{T-s} \sigma_{t-k} \sigma_{t+s-j} \varepsilon_{t-k} \varepsilon_{t+s-j})^2)^{1/2}$$
$$\leq T^{-1/2} \sup_t \sigma_t^2 (\sum_{k=0}^{\infty} |d_k|)^2 \quad (A3.3)$$

根据（A3.2）和（A3.3），我们可以得到：

$$E |\bar{\hat{\lambda}}_u^2 - \breve{\hat{\lambda}}_u^2| \leq (T^{-1/2} C_\varepsilon + \varepsilon) \sum_{k=0}^{\infty} d_k^2 + T^{-1/2} \sup_t \sigma_t^2 (\sum_{k=0}^{\infty} |d_k|)^2$$
$$+ 2(T^{-1/2} C_\varepsilon + \varepsilon) \sup_{x \geq 0} |h(x)| \sum_{s=1}^{T-1} \sum_{k=0}^{\infty} |d_k d_{k+s}|$$
$$+ 2 \sup_t \sigma_t^2 (\sum_{k=0}^{\infty} |d_k|)^2 T^{-1/2} \sum_{s=1}^{T-1} h(sq_T^{-1})$$

根据简森（Jansson，2002）引理1的证明，我们有 $T^{-1/2} \sum_{s=1}^{T-1} h(sq_T^{-1}) = o_p(1)$。基于此，我们就可以证明：

$$\bar{\hat{\lambda}}_u^2 - \breve{\hat{\lambda}}_u^2 = o_p(1) \quad (A3.4)$$

现在开始考虑 $\breve{\hat{\lambda}}_u^2$ 的概率极限，容易得到：

$$\breve{\hat{\lambda}}_u^2 = \sum_{k=0}^{\infty} d_k^2 T^{-1} \sum_{t=1}^{T} \sigma_{t-k}^2 + 2 \sum_{s=1}^{T-1} h(sq_T^{-1}) \sum_{k=0}^{\infty} d_k d_{k+s} T^{-1} \sum_{t=1}^{T-s} \sigma_{t-k}^2$$
$$= (\sum_{k=0}^{\infty} d_k^2 + 2 \sum_{s=1}^{T-1} h(sq_T^{-1}) \sum_{k=0}^{\infty} d_k d_{k+s}) T^{-1} \sum_{t=1}^{T} \sigma_t^2 + \sum_{k=0}^{\infty} d_k^2 T^{-1} \sum_{t=1}^{T} (\sigma_{t-k}^2 - \sigma_t^2)$$
$$- 2 \sum_{s=1}^{T-1} h(sq_T^{-1}) \sum_{k=0}^{\infty} d_k d_{k+s} T^{-1} \sum_{t=T-s+1}^{T} \sigma_t^2 + 2 \sum_{s=1}^{T-1} h(sq_T^{-1}) \sum_{k=0}^{\infty} d_k d_{k+s} T^{-1} \sum_{t=1}^{T-s} (\sigma_{t-k}^2 - \sigma_t^2)$$

根据简森（Jansson，2002）引理 6 的结果，可以证明：

$$\left(\sum_{k=0}^{\infty} d_k^2 + 2\sum_{s=1}^{T-1} h(sq_T^{-1})\sum_{k=0}^{\infty} d_k d_{k+s}\right) T^{-1}\sum_{t=1}^{T} \sigma_t^2 \xrightarrow{p} D(1)^2 \bar{\omega}^2 \quad (A3.5)$$

经过简单的运算，可以得到：

$$\left|2\sum_{s=1}^{T-1} h(sq_T^{-1})\sum_{k=0}^{\infty} d_k d_{k+s} T^{-1}\sum_{t=T-s+1}^{T} \sigma_t^2\right|$$

$$\leq 2(\sup_{x\geq 0}|h(x)|)(\sup_t \sigma_t^2) T^{-1}\sum_{s=1}^{T-1} s \sum_{k=0}^{\infty}|d_k d_{k+s}| = o_p(1) \quad (A3.6)$$

取 $m = T^{\upsilon}$，其中 $0 < \upsilon < 1$，我们容易得到：

$$\left|2\sum_{s=1}^{T-1} h(sq_T^{-1})\sum_{k=0}^{\infty} d_k d_{k+s} T^{-1}\sum_{t=1}^{T-s}(\sigma_{t-k}^2 - \sigma_t^2)\right|$$

$$\leq \left|2\sum_{s=1}^{T-1} h(sq_T^{-1})\sum_{k=0}^{m} d_k d_{k+s} T^{-1}\sum_{t=1}^{T-s}(\sigma_{t-k}^2 - \sigma_t^2)\right|$$

$$+ \left|2\sum_{s=1}^{T-1} h(sq_T^{-1})\sum_{k=m+1}^{\infty} d_k d_{k+s} T^{-1}\sum_{t=1}^{T-s}(\sigma_{t-k}^2 - \sigma_t^2)\right|$$

$$\leq 2(\sup_{x\geq 0}|h(x)|)(\sup_{k=0,1,\cdots,m} T^{-1}\sum_{t=1}^{T}|\sigma_{t-k}^2 - \sigma_t^2|)\sum_{s=1}^{T-1}\sum_{k=0}^{m}|d_k d_{k+s}|$$

$$+ 4(\sup_{x\geq 0}|h(x)|)(\sup_t \sigma_t^2)\sum_{k=m+1}^{\infty}|d_k|\sum_{s=1}^{\infty}|d_{k+s}| = o_p(1) \quad (A3.7)$$

根据相似的证明，有：

$$\sum_{k=0}^{\infty} d_k^2 T^{-1}\sum_{t=1}^{T}(\sigma_{t-k}^2 - \sigma_t^2) = o_p(1) \quad (A3.8)$$

综合（A3.5）~（A3.8）的结果，我们可以得到：

$$\check{\tilde{\lambda}}_u^2 \xrightarrow{p} D(1)^2 \bar{\omega}^2 \quad (A3.9)$$

定义：$x_t = (1, t)'$，$\vartheta = (\mu, \beta)'$，可以证明：

$$\hat{u}_t = u_t - x_{t'}(\hat{\vartheta} - \vartheta)$$

定义 $\gamma = \begin{bmatrix} 1 & 0 \\ 0 & T^{-1} \end{bmatrix}$，有：

$$\gamma x_t = O_p(1) \quad T^{1/2}(\hat{\vartheta} - \vartheta)'\gamma^{-1} = O_p(1)$$

经过简单的运算，我们可以得到：

$$\hat{u}_t \hat{u}_{t+s} = u_t u_{t+s} - (\hat{\vartheta} - \vartheta)'x_{t+s}u_t - (\hat{\vartheta} - \vartheta)'x_t u_{t+s} + (\hat{\vartheta} - \vartheta)'x_t x_{t+s'}(\hat{\vartheta} - \vartheta)$$

于是，可以证明：

$$\hat{\lambda}_u^2 - \bar{\tilde{\lambda}}_u^2 = T^{-1}\sum_{t=1}^{T}\left(-2(\hat{\vartheta} - \vartheta)'x_t u_t + (\hat{\vartheta} - \vartheta)'x_t x_{t'}(\hat{\vartheta} - \vartheta)\right)$$

$$-2\sum_{s=1}^{T-1}h(sq_T^{-1})T^{-1}\sum_{t=1}^{T-s}(\hat{\vartheta}-\vartheta)'(x_{t+s}u_t+x_tu_{t+s})$$

$$+2\sum_{s=1}^{T-1}h(sq_T^{-1})T^{-1}\sum_{t=1}^{T-s}(\hat{\vartheta}-\vartheta)'x_tx_{t+s}'(\hat{\vartheta}-\vartheta) \qquad (A3.10)$$

考虑（A3.10）等号右边的第二项，有：

$$T^{1/2}q_T^{-1}|2\sum_{s=1}^{T-1}h(sq_T^{-1})T^{-1}\sum_{t=1}^{T-s}(\hat{\vartheta}-\vartheta)'x_{t+s}u_t|$$

$$\leqslant 2T^{1/2}q_T^{-1}\sum_{s=1}^{T-1}|h(sq_T^{-1})||(\hat{\vartheta}-\vartheta)'|T^{-1}(\sum_{t=1}^{T-s}x_{t+s}x_{t+s}')^{1/2}(\sum_{t=1}^{T-s}u_t^2)^{1/2}$$

$$\leqslant 2q_T^{-1}\sum_{s=1}^{T-1}|h(sq_T^{-1})|T^{1/2}(\hat{\vartheta}-\vartheta)'\gamma^{-1}|(T^{-1}\sum_{t=1}^{T-s}\gamma x_{t+s}x_{t+s}'\gamma')^{1/2}(T^{-1}\sum_{t=1}^{T-s}u_t^2)^{1/2}$$

$$=O_p(1) \qquad (A3.11)$$

考虑（A3.10）等号右边的最后一项，有：

$$T^{1/2}q_T^{-1}|2\sum_{s=1}^{T-1}h(sq_T^{-1})T^{-1}\sum_{t=1}^{T-s}(\hat{\vartheta}-\vartheta)'x_tx_{t+s}'(\hat{\vartheta}-\vartheta)|$$

$$\leqslant 2q_T^{-1}\sum_{s=1}^{T-1}|h(sq_T^{-1})||T^{1/2}(\hat{\vartheta}-\vartheta)'\gamma^{-1}||T^{-1}\sum_{t=1}^{T-s}\gamma x_tx_{t+s}'\gamma'||\gamma^{-1}(\hat{\vartheta}-\vartheta)|$$

$$=o_p(1) \qquad (A3.12)$$

基于（A3.11）和（A3.12）的结果，我们可以得到：

$$\hat{\lambda}_u^2-\bar{\lambda}_u^2=o_p(1) \qquad (A3.13)$$

基于（A3.4）、（A3.9）和（A3.13）的结果，我们可以得到：

$$\hat{\lambda}_u^2\xrightarrow{p}D(1)^2\bar{\omega}^2=(1-\rho)^{-2}C(1)^2\bar{\omega}^2 \qquad (A3.14)$$

现在开始考虑当 u_t 是 I(0) 变量时，$\tilde{\lambda}_v^2$ 的概率极限。我们可以得到：$\Delta u_t=F(L)e_t$，其中 $F(L)=(1-L)D(L)=\sum_{j=0}^{\infty}f_jL^j$。定义如下的估计量：

$$\bar{\lambda}_v^2=\bar{\gamma}_0+2\sum_{s=1}^{T_*-1}h(sq_T^{-1})\bar{\gamma}_s \quad \bar{\gamma}_s=T_*^{-1}\sum_{t=2}^{T-s}\Delta u_t\Delta u_{t+s}$$

$$\breve{\lambda}_v^2=\breve{\gamma}_0+2\sum_{s=1}^{T_*-1}h(sq_T^{-1})\breve{\gamma}_s \quad \breve{\gamma}_s=\sum_{k=0}^{\infty}f_kf_{k+s}T_*^{-1}\sum_{t=2}^{T-s}\sigma_{t-k}^2$$

容易证明：$\tilde{v}_t=\Delta u_t-(\tilde{\beta}-\beta)$，$\tilde{\beta}-\beta=(\sum_{t=2}^{T}\Delta u_t)/T_*=(u_T-u_1)/T_*=O_p(T^{-1})$，于是，我们就可以得到：

$$\tilde{v}_t\tilde{v}_{t+s}=\Delta u_t\Delta u_{t+s}-(\tilde{\beta}-\beta)(\Delta u_t+\Delta u_{t+s})+(\tilde{\beta}-\beta)^2$$

经过简单的运算，可以证明：

$$\tilde{\lambda}_v^2 - \bar{\tilde{\lambda}}_v^2 = T_*^{-1} \sum_{t=2}^{T} (-2(\tilde{\beta} - \beta)\Delta u_t + (\tilde{\beta} - \beta)^2)$$

$$- 2 \sum_{s=1}^{T_*-1} h(sq_T^{-1}) T_*^{-1} \sum_{t=2}^{T-s} (\tilde{\beta} - \beta)(\Delta u_t + \Delta u_{t+s})$$

$$+ 2 \sum_{s=1}^{T_*-1} h(sq_T^{-1}) T_*^{-1} \sum_{t=2}^{T-s} (\tilde{\beta} - \beta)^2 \qquad (A3.15)$$

考虑（A3.15）等号右边的第二项，可以得到：

$$T^2 q_T^{-1} |2 \sum_{s=1}^{T_*-1} h(sq_T^{-1}) T_*^{-1} \sum_{t=2}^{T-s} (\tilde{\beta} - \beta)\Delta u_t|$$

$$\leq 2q_T^{-1} \sum_{s=1}^{T_*-1} |h(sq_T^{-1})| |T(\tilde{\beta} - \beta)| |u_{T-s} - u_1| = O_p(1) \qquad (A3.16)$$

考虑（A3.15）等号右边的最后一项，可以得到：

$$T^2 q_T^{-1} |2 \sum_{s=1}^{T_*-1} h(sq_T^{-1}) T_*^{-1} \sum_{t=2}^{T-s} (\tilde{\beta} - \beta)^2|$$

$$\leq 2q_T^{-1} \sum_{s=1}^{T_*-1} |h(sq_T^{-1})| (T(\tilde{\beta} - \beta))^2 = O_p(1) \qquad (A3.17)$$

综合（A3.16）和（A3.17）的结果，我们可以得到：

$$\tilde{\lambda}_v^2 - \bar{\tilde{\lambda}}_v^2 = o_p(1) \qquad (A3.18)$$

经过简单的运算，我们可以得到：

$$\bar{\tilde{\gamma}}_s - \breve{\tilde{\gamma}}_s = \sum_{k=0}^{\infty} f_k f_{k+s} T_*^{-1} \sum_{t=2}^{T-s} \sigma_{t-k}^2 (\varepsilon_{t-k}^2 - 1)$$

$$+ \sum_{k=0}^{\infty} \sum_{j=0}^{\infty} f_k f_j I\{j \neq k+s\} T_*^{-1} \sum_{t=2}^{T-s} \sigma_{t-k} \sigma_{t+s-j} \varepsilon_{t-k} \varepsilon_{t+s-j}$$

由于 $\sigma_{t-k}^2(\varepsilon_{t-k}^2 - 1)$ 和 $\sigma_{t-k}\sigma_{t+s-j}\varepsilon_{t-k}\varepsilon_{t+s-j}$ 都是鞅差分序列，因此：

$$T^{-1/2} \sum_{t=2}^{T-s} \sigma_{t-k}^2(\varepsilon_{t-k}^2 - 1) = O_p(1) T^{-1/2} \sum_{t=2}^{T-s} \sigma_{t-k}\sigma_{t+s-j}\varepsilon_{t-k}\varepsilon_{t+s-j} = O_p(1)$$

所以，我们有：

$$T^{1/2}(\bar{\tilde{\gamma}}_s - \breve{\tilde{\gamma}}_s) = O_p(1)$$

因此，我们可以证明：

$$T^{1/2} q_T^{-1} (\bar{\tilde{\lambda}}_v^2 - \breve{\tilde{\lambda}}_v^2) = q_T^{-1} T^{1/2} (\breve{\tilde{\gamma}}_0 - \bar{\tilde{\gamma}}_0)$$

$$+ 2q_T^{-1} \sum_{s=1}^{T-1} h(sq_T^{-1}) T^{1/2} (\bar{\tilde{\gamma}}_s - \breve{\tilde{\gamma}}_s) = O_p(1)$$

这就说明：

$$\breve{\tilde{\lambda}}_v^2 - \bar{\tilde{\lambda}}_v^2 = O_p(T^{-1/2} q_T) \qquad (A3.19)$$

利用与（A3.9）相似的证明过程，我们可以得到：

$$\tilde{\lambda}_v^2 \xrightarrow{p} F(1)^2 \bar{\omega}^2 = 0 \qquad (A3.20)$$

综合（A3.18）、（A3.19）和（A3.20）的结果，我们可以得到 $\tilde{\lambda}_v^2$ 依概率收敛于零，且其收敛速度要慢于 $O_p(T^{-1/2})$。

（ii）如果 u_t 是 $I(1)$ 变量，利用与（A3.14）相似的证明过程，我们可以得到：$\lambda_v^2 = C(1)^2 \bar{\omega}^2$，$\tilde{\lambda}_v^2 \xrightarrow{p} C(1)^2 \bar{\omega}^2$。

容易得到：$u_{\lfloor sT \rfloor} = \sum_{t=1}^{\lfloor sT \rfloor} v_t$，$T^{-1/2} \sum_{t=1}^{\lfloor sT \rfloor} v_t \xrightarrow{w} C(1) \bar{\omega} B_\eta(s)$。

根据相似的证明，有：

$$\hat{u}_t = u_t - x_{t'} \left(\sum_{t=1}^T x_t x_{t'} \right)^{-1} \left(\sum_{t=1}^T x_t u_t \right)$$

由于：

$$T^{-3/2} \sum_{t=1}^T u_t \xrightarrow{w} C(1) \bar{\omega} \int_0^1 B_\eta(r) dr \quad T^{-5/2} \sum_{t=1}^T t u_t \xrightarrow{w} C(1) \bar{\omega} \int_0^1 r B_\eta(r) dr$$

因此：

$$T^{-1/2} \hat{u}_{\lfloor sT \rfloor} \xrightarrow{w} C(1) \bar{\omega} B_\eta^*(s)$$

其中：$B_\eta^*(s) = B_\eta(s) + (6s - 4) \int_0^1 B_\eta(r) dr + (6 - 12s) \int_0^1 r B_\eta(r) dr$。

对于任意的 $s = o_p(T^{-1/2})$，有：$T^{-1} \hat{\gamma}_s = T^{-2} \sum_{t=1}^{T-s} \hat{u}_t \hat{u}_{t+s} \xrightarrow{w} C(1)^2 \bar{\omega}^2 \int_0^1 B_\eta^*(r)^2 dr$，所以：

$$(q_T T)^{-1} \hat{\lambda}_u^2 \xrightarrow{w} \bar{h} C(1)^2 \bar{\omega}^2 \int_0^1 B_\eta^*(r)^2 dr$$

其中：$\bar{h} = 2 \int_0^\infty h(x) dx$。

因此 $\hat{\lambda}_u^2$ 发散到 $+\infty$，且其发散的速度要快于 $O_p(T)$。

定理 3.1 的证明

（i）如果 u_t 是 $I(0)$ 变量，有 $u_t = D(L) e_t$，其中 $D(L) := C(L)/(1 - \rho L)$。定义 $\bar{\omega}^2 := \int_0^1 \omega(r)^2 dr$ 等于 $T^{-1} \sum_{t=1}^T \sigma_t^2$ 的极限。由于：

$$T^{-1/2} \sum_{t=1}^{\lfloor Ts \rfloor} e_t = T^{-1/2} \sum_{t=1}^{\lfloor Ts \rfloor} \sigma_t \varepsilon_t \sim N\left(0, \int_0^s \omega(r)^2 dr\right)$$

因此我们可以得到：
$$T^{-1/2} \sum_{t=1}^{\lfloor Ts \rfloor} e_t \xrightarrow{w} \bar{\omega} B_\eta(s)$$

基于 BN 分解公式，我们可以得到：
$$u_t = D(1)e_t + \frac{D(L) - D(1)}{1 - L}(1 - L)e_t$$
$$= D(1)e_t + \tilde{e}_{t-1} - \tilde{e}_t$$

其中 $\tilde{e}_t = \tilde{D}(L)e_t = \sum_{j=0}^{\infty} \tilde{d}_j e_{t-j}$，$\tilde{d}_j = \sum_{i=j+1}^{\infty} d_i$，所以有：
$$T^{-1/2} \sum_{t=1}^{\lfloor Ts \rfloor} u_t = T^{-1/2} D(1) \sum_{t=1}^{\lfloor Ts \rfloor} e_t + T^{-1/2}(\tilde{e}_0 - \tilde{e}_{\lfloor Ts \rfloor})$$

根据连续映射定理，我们可以得到：
$$T^{-1/2} D(1) \sum_{t=1}^{\lfloor Ts \rfloor} e_t \xrightarrow{w} D(1) \bar{\omega} B_\eta(s)$$

要证明：$T^{-1/2} \sum_{t=1}^{\lfloor Ts \rfloor} u_t \xrightarrow{w} D(1) \bar{\omega} B_\eta(s)$，只需要证明：$\max_{0 \leq t \leq T}(T^{-1/2} \tilde{e}_t)$ 是 $o_p(1)$。

由于：
$$|\tilde{e}_t| = |\sum_{j=0}^{\infty} \tilde{d}_j e_{t-j}| \leq \sum_{j=0}^{\infty} |\tilde{d}_j|^{3/4} (|\tilde{d}_j|^{1/4} \sigma_{t-j} |\varepsilon_{t-j}|)$$
$$\leq \max_t \sigma_t (\sum_{j=0}^{\infty} |\tilde{d}_j|)^{3/4} (\sum_{j=0}^{\infty} |\tilde{d}_j| |\varepsilon_{t-j}|^4)^{1/4}$$

所以：
$$\max_{0 \leq t \leq T} E(\tilde{e}_t^4) \leq \max_t \sigma_t^4 (\sum_{j=0}^{\infty} |\tilde{d}_j|)^4 E(\varepsilon_t^4) < \infty$$

因此 $\max_{0 \leq t \leq T} E(\tilde{e}_t^4)$ 是有界的，根据博斯威克和马尔可夫不等式，对于任意的 $\delta > 0$，我们可以得到：
$$\max_{0 \leq t \leq T} \Pr(T^{-1/2} |\tilde{e}_t| > \delta) \leq \sum_{t=0}^{T} \Pr(|\tilde{e}_t| > T^{1/2}\delta)$$
$$\leq \sum_{t=0}^{T} \frac{E(\tilde{e}_t^4)}{T^2 \delta^4} \leq \frac{\max_{0 \leq t \leq T} E(\tilde{e}_t^4)}{T \delta^4} \to 0$$

这就说明：$T^{-1/2} \sum_{t=1}^{\lfloor Ts \rfloor} u_t \xrightarrow{w} D(1) \bar{\omega} B_\eta(s)$。

在式（3.3）的分子和分母同时乘以 $T^{3/2}$，得到：

$$z_0 = \frac{T^{3/2}(\hat{\beta} - \beta_0)}{\sqrt{\hat{\lambda}_u^2/(T^{-3}\sum_{t=1}^{T}(t-\bar{t})^2)}}$$

在 $\beta = \beta_0$ 的原假设条件下,容易得到:

$$T^{3/2}(\hat{\beta} - \beta_0) = \frac{T^{-3/2}\sum_{t=1}^{T}tu_t - T^{-5/2}(\sum_{t=1}^{T}t)(\sum_{t=1}^{T}u_t)}{T^{-3}\sum_{t=1}^{T}t^2 - (T^{-2}\sum_{t=1}^{T}t)^2}$$

$$\xrightarrow{w} \frac{D(1)\bar{\omega}\{B_\eta(1) - \int_0^1 B_\eta(r)dr\} - D(1)\bar{\omega}B_\eta(1)/2}{(1/3) - (1/4)}$$

$$= 12D(1)\bar{\omega}\int_0^1 (r - 1/2)dB_\eta(r)$$

根据引理 3.1 的证明结果,我们可以得到:$\hat{\lambda}_u^2 \xrightarrow{p} D(1)^2\bar{\omega}^2$,我们容易证明 $T^{-3}\sum_{t=1}^{T}(t-\bar{t})^2 \to 1/12$,因此,当 u_t 是 I(0) 变量时,我们有:

$$z_0 \xrightarrow{w} \sqrt{12}\int_0^1 (r - 1/2)dB_\eta(r) =: \xi \quad (A3.21)$$

现在考虑当 u_t 是 I(0) 变量时式 (3.5) 中检验统计量 z_1 的分布。

$$z_1 = \frac{(T-1)^{-1/2}(u_T - u_1)}{\sqrt{\hat{\lambda}_{\Delta u_t}^2}}$$

其中 $\hat{\lambda}_{\Delta u_t}^2$ 是 $\{\Delta u_t\}$ 长期方差的一致估计量。容易证明 $(T-1)^{-1/2}(u_T - u_1) = O_p(T^{-1/2})$。由于 Δu_t 是过度差分变量,因此根据引理 3.1 的证明,我们可以得到 $\sqrt{\hat{\lambda}_{\Delta u_t}^2}$ 依概率收敛到零,但其收敛的速度会小于 $O_p(T^{-1/4})$,这就说明 z_1 是 $o_p(1)$。

因此,当 u_t 是 I(0) 时,我们可以得到:

$$z_\delta = \{1 + o_p(1)\}z_0 + o_p(1) = z_0 + o_p(1) \xrightarrow{w} \xi \quad (A3.22)$$

(ii) 如果 u_t 是 I(1) 变量,$u_{\lfloor sT \rfloor} = \sum_{t=1}^{\lfloor sT \rfloor} v_t$。

根据 BN 分解,我们可以得到:

$$v_t = C(L)e_t = C(1)e_t + \breve{e}_{t-1} - \breve{e}_t$$

其中 $\breve{e}_t = \breve{C}(L)e_t = \sum_{j=0}^{\infty}\breve{c}_j e_{t-j}$,$\breve{c}_j = \sum_{i=j+1}^{\infty}c_i$。我们可以得到:

$$T^{-1/2} \sum_{t=1}^{\lfloor sT \rfloor} v_t \xrightarrow{w} C(1)\bar{\omega}B_\eta(s)$$

根据引理 3.1 的证明，很容易得到 $\tilde{\lambda}_v^2 \xrightarrow{p} C(1)^2 \bar{\omega}^2$，于是当 u_t 是 I(1) 时，检验统计量 z_1 的渐近分布为：

$$z_1 = \frac{(T-1)^{-1/2}(u_T - u_1)}{\{\tilde{\lambda}_v^2\}^{1/2}}$$

$$\xrightarrow{w} \frac{C(1)\bar{\omega}B_\eta(1)}{C(1)\bar{\omega}} = B_\eta(1) = N(0,1)$$

现在考虑当 u_t 是 I(1) 时，式（3.3）中检验统计量 z_0 的分布。在式（3.3）的分子与分母同乘以 $T^{1/2}$，我们可以得到：

$$z_0 = \frac{T^{1/2}(\hat{\beta} - \beta_0)}{\sqrt{T^{-2}\hat{\lambda}_u^2 / (T^{-3}\sum_{t=1}^{T}(t-\bar{t})^2)}}$$

容易证明：

$$T^{1/2}(\hat{\beta} - \beta_0) = \frac{T^{-5/2}\sum_{t=1}^{T} tu_t - T^{-7/2}(\sum_{t=1}^{T} t)(\sum_{t=1}^{T} u_t)}{T^{-3}\sum_{t=1}^{T} t^2 - (T^{-2}\sum_{t=1}^{T} t)^2}$$

$$\xrightarrow{w} \frac{C(1)\bar{\omega}\int_0^1 rB_\eta(r)dr - C(1)\bar{\omega}\int_0^1 B_\eta(r)dr/2}{(1/3) - (1/4)}$$

$$= 6C(1)\bar{\omega}\{2\int_0^1 rB_\eta(r)dr - \int_0^1 B_\eta(r)dr\}$$

根据引理 3.1 的证明过程，我们可以得到 $\sqrt{T^{-2}\hat{\lambda}_u^2}$ 依概率收敛到零，但其收敛的速度会小于 $O_p(T^{-1/2})$，因此 z_0 是 $o_p(T^{1/2})$。

因此，当 u_t 是 I(1) 时，我们可以得到：

$$z_\delta = \{o_p(T^{-1/2})\}z_0 + \{1 + o_p(T^{-1/2})\}z_1 = z_1 + o_p(1) \xrightarrow{w} N(0,1)$$

定理 3.2 的证明

(i) 如果 u_t 是 I(0) 变量，那么：

$$z_0^m = \frac{T^{3/2}(\hat{\beta} - \beta_0)}{T^{3/2}s_0^m}$$

利用卡瓦列雷和泰勒（Cavaliere & Taylor, 2007）定理 1 的证明过程，我们可以得到如下的收敛性质：$(1 - \hat{B}(1))^{-2} \xrightarrow{p} D(1)^2$，$T^{-1}\sum_{t=p+1}^{T} \hat{e}_{t,p}^2 = T^{-1}\sum_{t=p+1}^{T} e_t^2 + o_p(1)$。因此：

$$T^{-3}\sum_{t=p+1}^{T}(t - \bar{t})^2 \hat{e}_{t,p}^2 = T^{-3}\sum_{t=p+1}^{T}(t - \bar{t})^2 (e_t^2 - e_t^2 + \hat{e}_{t,p}^2)$$

$$= T^{-3}\sum_{t=p+1}^{T}(t - \bar{t})^2 e_t^2 + o_p(1)$$

$$= T^{-3}\sum_{t=p+1}^{T}(t - \bar{t})^2 \sigma_t^2 \varepsilon_t^2 + o_p(1)$$

$$= T^{-3}\sum_{t=p+1}^{T}(t - \bar{t})^2 \sigma_t^2 (1 + \varepsilon_t^2 - 1) + o_p(1)$$

$$= T^{-3}\sum_{t=p+1}^{T}(t - \bar{t})^2 \sigma_t^2 + o_p(1)$$

$$\xrightarrow{p} \int_0^1 (r - 1/2)^2 \omega(r)^2 dr$$

因此我们可以得到：

$$T^3 (s_0^m)^2 \xrightarrow{p} 12D(1)^2 \int_0^1 (r - 1/2)^2 \omega(r)^2 dr$$

根据上述，我们容易得到：$\{T^{3/2}(\hat{\beta} - \beta_0)\}$ 的渐近分布服从一个标准的正态分布 $N(0, (12D(1))^2 \int_0^1 (r - 1/2)^2 \omega(r)^2 dr)$。因此我们可以得到，如果 u_t 是 I(0) 变量，那么：

$$z_0^m \xrightarrow{w} N(0, 1)$$

因此，在假设 3.2 的条件下，我们可以得到：

$$z_\delta^m = \{1 + o_p(1)\} z_0^m + o_p(1)$$

$$= z_0^m + o_p(1) \xrightarrow{w} N(0, 1)$$

（ii）如果 u_t 是 I(1) 变量，参考叙尔等（Sul et al., 2005）的结果，有 $(1 - \hat{B}(1))^{-2} = O_p(T^2)$。因此 $s_0^m = O_p(T^{-1/2})$。可以得到 $\hat{\beta} - \beta_0 = O_p(T^{-1/2})$。因此 z_0^m 是 $o_p(T^{1/2})$。因此，在假设 3.2 的条件下，我们可以得到：

$$z_\delta^m = \{o_p(T^{-1/2})\} z_0^m + \{1 + o_p(T^{-1/2})\} z_1$$

$$= z_1 + o_p(1) \xrightarrow{w} N(0, 1)$$

命题 3.1 的证明

（i）如果 u_t 是 I(0) 变量，那么：

$$\hat{u}_t = u_t - x_{t'}(\sum_{t=1}^{T} x_t x_{t'})^{-1}(\sum_{t=1}^{T} x_t u_t)$$

因此有：

$$T^{-1/2} \sum_{t=1}^{T} u_t \xrightarrow{w} D(1)\bar{\omega}B_\eta(1)$$

$$T^{-3/2} \sum_{t=1}^{T} tu_t \xrightarrow{w} D(1)\bar{\omega}B_\eta(1) - D(1)\bar{\omega}\int_0^1 B_\eta(r)dr$$

基于上述公式，可以证明：

$$T^{-1/2} \sum_{t=1}^{\lfloor sT \rfloor} \hat{u}_t \xrightarrow{w} D(1)\bar{\omega}B_\eta^{**}(s)$$

其中：$B_\eta^{**}(s) = B_\eta(s) + (2s - 3s^2)B_\eta(1) + (-6s + 6s^2)\int_0^1 B_\eta(r)dr$。

根据引理 3.1 的证明，我们可以得到：$\hat{\lambda}_u^2 \xrightarrow{p} D(1)^2\bar{\omega}^2$，于是：

$$K_0 \xrightarrow{w} \int_0^1 B_\eta^{**}(r)^2 dr \quad (A3.23)$$

根据简单的运算，可以得到：

$$K_1 = \frac{\sum_{t=2}^{T} \{(u_t - u_1) - \frac{t-1}{T-1}(u_T - u_1)\}^2}{T^2 \tilde{\lambda}_v^2} = o_p(T^{-1/2}) \quad (A3.24)$$

综合（A3.23）和（A3.24）的结果，我们可以证明 δ 依概率收敛于 1。

(ii) 如果 u_t 是 I(1) 变量，有：$T^{-3/2} \sum_{t=1}^{\lfloor sT \rfloor} \hat{u}_t \xrightarrow{w} C(1)\bar{\omega}\int_0^s B_\eta^*(r)dr$，因此：

$$T^{-4} \sum_{t=1}^{T} (\sum_{i=1}^{t} \hat{u}_i)^2 \xrightarrow{w} C(1)^2\bar{\omega}^2 \int_0^1 (\int_0^s B_\eta^*(r)dr)^2 ds$$

所以，我们可以得到：

$$K_0 = O_p(Tq_T^{-1}) \quad (A3.25)$$

经过简单的运算，有：

$$\tilde{v}_t = \Delta y_t - \frac{1}{T-1}\sum_{t=2}^{T} \Delta y_t = v_t - \frac{1}{T-1}\sum_{t=2}^{T} v_t$$

因此：

$$T^{-1/2} \sum_{t=2}^{\lfloor sT \rfloor} \tilde{v}_t = T^{-1/2} \sum_{t=2}^{\lfloor sT \rfloor} v_t - \frac{\lfloor sT \rfloor - 1}{T-1} T^{-1/2} \sum_{t=2}^{T} v_t$$

$$\xrightarrow{w} C(1)\bar{\omega}\{B_\eta(s) - sB_\eta(1)\}$$

容易得到：$T^{-2} \sum_{t=2}^{T} (\sum_{i=2}^{t} \tilde{v}_t)^2 \xrightarrow{w} C(1)^2 \bar{\omega}^2 \int_0^1 (B_\eta(s) - sB_\eta(1))^2 ds$，所以：

$$K_1 \xrightarrow{w} \int_0^1 (B_\eta(s) - sB_\eta(1))^2 ds \qquad (A3.26)$$

综合（A3.25）和（A3.26）的结果，可以证明 $\delta = o_p(T^{-1/2})$。

定理3.3 的证明

根据简单的运算，我们可以得到：

$$t_{PY} = \frac{[0 \ 1]Q^{-1}R}{\{\hat{h}[0 \ 1]Q^{-1}[0 \ 1]\}^{1/2}}$$

其中：$Q := \begin{bmatrix} q_{11} & q_{12} \\ q_{21} & q_{22} \end{bmatrix}$，$R := \begin{bmatrix} r_1 \\ r_2 \end{bmatrix}$，$q_{11} = 1 + (T-1)(1-\hat{\rho}_s)^2$，$r_1 = u_1 + (1-\hat{\rho}_s)\sum_{t=2}^{T} u_t^*$，$q_{12} = q_{21} = 1 + (T-1)\hat{\rho}_s(1-\hat{\rho}_s) + (1-\hat{\rho}_s)^2 \sum_{t=2}^{T} t$，$r_2 = u_1 + \hat{\rho}_s \sum_{t=2}^{T} u_t^* + (1-\hat{\rho}_s) \sum_{t=2}^{T} tu_t^*$，$u_t^* = u_t - \hat{\rho}_s u_{t-1}$，$q_{22} = 1 + (T-1)\hat{\rho}_s^2 + 2\hat{\rho}_s(1-\hat{\rho}_s)\sum_{t=2}^{T} t + (1-\hat{\rho}_s)^2 \sum_{t=2}^{T} t^2$。

（i）如果 u_t 是 I(0) 变量，根据卡瓦列雷和泰勒（Cavaliere & Taylor, 2007）定理1的证明过程，我们可以得到，$T^{-1/2} \sum_{t=1}^{\lfloor sT \rfloor} u_t^* \xrightarrow{w} \bar{\omega} B_\eta(s)$，使用菲利普斯和徐（Phillips & Xu, 2006）的结果，我们可以得到，$T^{1/2}(\hat{\rho}_s - \rho) = O_p(1)$。因此：

$$T^{3/2}[0 \ 1]Q^{-1}R = \frac{T^{3/2}(r_2 q_{11} - r_1 q_{21})}{q_{11}q_{22} - q_{12}q_{21}}$$

$$= \frac{T^{-3/2}(1-\hat{\rho}_s)^3 \sum_{t=2}^{T} tu_t^* - T^{-5/2}(1-\hat{\rho}_s)^3 \sum_{t=2}^{T} t \sum_{t=2}^{T} u_t^*}{T^{-3}(1-\hat{\rho}_s)^4 \sum_{t=2}^{T} t^2 - T^{-4}(1-\hat{\rho}_s)^4 (\sum_{t=2}^{T} t)^2} + o_p(1)$$

$$\xrightarrow{w} \frac{12}{1-\rho} \bar{\omega} \int_0^1 (r - 1/2) dB_\eta(r)$$

容易得到：

$$T^3[0 \ 1]Q^{-1}[0 \ 1] = \frac{T^3 q_{11}}{q_{11}q_{22} - q_{12}q_{21}}$$

$$= \frac{(1-\hat{\rho}_s)^2}{T^{-3}(1-\hat{\rho}_s)^4 \sum_{t=2}^{T} t^2 - T^{-4}(1-\hat{\rho}_s)^4 (\sum_{t=2}^{T} t)^2} \xrightarrow{p} \frac{12}{(1-\rho)^2}$$

使用卡瓦列雷和泰勒（Cavaliere & Taylor，2007）定理 1 的证明，可以得到 $\hat{h} \xrightarrow{p} \bar{\omega}^2$。

所以，如果 u_t 是 I(0) 变量，检验统计量 t_{PY} 的分布为：

$$t_{PY} \xrightarrow{w} \sqrt{12} \int_0^1 (r - 1/2) dB_\eta(r)$$

（ii）如果 u_t 是 I(1) 变量，利用与佩龙和亚布（Perron & Yabu，2007）定理 1 的证明相似的推导过程，我们可以得到，$T(\hat{\rho}_s - 1) \xrightarrow{p} 0$。利用卡瓦列雷和泰勒（Cavaliere & Taylor，2007）定理 1 的证明过程，在假设 4.1 的条件下，$T^{-1/2} \sum_{t=1}^{\lfloor sT \rfloor} u_t^* \xrightarrow{w} C(1) \bar{\omega} B_\eta(s)$。

因此，容易得到 $q_{11} = 1 + o_p(1)$，$q_{12} = q_{21} = 1 + o_p(1)$，$T^{-1} q_{22} = 1 + o_p(1)$，$T^{-1/2} r_1 = o_p(1)$，$T^{-1/2} r_2 \xrightarrow{w} C(1) \bar{\omega} B_\eta(1)$。

利用卡瓦列雷和泰勒（Cavaliere & Taylor，2007）定理 1 的证明，我们可以得到：$\hat{h} \xrightarrow{p} C(1)^2 \bar{\omega}^2$。

所以，如果 u_t 是 I(1) 变量，检验统计量 t_{PY} 的分布为：

$$t_{PY} = \frac{T^{-1/2}(r_2 q_{11} - r_1 q_{21})}{\{\hat{h} q_{11} T^{-1}(q_{11} q_{22} - q_{12} q_{21})\}^{1/2}}$$

$$\xrightarrow{w} \frac{C(1) \bar{\omega} B_\eta(1)}{C(1) \bar{\omega}} = B_\eta(1) = N(0,1)$$

定理 3.4 的证明

定义

$$s_{PY}^m := \begin{cases} s_{PY}^m = s_\beta^m & \text{如果 } |\hat{\rho}_s| < 1 \\ s_{PY}^m = s_\beta & \text{如果 } \hat{\rho}_s = 1 \end{cases}$$

因此，我们可以得到：

$$t_{PY}^m = \frac{(\hat{\beta}_G - \beta_0)}{s_{PY}^m}$$

（i）如果 u_t 是 I(0) 变量，容易得到：

$$t_{PY}^m = \frac{T^{3/2}(\hat{\beta}_G - \beta_0)}{T^{3/2} s_{PY}^m}$$

利用 PY 的结论, 我们可以得到 $T^{-1}\sum_{t=k+1}^{T}\hat{e}_{t,k}^2 = T^{-1}\sum_{t=k+1}^{T}e_t^2 + o_p(1)$。

我们可以得到

$$T^{-3}\sum_{t=k+1}^{T}(t-\bar{t})^2\hat{e}_{t,k}^2 \xrightarrow{p} \int_0^1 (r-1/2)^2\omega(r)^2 dr$$

所以, 我们容易得到:

$$T^3(s_\beta^m)^2 \xrightarrow{p} \frac{12^2}{(1-\rho)^2}\int_0^1(r-1/2)^2\omega(r)^2 dr =: \zeta$$

定义 $A = \{T^{1/2}|\hat{\rho}-1|\leq 1\}$ 和 $\bar{A} = \{T^{1/2}|\hat{\rho}-1|>1\}$, 对于任意的 $\epsilon > 0$, 我们可以得到:

$$\lim_{T\to\infty}\Pr\{|T^3(s_{PY}^m)^2 - \zeta| > \epsilon\}$$
$$= \lim_{T\to\infty}\Pr\{|T^3(s_\beta^m)^2 - \zeta| > \epsilon|\bar{A}\}\Pr\{\bar{A}\}$$
$$+ \lim_{T\to\infty}\Pr\{|T^3(s_\beta)^2 - \zeta| > \epsilon|A\}\Pr\{A\}$$

利用菲利普斯和徐 (Phillips & Xu, 2006) 的结果, 我们有 $T^{1/2}(\hat{\rho}-\rho) = O_p(1)$, $\hat{\rho} \xrightarrow{p} \rho \neq 1$ 说明当 $T\to\infty$ 时, $\Pr\{A\} = \Pr\{T^{1/2}|\hat{\rho}-1|\leq 1\}\to 0$。所以, 当 $T\to\infty$ 时, 我们很容易证明 $\Pr\{|T^3(s_{PY}^m)^2 - \zeta| > \epsilon\}\to 0$。

所以, 我们可以得到:

$$T^3(s_{PY}^m)^2 \xrightarrow{p} \zeta$$

根据前面的结论, 我们可以得到 $\{T^{3/2}(\hat{\beta}_G - \beta_0)\}$ 的渐近分布为标准的正态分布 $N\left(0, \frac{12^2}{(1-\rho)^2}\int_0^1(r-1/2)^2\omega(r)^2 dr\right)$。

所以, 如果 u_t 是 $I(0)$ 变量, 检验统计量 t_{PY}^m 的分布为:

$$t_{PY}^m \xrightarrow{w} N(0,1)$$

(ii) 如果 u_t 是 $I(1)$ 变量, 容易得到:

$$t_{PY}^m = \frac{T^{1/2}(\hat{\beta}_G - \beta_0)}{T^{1/2} s_{PY}^m}$$

因此, 我们可以得到:

$$T^{1/2}(\hat{\beta}_G - \beta_0) = \frac{T^{-1/2}(r_2 q_{11} - r_1 q_{21})}{T^{-1}(q_{11}q_{22} - q_{12}q_{21})} \xrightarrow{w} C(1)\bar{\omega}B_\eta(1)$$

容易证明：
$$\lim_{T\to\infty}\Pr\{|T(s_{PY}^m)^2 - C(1)^2\bar{\omega}^2| > \epsilon\}$$
$$= \lim_{T\to\infty}\Pr\{|T(s_\beta^m)^2 - C(1)^2\bar{\omega}^2| > \epsilon|\bar{A}\}\Pr\{\bar{A}\}$$
$$+ \lim_{T\to\infty}\Pr\{|T(s_\beta)^2 - C(1)^2\bar{\omega}^2| > \epsilon|A\}\Pr\{A\}$$

由于 $T(\hat{\rho}-1) = O_p(1)$，因此当 $T\to\infty$ 时，$\Pr\{\bar{A}\} = \Pr\{T^{1/2}|\hat{\rho}-1|>1\}\to 0$。利用卡瓦列雷和泰勒（Cavaliere & Taylor, 2007）定理 1 的证明，容易得到 $T(s_\beta)^2 \xrightarrow{p} C(1)^2\bar{\omega}^2$。因此当 $T\to\infty$ 时，$\Pr\{|T(s_{PY}^m)^2 - C(1)^2\bar{\omega}^2| > \epsilon\}\to 0$。于是有 $T(s_{PY}^m)^2 \xrightarrow{p} C(1)^2\bar{\omega}^2$。

所以，如果 u_t 是 I(1) 变量，检验统计量 t_{PY}^m 的分布为：$t_{PY}^m \xrightarrow{w} N(0,1)$。

第四章
基于协整VECM模型的冲击效应的识别与冲击效应的分解——中国经济增长的长期趋势

第一节 引　言

我们知道，格兰杰（Granger，1981）、恩格尔和格兰杰（1987）提出的协整理论和模型，是宏观计量经济学的革命性突破。由于这一突出贡献，恩格尔和格兰杰共同获得了 2003 年诺贝尔经济学奖。此后，约翰逊（1988）提出的系统协整检验理论，相比单方程的 EG 两步法协整检验存在诸多优势，比如不需要约束协整个数最多为 1、完美处理了可能存在的内生性问题、有强大的检验势等。因而约翰森协整检验方法成为一个具有里程碑式的协整估计和检验的成果，也是协整应用研究所必不可少的重要工具。但是，协整的理论研究没有因此而止步，近 20 年，基于协整 VECM 模型的冲击效应的识别和冲击效应的分解，成为协整理论后续重要的发展方向，这一方向不仅实质性地扩展了协整模型的理论研究，而且使协整模型的应用更加深入。

斯托克和沃森（Stock & Watson，1988）提出了著名的协整系统的共同趋势理论，即由 n 个 I(1) 变量组成的协整系统具有 r 个协整关系，这一协整系统就存在着 n−r 个共同趋势。这一结论为识别协整 VECM 模型的结构冲击奠定了理论基础。基于协整系统的共同趋势，凯恩等（King et al.，1991，以下简称 KPSW 理论）开创性地提出可以基于协整将 VECM 模型的结构冲击识别成具有持久冲击效应的长期冲击和只有短暂冲击效应的短期冲击，其研究证实，n 维变量的 n−r 个共同趋势来源于 n−r 个长期冲击，而剩余的 r 个冲击则是短期冲击。根据识别的长期和短期冲击，可以进一步分解长期和短期冲击效应。KPSW 理论首创的 VECM 模型结构冲击的识别，是这一领域具有里程碑意义的重大突破，而且具有很强的经济学应用价值，与货币长期中性理论、消费的持久收入假说等经济理论有很强的联系，因此在实证研究中得到了广泛的应用。仅仅在经济学权威期刊 *American Economic Review*（AER）上，近期就发表了三篇基于 KPSW 理论的实证文章（Lettau & Ludvigson，2004；Beaudry & Portier，2006；Corsetti & Konstantinou，2012）。约翰森（Johansen，2010）完善了 KPSW 理论识别方法的渐近理论，是这一领域理论研究最前沿的成果。

KPSW 理论识别冲击的重要应用是分解宏观变量的长期趋势。分解 GDP 的长期趋势具有重要的理论和实际意义，一直以来都是计量经济学所研究的重点问题。常见的单变量的趋势周期分解方法主要包括 HP 滤波、BN 分解、UC 分解等（参见 Hodrick & Prescott，1997；Beveridge & Nelson，1981；Clark，1987）。然而，单变量趋势周期分解模型的一个重要的缺陷是只利用了一个变量的信息，而忽视了宏观经济变量普遍存在的相关关系。因此越来越多的研究开始在多变量的分解框架下分离经济增长的长期趋势。由于在分解模型中运用了更加丰富的信息，因此通常多变量的分解结果比单变量模型的分解结果更准确。布兰查德和奎尔（Blanchard & Quah，1989，以下简称 BQ 理论）提出了基于结构向量自回归（SVAR）模型而分解长期趋势的理论，成为多变量分解模型具有重要意义的突破，其主要思想和内容是，通过约束短期冲击对实际经济增长变量没有长期影响而将冲击识别为长期和短期冲击，累加长期冲击效应形成长期趋势，其主要内涵是长期经济增长因素的变化。但是，BQ 分解理论要求数据的平稳性而形成明显的局限，而 KPSW 理论则是针对宏观经济变量的单位根 [I(1)] 的数据特征和长期协整关系（取决于如何组建宏观系统和检验）而基于协整 VECM 模型的分解，因此应用 KPSW 理论分解 GDP 的长期趋势，比较而言更具有针对性，分解结果更精确。目前国外有大量应用 KPSW 理论分解宏观经济变量长期趋势的文献（Pistoresi，1997；Schumacher，2002；Gradzewicz & Kolasa，2004；Centoni et al.，2007；Mitchell et al.，2008；Lettau & Ludvigson，2013）。虽然目前国内有大量基于 BQ 方法分解我国经济增长长期趋势的文献（赵昕东，2008；郭红兵和陈平，2010；欧阳志刚和史焕平，2010；黄桂田和赵留彦，2010），但是国内还没有应用 KPSW 理论的应用研究，本章在国内首次利用 KPSW 理论分解新常态下我国经济增长的长期趋势，基于此研究我国经济新常态的数量特征，从而体现出本书的应用创新。

2016 年我国实际 GDP 增长率为 6.7%，说明我国经济已经进入了中高速增长的新常态。国内学者对我国经济增长新常态的长期趋势进行了大量的研究。袁富华（2010）利用多变量的状态空间模型测算出未来 10 年中国经济的潜在增长率会逐渐下滑到 8% 以下。李扬和张晓晶（2015）研究发现在 2011~2015 年、2016~2020 年两个时间段内，中国潜在增长率区间分别为 7.8%~8.7%、5.7%~

6.6%，从而验证了我国的结构性减速趋势。张军等（2016）基于"收敛假说"，测算出中国经济长期增长趋势在2015~2035年约为6.02%。基于我国经济新常态下经济增长减速换挡的特征事实，我国学者对其成因进行了深入研究。相关文献认为我国经济减速换挡的主要原因是：人口结构转型、生产率的产业再分布、工业化和城市化的进程放缓、资源和环境的约束以及后发优势减少等（袁富华，2012；中国经济增长前沿课题组，2012，2013，2014；白重恩和张琼，2015）。针对经济新常态下我国经济减速的特征事实，大量学者认为目前我国宏观经济调控的重点是要加强供给侧结构性改革（张晓晶，2015；龚刚，2016；郑挺国和黄佳祥，2016）。

本章在解析基于VECM模型而识别冲击和分解冲击效应的基础上，根据我国宏观经济和数据，分解我国GDP的长期趋势而构建GDP等宏观经济变量的协整系统，将简约的协整VECM模型转换为结构VECM，继而转换成包含有协整信息的VMA，基于此分解长期趋势。根据长期趋势的演变，基于左右截尾的正态分布而推断经济新常态的数量特征。

本章的主要内容安排如下。本章的第二节解析基于VECM模型而识别冲击和分解冲击效应的KPSW计量理论，第三节是本章分解的我国经济增长长期趋势的结果及其分析，第四节是本章的小结。

第二节 基于协整VECM模型的冲击效应及其冲击效应的识别

从计量经济学的文献看，随着非平稳单位根（I(1)）理论的提出，大量的研究证实，GDP等绝大多数宏观经济变量具有I(1)的趋势特征（Nelson & Plosser，1982）。贝弗里奇和纳尔逊（Beveridge & Nelson，1981）证明，数据生成过程为I(1)的GDP，其长期趋势界定为随时间而增长的确定性时间趋势加上由随机游走所构成的随机趋势。特别的，斯托克和沃森（Stock & Watson，1988）提出了著名的协整系统的共同趋势理论，即由n个I(1)变量组成的协整系统具有r个协整关系，这一协整系统就存在着n-r个共同趋势。这一结论为分解协整系统的长期趋势奠定了理论基础。从经济理论看，目前学术界对于长期趋势的理论定义和内涵还不尽一致（Basu & Fernald，2009；Phillips，2010）。布兰查德和奎尔（Blanchard & Quah，1989）将长期趋势表述为，经济增长的长期趋势主要源于技术进步和创新、制度变革等在内的长期经济增长因素形成的长期冲击。本书根据这一定义而分析长期趋势及其分解结果的内涵。从以上长期趋势的理论界定可知，GDP 的长期趋势由确定性趋势和随机趋势组成，而确定性趋势表示随时间而稳定增长的成分，其主要内涵是随时间而稳定增加的长期经济增长因素效应，如劳动者素质的持续提高等长期因素；一方面，而 GDP 的随机趋势则来源于对 GDP 具有持久冲击效应的随机冲击，对应长期经济增长因素随机变化的部分，诸如技术创新、新的经济业态、新产品等对产出的冲击形成的正效应；另一方面，诸如劳动力素质不适应相应的科技水平和经济结构，经济供给结构与需求不匹配、自然灾害以及贸易保护、技术封锁等国际性的冲击对产出形成的负冲击效应。因此，GDP 的随机趋势大致描述为此起彼伏、相互部分抵消的数据形态。参考凯恩等（King et al.，1991）的研究，本书分解 GDP 的长期趋势，基于 GDP、消费、投资和净出口等宏观变量的协整（待检验）和共同趋势与冲击而展开。

一、经济增长的协整系统及其冲击

记 X_t 是包括 GDP 等 I(1) 变量组成的 n 维宏观经济系统，假设系统的变量之间存在 r 个协整关系，其简约的误差修正（VECM）模型为：

$$\Delta X_t = \mu + \alpha \beta' X_{t-1} + \sum_{i=1}^{p-1} \Gamma_i \Delta X_{t-i} + \varepsilon_t \tag{4.1}$$

其中 ε_t 是没有直接经济学含义的简约随机扰动，且 $\varepsilon_t \sim iid(0, \Sigma)$，$\alpha$ 和 β 是 n×r 维的调节与协整系数的满秩矩阵。为识别随机冲击和分解长期趋势，首先基于协整对没有直接经济学含义的 ε_t 施加相关的结构约束 B，由此赋予协整系统的结构新息 u_t 具体的经济含义，应用 B 将 (4.1) 转换为结构 VECM 模型：

$$\Delta X_t = \mu + \alpha \beta' X_{t-1} + \sum_{i=1}^{p-1} \Gamma_i \Delta X_{t-i} + B u_t \tag{4.2}$$

结构模型与简约模型之间的关系是：$\varepsilon_t = B u_t$，$u_t \sim iid(0, I)$。

基于协整系统的共同趋势，凯恩等（King et al.，1991）的研究证实，X_t 的

n－r 个共同趋势来源于 n－r 个长期冲击，而剩余的 r 个冲击则是短期冲击。于是，协整系统的冲击 u_t 对应的分为两类冲击：一类冲击对宏观变量产生持久影响，故称这一类随机冲击为长期冲击，长期冲击效应形成宏观变量的随机趋势，其主要内涵是技术进步和创新、制度变革等长期经济增长因素随机变化的冲击效应。另一类冲击只具有短期影响，其冲击效应随时间迅速衰减至零，故称这一类随机冲击为短期冲击，短期冲击效应形成宏观变量的短期成分，其特征是对宏观变量趋势的短暂偏离，大量经济学文献认为，短期冲击主要包括货币、预期的变化（张卫平和李天栋，2012；Lorenzoni，2009；陈彦斌和唐诗磊，2009），短期冲击效应是其对实际经济增长变量产生的短期影响。欧阳和彭（Ouyang & Peng，2015）、卫梦星（2013）、林建浩和王美今（2016）的研究表明，2008 年四万亿刺激没有产生长期的经济增长效应。说明短期刺激政策在很大程度上体现为短期冲击，从而形成短期成分。布兰查德和菲舍尔（Blanchard & Fischer，1989）将短期冲击效应形成的短期成分称为周期。众所周知，经济理论界对经济周期的界定和来源还不尽相同。具有代表性的理论认为，周期现象是经济体内自我生成的（即内生的）、确定性的、系统性的自我反复现象（龚刚和高阳，2013；高阳，2015）。DSGE 理论模型则将经济周期看成是由随机的外生冲击所造成的。对产生周期波动的外生冲击性质，不同的经济理论也有相当大的分歧。货币主义学派认为货币供给量冲击是引起经济周期波动的主要原因（Friedman & Schwartz，1975），新凯恩斯主义经济学理论认为周期波动的主要源泉是来自于价格工资粘性等摩擦因素所导致的名义需求冲击（Gordon，1990），而实际经济周期理论却认为技术冲击是造成经济周期波动的主导因素（Kydland & Prescott，1982）。布兰查德和菲舍尔（Blanchard & Fischer，1989）界定的周期基本符合货币主义学派和新凯恩斯主义经济学理论（Shapiro & Watson，1989），但为了避免理论上的歧义，本书将短期冲击效应称之为宏观变量的短期成分。根据上述概念，记 $u = (u_1, u_2, \cdots, u_n)'$，$u_i$ 表示第 i 个结构冲击，如果 u_i 满足

$$\lim_{h \to \infty} \partial E_t(X_{t+h}) / \partial u_{it} \neq 0 \qquad (4.3)$$

则 u_i 定义为长期冲击。否则，u_i 为短期冲击，则有

$$\lim_{h \to \infty} \partial E_t(X_{t+h}) / \partial u_{it} = 0 \qquad (4.4)$$

为识别冲击，需要将式（4.2）表述为关于 X_t 的向量移动平均（VMA）的形式。

为此，记 β 和 α 所对应的正交补矩阵分别为 $\beta_\perp$ 和 $\alpha_\perp$，使用恒等式

$$\beta_\perp(\beta_\perp'\beta_\perp)^{-1}\beta_\perp' + \beta(\beta'\beta)^{-1}\beta' = I \tag{4.5}$$

我们可以得到：

$$\Delta X_t = \beta_\perp(\beta_\perp'\beta_\perp)^{-1}\beta_\perp'\Delta X_t + \beta(\beta'\beta)^{-1}\beta'\Delta X_t \tag{4.6}$$

对其进行累加计算，得到：

$$X_t = \beta_\perp(\beta_\perp'\beta_\perp)^{-1}\sum_{i=1}^{t}\beta_\perp'\Delta X_i + \beta(\beta'\beta)^{-1}\beta' X_t + \beta_\perp(\beta_\perp'\beta_\perp)^{-1}\beta_\perp' X_0 \tag{4.7}$$

其中的 $\beta_\perp'\Delta X_t$ 和 $\beta' X_t$ 都是平稳变量，因此可将其表述为 VMA。记：$\Gamma = I - \sum_{i=1}^{p-1}\Gamma_i$，我们可以将 VECM 模型（省略截距）进行泰勒展开。为此，将 VECM 模型改写为：$A(L)X_t = \varepsilon_t$，其中 $A(L) = (1-L)I - \alpha\beta' L - \sum_{i=1}^{k-1}\Gamma_i(1-L)L^i$。

记 $A(z) = (1-z)I - \alpha\beta' z - \sum_{i=1}^{k-1}\Gamma_i(1-z)z^i$，并求 1 阶导并令 $z=1$，可以得到：

$$\dot{A}(1) = -I + \sum_{i=1}^{k-1}\Gamma_i - \alpha\beta'$$

经过简单的运算，可以得到：

$$A(z) = A(1) + \dot{A}(1)(z-1) + A^*(z)(z-1)^2$$

其中：$A^*(z) = \dfrac{A(z) - A(1) - \dot{A}(1)(z-1)}{(z-1)^2}$。

基于上述，我们可以得到 VECM 模型的泰勒展开形式为：

$$-\alpha\beta' X_t + (\Gamma + \alpha\beta')\Delta X_t + A^*(L)\Delta^2 X_t = \varepsilon_t \tag{4.8}$$

将式（4.8）左乘 $(\alpha'\alpha)^{-1}\alpha'$，得到：

$$-\beta' X_t + (\alpha'\alpha)^{-1}\alpha'(\Gamma + \alpha\beta')\Delta X_t + (\alpha'\alpha)^{-1}\alpha' A^*(L)\Delta^2 X_t = (\alpha'\alpha)^{-1}\alpha'\varepsilon_t$$

化简可得：

$$-\beta' X_t + \bar{\alpha}'(\Gamma + \alpha\beta')\Delta X_t + \bar{\alpha}' A^*(L)\Delta^2 X_t = \bar{\alpha}'\varepsilon_t$$

将式（4.8）左乘 $(\alpha_\perp'\alpha_\perp)^{-1}\alpha_\perp'$，得到：

$$(\alpha_\perp'\alpha_\perp)^{-1}\alpha_\perp'(\Gamma + \alpha\beta')\Delta X_t + (\alpha_\perp'\alpha_\perp)^{-1}\alpha_\perp' A^*(L)\Delta^2 X_t = (\alpha_\perp'\alpha_\perp)^{-1}\alpha_\perp'\varepsilon_t$$

化简可得：

$$\bar{\alpha}_\perp'(\Gamma + \alpha\beta')\Delta X_t + \bar{\alpha}_\perp' A^*(L)\Delta^2 X_t = \bar{\alpha}_\perp'\varepsilon_t$$

所以，我们可以得到：

$$\begin{cases} -\beta'X_t + \bar{\alpha}'(\Gamma + \alpha\beta')\Delta X_t + \bar{\alpha}'A^*(L)\Delta^2 X_t = \bar{\alpha}'\varepsilon_t \\ \bar{\alpha}'_\perp(\Gamma + \alpha\beta')\Delta X_t + \bar{\alpha}'_\perp A^*(L)\Delta^2 X_t = \bar{\alpha}'_\perp \varepsilon_t \end{cases} \quad (4.9)$$

将式 (4.6) 代入式 (4.9)，并记：$Y_t = \begin{bmatrix} \beta'X_t \\ \beta'_\perp \Delta X_t \end{bmatrix}$，可以得到：

$$\tilde{A}(L)Y_t = \begin{bmatrix} -I & \bar{\alpha}'\Gamma\bar{\beta}_\perp \\ 0 & \bar{\alpha}'_\perp \Gamma\bar{\beta}_\perp \end{bmatrix} Y_t + A^{**}(L)\Delta Y_t = (\bar{\alpha}, \bar{\alpha}_\perp)'\varepsilon_t \quad (4.10)$$

记：$\tilde{A}(1) = \begin{bmatrix} -I & \bar{\alpha}'\Gamma\bar{\beta}_\perp \\ 0 & \bar{\alpha}'_\perp \Gamma\bar{\beta}_\perp \end{bmatrix}$，可以将式 (4.10) VAR 形式转化成 VMA 形式：

$$Y_t = \tilde{C}(L)(\bar{\alpha}, \bar{\alpha}_\perp)'\varepsilon_t \quad (4.11)$$

根据 BN 分解公式，我们可以得到：$\tilde{C}(L) = \tilde{A}(L)^{-1}$，$\tilde{C}(L) = \tilde{C}(1) + \tilde{C}_1(L)(1-L)$，$\tilde{C}_1(L) = \dfrac{\tilde{C}(L) - \tilde{C}(1)}{1-L}$，所以：

$$Y_t = \tilde{A}(1)^{-1}(\bar{\alpha}, \bar{\alpha}_\perp)'\varepsilon_t + \tilde{C}_1(L)(\bar{\alpha}, \bar{\alpha}_\perp)'\Delta\varepsilon_t \quad (4.12)$$

基于式 (4.12)，我们可以得到：

$$(0, I_{n-r})Y_t = \beta'_\perp \Delta X_t$$

$$= (0, I_{n-r})\tilde{A}(1)^{-1}(\bar{\alpha}, \bar{\alpha}_\perp)'\varepsilon_t$$

$$+ (0, I_{n-r})\tilde{C}_1(L)(\bar{\alpha}, \bar{\alpha}_\perp)'\Delta\varepsilon_t \quad (4.13)$$

记：$\bar{\beta}_\perp = \beta_\perp(\beta'_\perp\beta_\perp)^{-1}$，$W_t = (0, I_{n-r})\tilde{C}_1(L)(\bar{\alpha}, \bar{\alpha}_\perp)'\Delta\varepsilon_t$，对 (4.13) 进行累加运算，我们可以得到：

$$\bar{\beta}_\perp \sum_{i=1}^{t}\beta'_\perp \Delta X_t = (0, \bar{\beta}_\perp)\tilde{A}(1)^{-1}(\bar{\alpha}, \bar{\alpha}_\perp)'\sum_{i=1}^{t}\varepsilon_i + \bar{\beta}_\perp(W_t - W_0) \quad (4.14)$$

经过简单的矩阵运算，我们可以得到：

$$C = (0, \bar{\beta}_\perp)\tilde{A}(1)^{-1}(\bar{\alpha}, \bar{\alpha}_\perp)' = \beta_\perp(\alpha'_\perp(I - \sum_{i=1}^{p-1}\Gamma_i)\beta_\perp)^{-1}\alpha'_\perp \quad (4.15)$$

将式 (4.14) 代入式 (4.7)，我们可以得到：

$$X_t = C\sum_{i=1}^{t}\varepsilon_i + \bar{\beta}_\perp(W_t - W_0) + \beta(\beta'\beta)^{-1}\beta'X_t + \beta_\perp(\beta'_\perp\beta_\perp)^{-1}\beta'_\perp X_0$$

$$(4.16)$$

记初始值：$\zeta_0 = -\bar{\beta}_\perp W_0 + \beta_\perp(\beta'_\perp \beta_\perp)^{-1}\beta'_\perp X_0$，由于 $\bar{\beta}_\perp W_t$ 和 $\beta(\beta'\beta)^{-1}\beta'X_t$ 都是平稳的，因此我们可以定义多项式矩阵 $C^*(L)$ 满足：$C^*(L)\varepsilon_t = \bar{\beta}_\perp W_t + \beta(\beta'\beta)^{-1}\beta'X_t$，这样我们就可以得到：

$$X_t = C\sum_{i=1}^{t}\varepsilon_i + C^*(L)\varepsilon_t + \zeta_0 \tag{4.17}$$

根据 $\varepsilon_t = Bu_t$，再将（4.17）扩展至 VECM 包含截距的情形，我们得到结构 VMA 模型：

$$X_t = C\sum_{i=1}^{t}Bu_i + C^*(L)Bu_t + C\mu t + C^*(L)\mu + \zeta_0 \tag{4.18}$$

为识别冲击，将 X_t 递推 h 期并且取期望后求偏导，令 h 趋于无穷，同时记矩阵 C 和 B 的积矩阵为 M，有：

$$\lim_{h\to\infty}\partial E_t(X_{t+h})/\partial u_t = C\times B + \lim_{h\to\infty}C_h^* \times B = C\times B = M \tag{4.19}$$

式（4.19）表明，矩阵 M 度量了结构冲击 u_t 对 X_t 无穷远期水平值的影响，M_{ji}（第 j 行第 i 列的元素）表示的是 u_i 对第 j 个变量无穷远期水平值的影响。根据冲击的定义，如果 M_{ji} 的元素不为零，对应的 u_i 即为长期冲击，否则是短期冲击。

二、长期趋势的定义与分解

从前面的理论分析可知，长期冲击效应累积形成长期趋势，n 维 I(1) 变量之间存在 r 个协整关系，则协整系统 X_t 存在 n − r 个共同趋势，并且这些共同趋势来源于 n − r 个长期冲击。据此，X_t 中存在着 n − r 个长期冲击和 r 个短期冲击。于是，分解 GDP 的长期趋势，首先是从 n 个结构冲击中识别出 n − r 个长期冲击。为此，基于协整的共同趋势理论，约束前 n − r 个结构冲击（$u_1, \cdots, u_{n-r}$）′为长期冲击，后 r 个结构冲击（$u_{n-r+1}, \cdots, u_n$）′为短期冲击，这等价于约束矩阵 M 后 r 列元素为零。由此得到约束条件：

$$C_{i\cdot} \times B_{\cdot j} = 0 \quad j = n-r+1, n-r+2, \cdots, n \quad i = 1, 2, \cdots, n \tag{4.20}$$

其中 $C_{i\cdot}$ 表示矩阵 C 的第 i 行，$B_{\cdot j}$ 是矩阵 B 的第 j 列。由于 C 的秩为 n − r，因此式（4.20）包含 (n − r)r 个线性独立的方程，亦即约束条件。根据估计的结构 VECM（4.2）计算协整系数矩阵和调节系数矩阵的正交补矩阵，在此基础上即可根据式（4.15）计算矩阵 C，代入式（4.20）而求解 B，继而将结果代入式（4.19）估计识别矩阵 M。M 中不为零的列表明了对应的结构冲击对经济增长产生了持久效应，长期冲击效应因此而形成长期趋势；M 中元素全部为零的列对应的冲击，对经济增长产生的效应随着时间而衰减至零，因而是短期冲击。据此将结构冲击识别为长期冲击（$u_1, \cdots, u_{n-r}$）′和短期冲击（$u_{n-r+1}, \cdots, u_n$）′。在此基础上，计算长期冲击效应并且估计 GDP 的长期趋势。

由于 $\Delta X_t \sim I(0)$，由 Wold 表述定理，ΔX_t 的结构 VECM(1) 可以表述为结构 VMA 形式：

$$\Delta X_t = \delta + A(L)u_t = \delta + A_0 u_t + A_1 u_{t-1} + A_2 u_{t-2} + \cdots \quad (4.21)$$

其中 A_k 为滞后 k 阶的系数矩阵，为估计由长期冲击效应所形成的趋势，记 $A_{k,i}$ 为 A_k 的第 i 列，基于此将式（4.21）按 u_i（$i = 1, \cdots, n$）标量表述：

$$\Delta X_t = \delta + (A_{0,1} + A_{1,1}L + A_{2,1}L^2 + \cdots)u_{1t} + \cdots + (A_{0,n} + A_{1,n}L + A_{2,n}L^2 + \cdots)u_{nt}$$
$$(4.22)$$

式（4.22）将 ΔX_t 分解为所有随机结构冲击的效应之和。进一步，为了使式（4.22）的无穷和（冲击效应）可计算，我们定义 $\Delta I_{it} = \sum_{j=0}^{t-1} A_{j,i} u_{i,t-j}$，表示第 i 个冲击 u_i 在时刻 t 对 ΔX_t 的冲击效应，记初始条件对随机冲击效应的影响为 $\Delta S_{0t} = \sum_{j=t}^{\infty} A_j u_{t-j}$，式（4.22）可以写成：

$$\Delta X_t = \delta + \Delta I_{1t} + \Delta I_{2t} + \cdots + \Delta I_{nt} + \Delta S_{0t} \quad (4.23)$$

由 ΔI_{it} 的定义，有 $I_{it} = \sum_{j=0}^{t-1} A_{j,i} u_{i,t-j} + I_{i,t-1}$，表示 u_i 在时刻 t 对 X_t 产生的冲击效应，基于此对式（4.23）进行迭代累加：

$$X_t = X_0 + \delta t + I_{1t} + I_{2t} + \cdots + I_{nt} + S_{0t} \quad (4.24)$$

式（4.24）中的 δ 就是 X_t 随着时间而变化的趋势的速率，且 $\delta = C\mu$（Johansen, 1995）。

由于后 r 个结构冲击（$u_{n-r+1}, \cdots, u_n$）′识别为短期冲击，对变量的影响是使其短暂的偏离于长期趋势，因此其冲击效应形成围绕着长期趋势而波动的短期成分 CY_t，定义为

$$CY_t = I_{n-r+1,t} + I_{n-r+2,t} + \cdots + I_{nt} \quad (4.25)$$

按照布兰查德和菲舍尔（Blanchard & Fischer, 1989），泰勒（Taylor, 2000）的

解释，短期成分主要代表的是货币冲击、预期变化等短期经济因素形成的效应。

式（4.25）中的 $X_0 + \delta t$ 为时间趋势，记为 DT_t。前 $n-r$ 个结构冲击 $(u_1, \cdots, u_{n-r})'$ 识别为长期冲击，对 I(1) 变量产生持久冲击效应，因此其冲击效应形成随机趋势 ST_t，其值等于 $I_{1t} + I_{2t} + \cdots + I_{n-r,t}$，代表长期经济增长因素的随机变化所形成的增长效应，于是，协整系统的长期趋势（LT_t）的理论定义为

$$LT_t = DT_t + ST_t = X_0 + \delta t + I_{1,t} + I_{2,t} + \cdots + I_{n-r,t} \qquad (4.26)$$

第三节　中国经济增长的长期趋势

以上我们解析了基于 VECM 模型的冲击识别与冲击效应分解的 KPSW 理论，现在我们应用这一理论研究我国经济增长的长期趋势。我们主要以 GDP 的长期趋势为研究对象，根据长期趋势的演变，推断其变动的范围，基于 GDP 增速的截尾正态分布，计算经济增长具有最大概率取值区间。我国经济的减速究竟是长期还是短期的现象，主要取决于 GDP 的长期趋势是否形成了结构性下移，而结构性下移的幅度，制约着经济增长速度的取值，也影响到经济增长速度持续下降到什么水平。为此，我们首先构成并且检验 GDP 等宏观经济变量的协整系统。

一、我国经济增长的协整系统

1. 变量的定义及单位根 I(1) 特征

基于经济理论，本书选取国内生产总值（GDP）、消费、投资和净出口额 4 个宏观经济变量，构成宏观经济系统，样本区间是 1978~2014 年，数据来源于中国统计局网站。从文献看，凯恩等（King et al.，1991）证明了产出、消费和投资之间存在共同趋势。米切尔等（Mitchell et al.，2008）通过建立 GDP、消费、投资三个变量的协整系统并且基于此分解欧洲 GDP 的长期趋势。舒马赫

(Schumacher, 2002) 在 GDP 的协整系统中加入经济领先指标预测长期趋势的变化。本书旨在分解我国 GDP 的长期趋势,鉴于改革开放以来对外贸易对经济增长产生了重要作用以及协整是否存在的需要,本书在凯恩等(1991)上述研究的基础上增加了净出口变量。为使 4 个变量具有统一可比较的口径,我们以 1978 年为基期,根据每年的实际 GDP 增长率计算以 1978 为基年的年度实际 GDP。并进一步根据经济理论和 GDP 的核算方式,使用最终消费支出、资本形成总额和净出口额对实际 GDP 的贡献率折算出每年的实际消费、实际投资与实际净出口,对实际 GDP、实际消费和实际投资取对数后再乘以 100,分别记为 LNGDP、LNC、LNI。参考加西亚奇科(García – Cicco et al., 2010)对实际净出口的数据处理方法,将其除以 GDP 得到净出口占 GDP 的比重,记为 NEX。将净出口数据做上述处理,是国内外的通常作法,从而使得本书的结果可进行国内外比较。上述 4 个经过数据处理的变量形成了本书的研究对象,简记为 X = (LNGDP、LNC、LNI、NEX)′,为方便起见,其中的变量依次简称为 GDP、消费、投资和净出口。为节省篇幅,我们只列出 GDP 的(对数)数据图(图 4 – 2)。其他 3 个变量的数据图与之类似。

从数据图直观地看出,GDP 等宏观变量随着时间而增长,基于这一特征,本书使用含截距和时间趋势的 ADF 和 PP 单位根检验方法对变量进行单位根检验。ADF 单位根检验的结果如表 4 – 1 所示。

表 4 – 1　　　　　　　　ADF 单位根检验结果

变量	ADF 检验	变量	ADF 检验
LNGDP	– 2.21（– 3.54）	ΔLNGDP	– 3.08（– 2.95）
LNC	– 2.45（– 3.54）	ΔLNC	– 3.96（– 2.95）
LNI	– 2.60（– 3.54）	ΔLNI	– 4.11（– 2.95）
NEX	– 1.68（– 3.54）	ΔNEX	– 5.18（– 2.95）

注：括号内是 ADF 单位根检验 5% 的临界值。

ADF 单位根检验的结论为,GDP、消费、投资和净出口均为含有确定性趋势和随机趋势的单位根(I(1))变量,PP 单位根检验也能得到相同的结论。这一结果表明,GDP 等变量的数据中包含有确定性的时间趋势和随机趋势。本书使用佩龙和亚布（Perron & Yabu，2009）的方法检验 GDP 等变量确定性趋势在样本期内是否发生结构变化，原假设是确定性趋势没有结构变化，LNGDP、LNC、LNI 和 NEX 四个变量相应的检验统计量值分别为 1.01、0.74、0.77 和 0.45，而检验统计量 5% 临界值为 2.79，这就表明，可以接受 GDP 等变量的确定性趋势在样本期内没有发生结构变化的原假设。检验程序从佩龙的个人主页 http：//people. bu. edu/perron/下载得到。为分解长期趋势，本书首先检验这些变量之间是否协整。

2. 经济增长的协整系统和随机冲击

根据 AIC 和 SIC 信息准则，VECM 模型的滞后阶选为 1。经过检验，VECM 模型的残差没有序列自相关和异方差，因此将 VECM 模型的滞后阶选为 1 阶滞后是合理的。基于约翰森方法的协整检验的结果如下，见表 4 – 2。

表 4 – 2　　　　　　　　　约翰森协整检验结果

原假设下的协整个数	迹检验统计量	P 值	最大特征根检验统计量	P 值
0	72.338	0.000	38.453	0.001
1	33.885	0.016	28.967	0.003
2	4.919	0.817	4.026	0.857
3	0.892	0.345	0.892	0.345

检验结果证实 GDP 等 4 个变量之间存在 2 个协整关系，基于此我们估计得到简约 VECM 模型为表 4 – 3：

表 4 – 3　　　　　　　　　VECM 模型的估计

截距 $\hat{\mu}$	调节系数矩阵 $\hat{\alpha}$		协整系数矩阵 $\hat{\beta}$		滞后项系数矩阵 $\hat{\Gamma}_1$			
2.38	1.94	-1.01	1	0	2.93	-1.37	-0.83	-1.97
5.01	5.35	-3.29	0	1	-1.21	0.97	0.66	1.48
-6.58	9.24	-5.04	-0.90	-0.83	7.99	-4.11	-2.15	-5.49
1.56	-4.67	2.82	-2.09	-1.96	0.45	-0.27	-0.33	-0.57

表 4 – 3 的 VECM 模型对应简约残差（冲击）ε_t，检验表明简约残差没有自

相关和异方差，为节约篇幅，本书没有具体报告。具体的检验结果备索。为了求出协整系统的结构冲击 u_t，还需要估计识别矩阵 B。为此，需要基于协整而得到约束条件。由协整系统的共同趋势表述可知，协整系统中 4 个 I(1) 变量由于 2 个协整关系而拥有 2 个共同趋势。因此，根据式（4.19）将 4 个结构冲击分为 2 个长期冲击和 2 个短期冲击，由此得到 4 个约束条件。

对于式（4.2）而言，识别矩阵 B 为 4 维矩阵，共有 16 个待估参数，因此，为估计 B 的元素，共需要构建 16 个线性无关的方程（结构约束条件）。记 Σ_{ij} 是简约冲击 ε_t 的协方差矩阵 Σ 第 i 行第 j 列的元素，基于结构冲击之间相互正交，有：

$$B \times B' = \Sigma \qquad (4.27)$$

并由 Σ 的对称性而形成 10 个线性无关的方程 $B_{i.} \times B'_{j.} = \Sigma_{ij}$（i = 1, 2, 3, 4, j = 1, 2, …, i）。进一步，参考凯恩等（1991）的研究，形成类似递归识别的约束条件 $B_{12} = 0$ 和 $B_{34} = 0$。

由式（4.20）和式（4.27）以及线性无关与递归条件一共组成 16 个线性无关的约束条件。为估计由式（4.15）定义的矩阵 C，根据表 4-3 中 VECM 的估计结果，我们计算协整和调节系数矩阵的正交补 $\hat{\beta}_\perp$ 和 $\hat{\alpha}_\perp$，将其代入公式（4.15）计算矩阵 C。将矩阵 C 代入式（4.20）、式（4.27）而估计矩阵 B 的元素，基于此即可估计 $M = C \times B$。下面给出了矩阵 C、B 和 M 的估计结果以及结构冲击的累积脉冲响应函数。

由前述，表 4-4 中的矩阵 B 和 M，分别表示结构冲击对协整系统 X 的每一个 I(1) 变量的当期和远期的冲击效应，其中，$B_{13} = 0.78$ 表示 u_3 在当期（第 0 期）发生一单位的改变（冲击）将导致当期 GDP 增加 0.78。而 $M_{11} = 2.79$ 表示 u_1 在无穷远期对 GDP 的冲击效应为 2.79。由前述，分解长期趋势的关键在于识别协整系统具有持久冲击效应的长期随机冲击。为识别长期和短期冲击，根据式（4.19）的定义，我们考察矩阵 M。表 4-4 显示，M 前 2 列的元素非零，这就说明，u_1 和 u_2 对 X 的冲击效应随着时间不衰减，基于定义（4.3），u_1 和 u_2 被识别为长期冲击，因此 u_1 和 u_2 的冲击效应形成宏观变量的趋势。而矩阵 M 第 3 列和第 4 列的全部元素为 0，说明 u_3 和 u_4 对 X 的水平值没有持久性的冲击效应，其冲击效应随时间而衰减至零，基于定义（4.4），u_3 和 u_4 为短期冲击。u_3 和 u_4 的冲击效应使得宏观变量短暂地偏离长期趋势，形成短期成分。

表 4-4　　　　　　　　我国经济增长的协整系统的冲击效应

矩阵 C 的估计				矩阵 B 的估计				矩阵 M = C × B 的估计			
9.26	-4.38	-3.21	-7.52	1.49	0	0.78	0.13	2.79	0.06	0	0
8.40	-3.95	-2.91	-6.79	1.05	0.28	0.51	-0.97	2.58	0.09	0	0
25.77	-14.64	-9.16	-24.21	1.11	-2.52	2.95	0	3.69	-2.87	0	0
-6.69	4.22	2.42	6.85	0.39	0.90	-0.60	0.73	-0.26	1.27	0	0

为了观察冲击效应随时间变化的动态轨迹，进一步验证结构冲击的性质，我们应用估计的 B，计算结构冲击对结构 VECM 模型的累积脉冲响应。其主要的结果由图 4-1 给出。

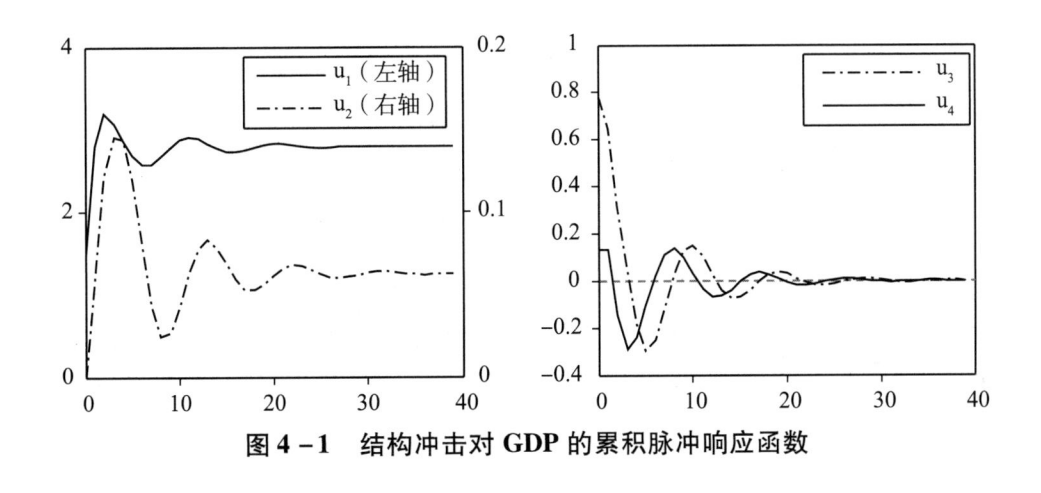

图 4-1　结构冲击对 GDP 的累积脉冲响应函数

图 4-1 所示的累积脉冲响应轨迹清晰地表明，u_1 和 u_2 对 GDP 在短期内产生正的冲击效应，经过 20 期左右的调整，分别收敛于常数 2.79 和 0.06 附近，这一结果不仅对应了 M_{11} 和 M_{12} 的值，也说明 u_1 和 u_2 对经济增长产生了持久的冲击效应。因此，根据识别的定义与冲击效应的动态累积轨迹的结果均表明，u_1 和 u_2 为长期冲击，代表技术进步和创新、制度变革等长期经济增长因素的变化。与之类似的是，图 4-1 还清晰的显示，u_3 和 u_4 对经济增长的冲击效应，经过 10 期左右的调整就迅速衰减为零，这一结果对应 M_{13} 和 M_{14} 的值，说明 u_3 和 u_4 对经济增长只产生了短暂的冲击效应。对消费、投资和净出口，亦产生了基本相同的冲击效应。总之，矩阵 B 和 M 与脉冲响应函数的动态轨迹，从当期、动态和无穷远期的角度，揭示冲击效应，其结果相互补充、相互印证。于是，本

书关于随机冲击的识别结论具有内在的逻辑一致性和科学性。

二、中国经济增长的长期趋势及其结构性下移

1. GDP 长期趋势的结构下移并且牵引经济增长速度的持续下滑

为分解 GDP 的长期趋势，我们首先基于简约 VECM 模型的残差 ε_t 和表 4-2 中的矩阵 B，通过 $u_t = B^{-1}\varepsilon_t$ 而计算结构冲击 u_t，根据 $\delta = C\mu$ 并应用表 4-3 中 VECM 截距 μ 和表 4-4 中的矩阵 C 而估计时间趋势的系数，即 VMA 的截距 δ，基于上述理论，将 SVECM（4.2）转换为 u_t 的 VMA 形式（亦即（4.21）的估计结果）：

$$\begin{bmatrix} \Delta LNGDP_t \\ \Delta LNC_t \\ \Delta LNI_t \\ \Delta NEX_t \end{bmatrix} = \begin{bmatrix} 9.43 \\ 8.70 \\ 10.38 \\ 0.04 \end{bmatrix} + \begin{bmatrix} 1.49 & 0 & 0.78 & 0.13 \\ 1.05 & 0.28 & 0.51 & -0.97 \\ 1.11 & -2.52 & 2.95 & 0 \\ 0.39 & 0.90 & -0.60 & 0.73 \end{bmatrix} \begin{bmatrix} u_{1t} \\ u_{2t} \\ u_{3t} \\ u_{4t} \end{bmatrix} + \cdots \quad (4.28)$$

根据式（4.28）可得到 $\delta = (9.43, 8.70, 10.38, 0.04)'$，据此确定 GDP 的确定性时间趋势为 $822.42 + 9.43t$，即，GDP 形成了随时间以 9.43 个百分点增长的时间趋势。进一步，为了估计经济增长的随机趋势，需要计算长期冲击效应。将式（4.28）代入冲击效应分解公式（4.23），即可将 ΔX_t 分解为不同的冲击效应。将冲击效应按式（4.24）进行累加，基于式（4.25）和式（4.26）最终将协整系统 X 中的 GDP 分解为长期趋势和围绕着长期趋势而波动的短期成分。为简洁起见，我们将几个重要时期和年份的长期趋势、随机趋势和短期成分的值在表 4-5 中给出。而 GDP 的长期趋势增长率、实际 GDP 的增长率（对数 GDP 的差分 $\Delta LNGDP$）、随机趋势及其短期成分的全部结果由图 4-2 给出。本书将 GDP、消费、投资的原始数据取对数而建立经济增长协整系统，基于此分解 GDP 长期趋势。因此，如果没有特殊说明，GDP 增长率以及长期趋势、时间趋势、随机趋势、短期成分增长率都是指对数增长率（即原始数据取对数后的一阶差分）。取对数可以消除原始数据中的异方差，而且我们可以将 GDP 的对数增长率分解成时间趋势、随机趋势、短期成分增长率之和的形式（见表 4-5），从而可以清晰地分析 GDP 增长率变化的来源及其后续演变。对数增长率与原始增

第四章 基于协整 VECM 模型的冲击效应的识别与冲击效应的分解——中国经济增长的长期趋势

长率（统计局的口径）仅仅相差 0.2% 左右。

表 4-5　　　　　　　　我国 GDP 长期趋势的分解结果

区间（平均值）/典型年份	长期趋势增长率	随机趋势增长率	短期成分增长率	ΔLNGDP	长期趋势	随机趋势	短期成分
1997~2000 年	8.67	-0.75	-0.62	7.93	1 011.20	4.99	-0.86
2001~2009 年	9.88	0.45	0.09	9.97	1 069.99	2.52	0.23
2010~2014 年	7.85	-1.57	0.35	8.21	1 137.60	4.15	0.33
1992 年	11.22	1.80	2.02	13.37	944.80	-0.15	0.70
2006 年	12.92	3.49	-0.93	11.96	1 079.42	2.52	0.99
2008 年	10.87	1.44	-1.65	9.17	1 104.81	9.06	-1.86
2010 年	9.44	0.01	0.65	10.08	1 122.53	7.92	-0.66
2011 年	8.32	-1.10	0.74	9.08	1 130.85	6.82	0.08
2014 年	7.60	-1.83	-0.55	7.05	1 152.35	0.05	0.44

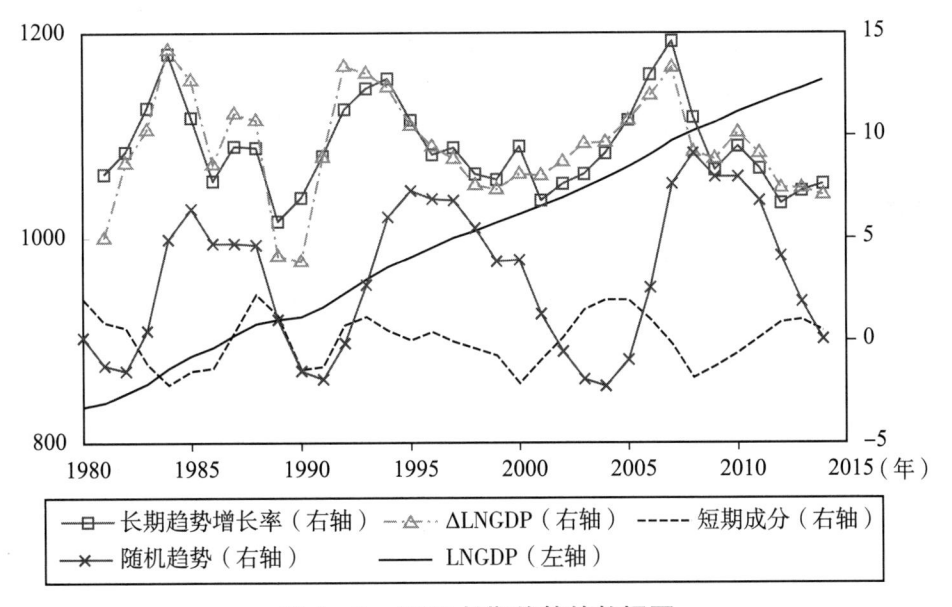

图 4-2　GDP 长期趋势的数据图

图 4-2 和表 4-5 的结果清晰地表明，实际 GDP 数据被分解为长期趋势与短期成分，短期成分围绕长期趋势而波动。图 4-2 清晰地显示，长期趋势的增长率，与 GDP 的对数增长率基本一致。如，长期趋势增长率从 1990 年的 6.94%

持续上升到1994年的12.72%，总共上升了5.78个百分点，同期GDP的对数增长率从3.83%上升到12.31%，长期趋势的上升幅度占同期GDP上升幅度（为8.48个百分点）的68%，这就意味着，长期趋势的上升带动了经济增速的上升；另一方面，长期趋势增长率从2010年的9.44%持续下降到2013年的7.25%，总共下降了2.19个百分点，而同期GDP对数增长率从10.08%下降至7.42%，长期趋势的下降幅度占同期GDP下降幅度（为2.66个百分点）的82%。这就表明，长期趋势的下降，牵引经济增速的持续下降。整体来看，长期趋势最重要的特征是结构性下移：2001~2009年，GDP长期趋势的平均增幅为9.88%，而2010~2014年，长期趋势平均增幅下降至7.85%，从年度增速看，2010年的年度增长率是9.44%，而2014年则下降到7.6%。这一组数据表明，我国GDP的长期趋势呈现出结构性下移。长期趋势的结构持续下移，牵引经济增长速度的持续下滑。因此，这一结论，揭示了我国经济增长速度从2010年以来持续下滑的源头。这一结构性下移，与美国GDP长期趋势的快速下滑（Gordon，2015）基本对应。从这个角度来说，适时的减速换挡，是主动的适应国内外经济增长的长期趋势的结构性下移。

2. GDP长期趋势结构变化的现实特征

图4-2显示，长期趋势和随机趋势有3次叠加上升过程，这3次上升过程在很大程度上可以归结为当时经济结构优化和重大的制度性改革以及当时技术水平的快速提升。典型的是，1992年确立社会主义市场经济体制，经济特区以及沿海地区外向型经济随之快速增长，大量的外资企业和中小企业的组建和发展，大批农民工进城务工、经济增长要素随之流动，从而形成了一系列促进经济持续增长的长期冲击，导致长期趋势和随机趋势上升。特别是2004年以后，加入WTO引至外资大量进入，以计算机和互联网为标志的信息革命，带动了产业结构升级和产品的创新，以及高新技术产业等新产业的发展，形成了一系列促进经济持续增长的长期冲击，直接推动随机趋势和长期趋势的结构持续上升。另一方面，长期趋势和随机趋势分别于1988年和1997年的2次下降，从我国的背景和长期趋势的理论内涵考察，这一时期长期趋势的下降主要源于我国经济转轨过程中特定的历史条件和改革。如1997年前后，大量中小型国有企业由于不适应市场经济而改组或者倒闭，形成了负向的冲击，导致长期趋势和随机趋势持续下降。从表4-5的结果还可以计算，2010~2014年，随机趋势持续负增

长，其平均的负增长率达到-1.57，与此同时，长期趋势的结构下移7.85个百分点。这一结果也比较准确地反映了源于国际金融危机对我国经济的冲击效应。以上的分析表明，本书分解的随机趋势和长期趋势，比较准确的刻画了我国经济增长的典型事实和主要特征。这一结果也意味着，基于协整而分解GDP的长期趋势的科学性。因此，长期趋势基本准确地反映了长期经济增长因素的变化。图4-2和表4-5的结果还表明，GDP形成了随时间以9.43个百分点增长的确定性时间趋势。这一结果揭示了我国改革开放以来，持续的科技进步和技术创新，劳动力素质的不断提高、改革开放的不断深入等一系列随时间而稳定增加的长期经济增长因素，导致GDP总量形成了随着时间而增长的确定性趋势。但是其趋势值正在被负向的随机趋势（和短期成分）所抵消，如，2014年的时间趋势增长率已经被负向的随机趋势和短期成分抵消了25%。总之，本书所揭示的长期趋势的结构变化，基本准确地反映了我国经济增长过程中长期经济增长因素的变化。

3. 我国GDP长期趋势结构性下移所蕴含的意义

根据布兰查德和菲舍尔（Blanchard & Fischer，1989），舒马赫（Schumacher，2002），米切尔（Mitchell，2008）关于经济增长的长期趋势的理论解释，长期趋势主要来源于技术创新与科技进步、制度变革等长期经济增长因素形成的长期冲击。从我国经济现实考察，我国GDP长期趋势的结构性下移，主要源于以下因素：其一，资本和劳动力投入增速持续下降。中国经济增长前沿课题组（2014）研究表明大规模工业化扩张放缓和城市化向成熟阶段演进导致我国资本形成的增速下滑。数据显示，2010~2014年实际固定资产投资平均增长率仅为15.23%，不仅非常明显地低于长期趋势增长率大于9.43%的两个时间段1992~1995年以及2005~2007年的实际固定资产投资平均增长率（分别为20.52%和22.07%），也要低于1992~2007年以及2001~2007年的投资平均增长率（分别为16.78%和20.08%）。陆明涛等（2016）基于多国历史统计数据，研究证实资本增长率在2009年达到峰值后将持续下降，冲击我国潜在经济增长率结构下移。这一结论与本书分解得到的2010年后长期趋势的结构性下移相互印证。中国第六次人口普查数据显示，2011年，15~59岁的中国劳动年龄人口绝对数量开始逐年递减，同年抚养比开始上升（陆旸和蔡昉，2014）。人口老龄化等因素导致我国人力资本存量（总受教育年限）的年均增速从1978~2007年的2.82%

大幅下降至 2011~2013 年的 1.16%（白重恩和张琼，2015）。中国劳动力总量和人口结构的变化，意味着支撑中国高速经济增长的人口红利逐渐消失。其二，为实现节能减排目标而实施限停产等，形成了负向的冲击效应。中国经济增长前沿课题组（2012）研究发现节能减排冲击导致 2011~2015 年 GDP 增长率每年下降 1%。其三，自主创新能力不足，技术进步的速度变慢，弱化了经济的长期增长因素。中国经济增长前沿课题组（2014）认为，我国的自主创新机制尚未形成，而引进型技术进步的空间逐渐缩小，技术进步的速度也就开始下降。蔡跃洲和付一夫（2017）基于增长核算的方法发现，中国经济的技术进步速度从 1980~2010 年的 3.66% 大幅下降至 2010~2014 年的 0.90%，从而印证了中外技术差距的缩小导致我国技术进步增速下滑。这一结论与本书分解的长期趋势的结构性下移相互印证。其四，产业结构的变化导致我国经济从"结构性加速"向"结构性减速"转换，而"结构性减速"在一定程度上直接导致长期趋势的结构性下移（参见李扬和张晓晶，2015）。中国经济增长前沿课题组（2012）研究证实中国第三产业的劳动生产率明显低于第二产业的劳动生产率，例如 2010 年北京市（湖北省）第三产业劳动生产率仅为第二产业劳动生产率的 35%（28%）。随着第三产业占 GDP 的比重越来越大（第三产业占 GDP 的比值从 2010 年的 44.1% 上升到 2014 年的 47.8%，而第二产业占 GDP 的比值从 2010 年的 46.4% 下降到 2014 年的 43.1%），会造成整体经济的生产率增速下降，从而对经济增长速度产生"结构性减速"效应。韩永辉等（2016）利用非参数面板模型，从实证的角度证实中国经济从"结构性加速"转变为"结构性减速"的理论假说。"结构性减速"促使我国经济增长的长期趋势的结构性下降。其五，全球经济增长的趋势衰减，对我国经济增长形成了国际性的负向冲击。金融危机之后世界经济出现的趋势性下滑，发达经济体的经济平均增速由危机前（1999~2007 年）的 2.63% 下降到危机后（2008~2013 年）的 0.51%，一共下降了 2.12 个百分点，而根据美国国会预算办公室的计算，从 2007 年开始，美国的潜在增长率水平逐年下降（张晓晶，2016）。高登（Gordon，2015）研究表明技术进步增速下滑等供给侧因素将导致美国经济陷入"长期停滞"。综上所述，我国 GDP 长期趋势的结构下移，与长期增长因素的主要变化基本吻合。

从上述我国长期趋势及其现实特征的成因来看，我国 GDP 长期趋势的结构变化与长期经济增长因素的变化基本吻合。尤其是 2010 年以来，长期趋势的结构（速度）从2010年的9.44%大幅下降到2014年的7.6%，揭示了我国"结构性减速"、节能减排的约束、资本和人力资本增速的下降、人口红利的减弱、全球经济的趋势性衰退等长期因素对我国经济的冲击效应，致使长期趋势形成结构性下移。无论是从理论还是我国的现实考察，资本增速和人力资本存量等长期增长因素，也是促进经济长期增长的供给型因素。从这个角度看，GDP长期趋势的结构性下移所派生的意义是，2010年以来我国宏观经济呈现出弱供给的特征。长期趋势的结构性下移及其弱供给的内涵与蔡昉（2013）的研究相互印证。蔡昉认为，2010年以来GDP潜在增长率的持续下滑，主要源于人口红利消失等经济供给侧因素的制约，我国宏观经济因而处于弱供给的状态。于是，本书从长期趋势的结构性下移的内涵认证了蔡昉（2013）的弱供给结论。这一内涵从长期趋势的角度支持龚刚（2016）的研究，他们认为，由于大规模的剩余劳动力已经不复存在，新常态下中国已经是一个供给决定型经济。长期趋势的结构下移还与中国经济增长前沿课题组（2014）的研究吻合，他们认为我国经济增长减速的主要原因是资本积累和技术进步的速度下降、人口红利消失。因此，我国GDP长期趋势的结构性下移，其派生意义之一是2010年以来我国宏观经济的弱供给。从这个角度看，GDP长期趋势的结构性下移，可以作为加强供给侧结构性改革的计量证据。

三、中国GDP长期趋势的结构性下移与短期成分下行相互叠加

1. GDP短期成分的变化

根据布兰查德和菲舍尔（Blanchard & Fischer，1989），泰勒（Taylor，2000）关于短期成分的界定和解释，GDP短期成分，主要来源于货币、预期变化等短期冲击。从计量经济的角度看，短期成分围绕着长期趋势而周期性波动，因此布兰查德和菲舍尔（Blanchard & Fischer，1989）也将短期成分称为周期布兰查德和菲舍尔（Blanchard & Fischer，1989）界定的周期基本上符合货币主义学派和新凯恩斯主义经济学理论（Shapiro & Watson，1989），但其内涵与其它的周期理论（比如内生经济周期理论）有所区别。本书分解的短期成分是否与其理论

内涵吻合，基本标志是分解的短期成分的上升和下降，是否与当时主要的短期冲击相对应。图4-2和表4-5的结果表明，1992年上升的短期成分对GDP增长的贡献达到2.02%，对应当时货币快速增长、乐观预期等短期因素的变化。2006年下降的短期成分对GDP增长率的影响是-0.93%，对应当时紧缩性的货币政策。众所周知，为应对金融危机的冲击，我国当时实施了一系列的经济刺激，其主要内容是货币扩张和投资刺激，与之对应的是，GDP短期成分在2010~2012年连续上升，其水平值从2010年的-0.66上升到2012年的0.82，其中2011年短期成分的增长率为0.74%（国际金融危机后短期成分的最大增幅）。但与此同时，长期趋势和随机趋势仍然在持续结构性下移。这就表明，应对金融危机的刺激，在很大程度上是短期冲击。这一结果与欧阳和彭（Ouyang & Peng, 2015）、卫梦星（2013）、林建浩和王美今（2016）研究结论一致。另一方面，基于布兰查德和菲舍尔（Blanchard & Fischer, 1989）将短期成分解释为周期的概念，GDP短期成分在样本期经历了5轮周期性波动。从图4-2可以发现，GDP的第4轮"周期"（2004~2012年）相比于第3轮"周期"（1993~2003年），周期持续时间变短而波幅（GDP短期成分的波幅定义为短期成分的绝对值，短期成分的波幅表示实际GDP偏离GDP长期趋势的程度）变大。特别是第3轮周期持续期有11年，而平均波动幅度为0.81。但第4轮周期的持续期缩短为9年，而平均的波动幅度上升到1.09。周期形态的变化反映出国际金融危机和强刺激政策的影响。

2. 我国经济运行形成了长期趋势的结构下移与短期成分下行的双重叠加

由前文可知，长期趋势的结构2010年以来持续下移，尽管应对金融危机的短期冲击推动GDP短期成分的水平值从2010年的-0.66连续上升到2012年的0.82，但短期成分的上升并不能逆转长期趋势的下行。因此，我国的宏观经济在2010~2012年形成了长期趋势结构性下移和短期成分上升的组合。但是，随着刺激效应的衰退和刺激政策的退出，短期成分从2013年开始持续下降，2014年的短期成分下降0.55，而2014年的长期趋势增长率持续下降到7.6%，由此而形成长期趋势的结构下移与短期成分下行相叠加。这一特征意味着，2014年及其后续2~3年，我国经济运行将继续长期趋势的结构下移与短期成分下行叠加的格局。根据布兰查德和菲舍尔（Blanchard & Fischer, 1989）、泰勒（Taylor, 2000）关于短期成分的界定及其内涵的分析，短期成分的下行主要源于悲观预期所导致的消费、投资需求下降。本书认为，GDP 的长期趋势的结构性下移与短期成分下行相叠加，这种叠加势必影响我国经济新常态的演变，这也是我国当前宏观经济重要的特征。以上长期趋势和短期成分的变化分析意味着，遏制当前的经济增速持续下滑，首要的是扭转短期成分的下行和长期趋势的结构下移。

四、中国经济新常态的数量描述

综上所述，我国经济增长的长期趋势的结构持续下移，并且与下行的短期成分叠加，形成了长期趋势的结构下移与短期成分下行的格局。具有典型意义的时间节点是 2014 年，当年 GDP 的长期趋势下降为 7.6%，其中的随机趋势下降 1.83，短期成分下降幅度达到 0.55。于是，2014 年 GDP 的对数增长率分解为 9.43 - 1.83 - 0.55（= 7.05）。上述结果清晰地揭示了 2014 年经济增长的下降，主要源于长期趋势的下降与下行短期成分的叠加。面对下降的长期趋势与短期成分叠加，我们必须回答的问题是，长期趋势的结构下移与短期成分的下行是否延续以及如何延续？如何影响经济增速？经济减速换挡将换至什么挡位？或者是经济增速将稳定在什么区间？不难看出，这些问题也是从数量的角度描述经济新常态。

1. GDP 长期趋势的结构下移

从表 4-5 可知，2014 年长期趋势的年度增长率为 7.6%，长期趋势的下降是否延续以及如何延续？为研究这个问题，我们考察长期趋势和随机趋势的演变。

其一，长期趋势的降幅收窄，意味着长期趋势渐趋稳定。由前文可知，长期趋势增长率从 2010 年的 9.44% 下降到 2014 年的 7.6%。分年度看，2012 年长期趋势增长率为 6.66%，相比 2010 年下降了 2.78 个百分点，2013 年长期趋势增长率为 7.25%，相比 2010 年下降了 2.19 个百分点，2014 年相比 2010 年则进一步下降了 1.84 个百分点。这一系列数据说明长期趋势下移的幅度正在缩小。因此，鼓励的创新创业、新的经济业态、减少审批等长期冲击，必将对经济增长产生正效应，导致长期趋势的结构性下移的速度正在衰减。这就隐含了长期趋势的结构趋于基本稳定。

其二，GDP 长期趋势的结构将下移至 5.5% ~ 7.5%。从表 4-5 可知，短期成分的下行已经部分的抵消长期趋势和确定性趋势成分。因此，短期成分的上下行和持续的时间，将影响长期趋势结构下移的幅度和持续的时间。图4-2显示，2013年以来的短期成分向下波动，2014年的短期成分下降幅度达到0.55，短期成分与长期趋势的下降叠加，推动长期趋势的结构进一步下移。这种结构性下移至什么位置，还取决于持续的时间。从持续时间看，GDP短期成分在样本期经历了5轮周期性波动，其平均的持续时间为8年：其中第一轮为1980~1987年、第二轮为1988~1992年、第三轮为1993~2003年、第四轮是2004~2012年、第五轮始于2013年，2013~2014年正处于下行期。从图4-2可以看出，短期成分的第4轮周期波动（2004~2012年），有4年下降和5年上升期。始于2013年的第5轮周期，正处于快速的下降期，基于第4轮周期推测，GDP短期成分的下降期，还可能持续3年左右。这就意味着，短期成分与随机趋势的持续下降，不断地抵消时间趋势值，最终推动长期趋势的结构下移。2014年，随机趋势和短期成分的下降总共抵消了时间趋势增长率的25%，推动长期趋势的结构下移至7.6%。针对上述长期趋势和短期成分的相互影响的分析，本书基于两个条件，推断GDP的长期趋势可能的取值范围。第一个条件来源于GDP的确定性趋势正在被随机趋势和短期成分所抵消，基于2014年的结果，假设确定性时间趋势结构改变为7.07%（亦即时间趋势的增长率（斜率）下移25%，共下降2.36个百分点）。进一步来说，2010~2014年随机趋势下降幅度的均值为1.57，依此推断，长期趋势的增长率最低可能下降到5.5%（7.07-1.57）左右。由于这一数据源于时间趋势的结构向下突变25%，并且随机趋势继续下降1.57，因此，我们将5.5%作为长期趋势增长率的下限值。第二个条件是2014年长期趋势的年度结构为7.6%，经济增速稳定在7%左右（2015年GDP增长率为6.9%，比上年度下降0.4个百分点）。据此假设长期趋势的结构自然延伸至7.5%（亦即假设时间趋势的结构下移至8.25%，下移1.18个百分点，随机趋势下降的幅度假设为0.79）。这一数据相对于2014年而言，仅仅下移0.1%，这一下移的幅度显然不构成长期趋势结构的向下突变而是现有结构的自然延伸，因而是一种比较理想的状态，故作为长期趋势可能取值的上限。至此，本书提炼出GDP的长期趋势增长率的取值范围为5.5%~7.5%。

2. 经济新常态下GDP增长率的取值范围

进一步来说，本书基于长期趋势的结构性下移，推断GDP增长率可能的取值范围。为此，再次考察短期成分波动可知，2014 年的短期成分的下降幅度达到 0.55，鉴于"微刺激"政策的实施，本书假设后续的波动小于或者等于 0.55，一方面将其与长期趋势的下限值（5.5）合并，形成 GDP 增长率的下限值为 4.9%（5.5 - 0.55）。另一方面，从表 4-5 和图 4-2 可知，国际金融危机后短期成分的最大增幅出现在 2011 年，高达 0.74。但是，随着经济新常态下不可能实施与应对金融危机相同或者类似的强刺激政策，导致短期成分不可能出现与 2011 年相似的急剧上升。据此，本书取 0.74 作为短期成分上升幅度的上限，将其与长期趋势增长率的上限值相加，形成 GDP 增长率的上限值为 8.3%（7.5 + 0.74）。这样就形成新常态下经济增长速度可能的取值范围为 4.9% ~ 8.3%。

上述两个结果都意味着，如果长期趋势和短期成分的上升期叠加，实际 GDP 仍有可能实现 8 个百分点左右的增长。但是，无论从上限值的定义和特性、还是从我国实际来看，8 个百分点及以上的增长速度，是短暂且不可持续的现象。与之类似的是，在长期趋势与短期成分加速下行叠加并且同时遭受巨大的外部冲击，我国的经济增长也可能下降至 5 个百分点附近。但是，这一速度形成的条件是长期趋势的结构急剧向下大幅度突变、短期成分加速下行、并且与外部负向冲击叠加，因而其实现的概率很小。换言之，上述取值区间是一个非常宽泛的区间，其左右端点很可能是概率接近于零的极限值，因此，我们必须在上述取值范围中寻找概率最大的增长区间。

3. GDP 增速的稳定区间

为寻找经济增长概率最大的区间，本书基于 GDP 长期趋势的结构性下移和它的取值范围，对 GDP 增速的历史数据，检验其是否服从"截尾"正态分布（关于截尾正态分布的概念，参见巴尔和谢里尔（Barr & Sherrill, 1999）并且基于此计算概率最大的增长区间。考察数据可以发现，GDP 最小的增长速度是 1990 年的 3.8%，而最大的增长速度是 1984 年的 14.2%，均值为 9.27%，位于均值左右侧的年份分别为 20 年和 16 年。这样的数据是否服从截尾的正态分布，我们使用列里菲斯（Lilliefors, 1967）等方法进行检验。这一检验的基本思路是拟合待检验的数据的经验分布函数，并与正态分布函数进行比较，以正态分布为原假设，检验数据是否服从正态分布：

$$D = \max_Z | F^*(Z) - S_N(Z) | \qquad (4.29)$$

其中 $S_N(Z)$ 是数据的经验分布函数，由样本中小于 Z 的数据所占的比例构成，$F^*(z)$ 是均值为 μ^*，标准差为 σ^* 的正态分布函数，μ^* 和 σ^* 分别代表 GDP 增速数据的样本均值和标准差。在原假设成立时，根据大数定理，D 依概率收敛到零。将样本期的数据代入式（4.29），通过蒙特卡罗模拟得到其临界值，基于此计算检验统计量 D 的 p 值为 38%，因此接受正态分布原假设，即 GDP 增速服从正态分布。为保证结论的准确性，我们还使用 Jarque – Bera 正态性检验，其原假设是经济增速服从正态分布，检验式为：$JB = (N/6)(s^2 + (k-3)^2/4)$，其中 s 为偏度，k 为峰度，N 为样本个数。Jarque – Bera 的渐近分布为卡方分布，计算得到检验统计量的 p 值为 97%，因此同样接受正态分布的原假设。

我们根据截尾的正态分布，计算具有最大概率的增长速度：为此，我们假设经济新常态下经济增速服从上限（记为 ξ_1）为 8.3%，下限（记为 ξ_2）为 4.9%，据此计算经济增速落在区间 (η_1, η_2) 的概率为：

$$p = [\Phi((\eta_2 - \mu)/\sigma) - \Phi((\eta_1 - \mu)/\sigma)]/[\Phi((\xi_1 - \mu)/\sigma) - \Phi((\xi_2 - \mu)/\sigma)] \tag{4.30}$$

其中 $\Phi(\cdot)$ 是标准正态分布的累积分布函数，μ 是上限和下限的均值 6.6%。由前述，2012~2015 年实际 GDP 同比增长率从 7.7% 持续下降至 6.9%，基于这一现实，本书将标准差 σ 取 2012~2015 年的样本标准差 0.4，代入式（4.30）计算经济增长速度落在不同区间的概率，其结果为：GDP 增速落在区间 6%~6.9% 的概率是 54.2%，落在区间 6.9%~7.5% 的概率是 37.3%，但是落在区间 6%~7.5% 的概率是 91.5%（对应原始口径增长率，而原始口径增长率 6%、6.9% 和 7.5% 对应的对数增长率分别为 5.83%、6.67% 和 7.23%）。这一结果有两重含义，其一是后续若干年，我国经济增速将主要聚集于 7 个百分点左右；其二是出现低于 6 或者高于 7.5 个百分点的增速仅仅是概率各为 4.25% 的小概率事件。从这个意义来说，上述区间不仅是一个概率最大的增长区间，也是一个合理的增长区间。这一结果还表明，经济新常态下的经济增长，将稳定在 6%~7.5% 之间；经济增速将从 10% 左右的挡位换至 6%~7.5% 左右。本书认为，这一结果具体地揭示了我国经济新常态重要的数量特征。

五、新常态下的宏观经济管理

考察我国 GDP 长期趋势的数据可以发现，其增长速度已经从 2007 年的

14.53%（样本区间内的最大值）下降至 2014 年的 7.6%。从本书分解结果看，2001~2009 年，长期趋势的平均增长率为 9.88%，而 2010~2012 年仅为 8.14%，上述两个典型时期相比较，长期趋势下降了 1.74 个百分点，但是对应的短期成分的增长幅度只上升了 0.62 个百分点，仅仅抵消了 GDP 同期下降幅度（1.12 个百分点）的 55%。这一系列的数据表明，经济刺激尽管在短期可以带动短期成分的上升，但上升的短期成分不可能抵消长期趋势的下降。而根据布兰查德和菲舍尔（Blanchard & Fischer，1989）界定的长期趋势的内涵，GDP 的长期趋势主要源于技术进步和创新、制度变革等长期经济增长因素的变化。于是，长期趋势的内涵以及我国的长期趋势和短期成分的变化启示我们，新常态下的宏观经济管理，应将过去以刺激政策为主的宏观调控转变为培养和促进长期经济增长因素为主的宏观经济管理，其主要内涵为，进一步发展和完善鼓励创新和科技进步的政策和措施，不断提高经济增长的科技含量；进一步提高基础教育、职业教育和高等教育的办学水平和质量，不断提高人力资本水平；促进创业创新，发展经济新业态而不断形成新的供给因素；坚持以市场配置资源为主的理念，不断提高市场配置资源的效率；努力推动经济结构和产业结构的调整和升级，使之不断适应全球性的技术进步和结构调整。沿用布兰查德和菲舍尔（Blanchard & Fischer，1989）关于长期趋势及其内涵的要义，以及蔡昉（2013）关于 2010 年后潜在经济增速下滑的供给侧的分析，经济新常态的宏观经济管理，也可以解释为从主要使用刺激的宏观调控转变为加强供给侧结构性改革为主的宏观经济管理。

但是，加强供给侧管理为主并不是完全放弃适度刺激政策，由于短期成分波动来源于短期经济波动因素的改变，当短期成分下行时可适时适度的刺激经济，促使短期成分的上升。表 4-5 显示，2014 年下降的短期成分导致实际 GDP 增长率下降了 0.55 个百分点，悲观预期等短期冲击导致实际经济增长率低于长期趋势增长率，因此 2014 年可以作为适度刺激经济的时间节点并且延续至短期成分止跌回升。

第四节 本章小结

本章解析了基于 VECM 模型而识别冲击和分解冲击效应的 KPSW 计量理论，在此基础上，根据我国宏观经济和数据，为分解我国 GDP 的长期趋势而构建 GDP 等宏观经济变量的协整系统，将简约的协整 VECM 模型转换为结构 VECM，继而转换成包含有协整信息的 VMA，基于此分解长期趋势。根据长期趋势的演变，基于左右截尾的正态分布而推断经济新常态的数量特征。KPSW 冲击识别理论是协整理论重要的后续发展，本章在国内首次基于 KPSW 理论分解我国经济新常态下的长期趋势，得到的结果有很丰富的政策含义，从而体现了本书的应用创新。本章的主要结论及其蕴含的意义概括如下：

（1）我国 GDP 的长期趋势发生结构性下移：2001～2009 年期间，GDP 的长期趋势的年均增长率为 9.88%，而 2010～2014 年则下移到 7.85%，2014 年更是下降到 7.6 个百分点。我国现阶段 GDP 增长速度的持续下降，主要源于长期趋势的结构性下移。GDP 的短期成分围绕着长期趋势而波动，形成了与货币、预期变化等短期冲击基本吻合的波动形态。特别的，短期成分从 2013 年开始向下波动，2014 年短期成分下降幅度达到 0.55，形成下降的短期成分与长期趋势相互重合，我国现阶段处于长期趋势的结构性下移和短期成分下降的叠加期。这一结果表明，我国 GDP 增速持续下降来源于长期趋势的结构性下移，遏制经济增长的持续下降最为重要的途径是通过促进和培育长期经济增长因素而促进经济的长期增长，通过实时适度刺激而扭转短期成分的下降。

（2）我国 GDP 的长期趋势从 2010 年的 9.44% 持续下降到 2014 年的 7.6%，由长期趋势的理论内涵和我国的现实可以看出，资本积累和技术进步的速度下降、人口红利消失等供给因素和其它长期经济增长因素，驱动长期趋势的结构性下移。从这个角度来说，长期趋势的结构性下移所隐含的意义之一是对应的宏观经济形成某种弱供给特征，因此，长期趋势的结构性下移，亦可以作为供给侧结构性改革的计量证据。

（3）我国 GDP 的增长速度将以 91.5% 的概率稳定在 6%~7.5% 之间。基于长期趋势的结构性下移，本书提炼出 GDP 长期趋势的取值范围是 5.5~7.5 个百分点，GDP 增长率的取值范围为 4.9%~8.3%。在此基础上，经检验证实 GDP 增长率服从截尾正态分布，据此计算，GDP 增长速度将以 91.5% 的概率在 6%~7.5% 之间取值，而小于 6 个百分点和大于 7.5 个百分点的增长都是小概率事件，其概率均为 4.25%。本书据此认为，GDP 的 6~7.5 个百分点增长区间不仅是经济新常态重要的特征，也是经济增长的稳定区间，意味着我国经济增速将从 10% 左右换挡至 6%~7.5% 之间。

（4）经济新常态的宏观经济管理，应从过去的刺激为主的宏观调控转变为以促进和培育长期经济增长因素和加强供给侧的结构性改革为主，从而形成具有持久经济增长效应的长期经济发展动力，增强经济增长稳健的长期趋势。与此同时，在 GDP 的短期成分下行或者周期性下滑，实时适度的实施刺激性调控。根据本书的分解结果，2014 年可以作为实施适度刺激经济的时间节点并且延续至短期成分的止跌回升。

第五章
确定性趋势和方差具有结构变化的协整检验

第一节 引 言

众所周知,协整检验理论,自20世纪提出以来,一直是计量经济理论研究的重点,更是实证研究不可替代的检验工具。由于提出了协整这一重要的概念,恩格尔和格兰杰共同获得了2003年诺贝尔经济学奖。约翰森(Johansen,1988)开创性地提出基于向量误差修正模型(VECM)的约翰森协整检验方法,这一方法可以用于确定协整关系的个数、具有非常高的检验势和更小的尺度扭曲、将所有的变量都视为内生变量因而不存在内生性问题。由于上述的一系列优势,约翰森协整检验自提出以来,一直是实证研究应用最广泛的协整检验方法。约翰森协整检验的基本思想是将协整检验转换成求解特征根的问题,分为迹检验统计量和最大特征根检验统计量,二者的渐近分布都是由维纳过程所表示的随机泛函。约翰森(Johansen,1988)的研究中,VECM模型中不包含任何确定性成分,约翰森(Johansen,1991、1994)进一步扩展至具有确定性趋势的约翰森协整检验。特别的,约翰森(Johansen,1996)将有关约翰森协整检验的一系列研究形成专著,成为约翰森检验理论研究最具有权威性的著作。

但是约翰森(Johansen,1996)所提出的标准的约翰森协整检验隐含了两个假设,一是确定性趋势没有结构变化,即VECM模型中确定性趋势的截距和斜率系数都是常数。二是VECM模型扰动项的方差保持不变。但是由于现实经济中所发生的巨大冲击,很多经济变量表现出非常明显的结构变化特征,确定性趋势和方差都很可能发生结构变化(Perron,1989;Cavaliere & Taylor,2007;林建浩和王美今,2013,2016)。因此扩展标准的约翰森协整检验,使之包容确定性趋势的结构变化和(或者)方差随时间的变化,不仅是协整检验理论的一个重要创新,也必然将体现重要的应用价值。

大量的文献证实很多宏观和金融变量的确定性趋势发生了结构变化(Stock & Watson,1996,1999,2005;Perron & Zhu,2005),目前已经有大量的文献研究确定性趋势具有结构变化的单位根检验(Perron,1989;Zivot & Andrews,1992;

Kim & Perron，2009；Harris et al.，2009），但是关于确定性趋势具有结构变化的约翰森协整检验的研究却相对较少。约翰森等（Johansen et al.，2000）开创性地提出确定性趋势存在结构变化时的协整检验，成为这一领域具有重大意义的突破，其核心的思想是在 VECM 模型中引入虚拟变量，基于此刻画确定性趋势的结构变化，约翰森等（Johansen et al.，2000）假设确定性趋势存在多个突变点位置已知的结构变化，从理论上推导了确定性趋势存在结构变化时的协整检验统计量的渐近分布，并且给出了相应的渐近分布的临界值。不同于约翰森等（Johansen et al.，2000）直接在 VECM 模型加入虚拟变量，另一类型的检验思路是首先去除变量中具有结构变化的确定性趋势，再对去除趋势后的数据进行协整检验。这一类的检验包括赛科宁和卢卡库（Saikkonen & Lütkepohl，2000）和特伦克勒等（Trenkler et al.，2008），其中赛科宁和卢卡库（Saikkonen & Lütkepohl，2000）允许变量确定性趋势的截距发生结构变化，而特伦克勒等（Trenkler et al.，2008）允许确定性趋势的截距和斜率都发生结构变化。约翰森等（Johansen et al.，2000）、赛科宁和卢卡库（Saikkonen & Lütkepohl，2000）和特伦克勒等（Trenkler et al.，2008）都假设确定性趋势结构变化点的时点是已知的，而在实际应用中突变时点也有可能是未知的。卢卡库等（Lütkepohl et al.，2004）扩展赛科宁和卢卡库（Saikkonen & Lütkepohl，2000）的方法至结构突变点未知的情形，其基本的思路是先根据最小化残差平方和估计出结构突变点的位置，然后去除经济变量的确定性成分，最后对去除时间趋势之后的数据进行协整检验。赛科宁等（Saikkonen et al.，2006）在卢卡库等（Lütkepohl et al.，2004）的基础上提出了一个新的结构断点估计量，并基于蒙特卡罗方法比较两个结构断点估计量的有限样本性质。与赛科宁和卢卡库（Saikkonen & Lütkepohl，2000）一样，卢卡库等（Lütkepohl et al.，2004）和赛科宁等（Saikkonen et al.，2006）都假设确定性趋势只发生截距的结构变化。哈里斯等（Harris et al.，2016）扩展了约翰森等（Johansen et al.，2000）和特伦克勒（Trenkler et al.，2008）的研究，允许确定性趋势的截距和斜率都发生结构变化，而且结构变化点的位置是未知的，其核心思想与卢卡库等（Lütkepohl et al.，2004）一样，也是利用最小化残差平方和估计出结构变化点的位置，然后再将估计的结构断点代入对应的模型进行协整检验，哈里斯等（Harris et al.，2016）证明了结构断点位置估计量的一致性，并推导了协整检验的渐近分布。

约翰森等（Johansen et al.，2000）假设确定性趋势可以存在多个结构变化，但是哈里斯等（Harris et al.，2016）假设确定性趋势只存在一个结构变化。上述一系列的文献构成了这一研究方向的最前沿。

除了确定性趋势的结构变化，大量文献证实很多宏观和金融变量也存在方差的结构变化（Kim & Nelson，1999；Justiniano & Primiceri，2008），因此方差发生结构变化时的协整检验同样也是目前协整理论研究的前沿问题。卡瓦列雷等（Cavaliere et al.，2010）开创性地提出了方差存在结构变化的协整检验，是这一领域具有里程碑意义的重大突破，卡瓦列雷等（Cavaliere et al.，2010）从理论上证明了，如果方差存在结构变化，那么标准的约翰森（Johansen，1996）协整检验统计量不再收敛于根据同方差假定下推导的渐近分布，其渐近分布的形式依赖于多变量方差转换的布朗运动（variance transformed Brownian motion），卡瓦列雷等（Cavaliere et al.，2010）提出了新的基于 Wild Bootstrap 的协整检验方法，并从理论上证明了 Wild Bootstrap 协整检验渐近有效性。卡瓦列雷等（Cavaliere et al.，2014）进一步改进了卡瓦列雷等（Cavaliere et al.，2010）提出 Wild Bootstrap 算法，得到了更好的有限样本性质。程和菲利普斯（Cheng & Phillips，2012）提出基于信息准则的方法选择具有时变方差的 VECM 模型的协整秩，从渐近理论上证明了利用 BIC 和 HQ 信息准则可以得到协整秩的一致估计量，但 AIC 信息准则不能得到协整秩的一致估计量。博斯威克等（Boswijk et al.，2016）研究了方差的结构变化对协整向量估计的影响，从理论上证明了传统的协整向量系数的检验统计量不再适用于时变方差的情形，对 VECM 模型参数的似然比检验不服从卡方分布，因此提出修正的 Wald 检验和 Wild Bootstrap 算法对参数进行假设检验。涂和易（Tu & Yi，2017）研究了方差的结构变化对 VECM 模型预测能力的影响，结论是基于模型平均的参数估计可以得到更好的预测效果。这一系列文献是方差结构变化协整检验领域最前沿的研究成果。

不难看出，目前约翰森协整检验理论研究的前沿在于确定性趋势或者方差的结构变化对协整检验的影响。但是还没有文献研究确定性趋势和方差同时存在结构变化时的协整检验。本章研究的目的，是提出一个新的确定性趋势和方差同时存在结构变化的约翰森协整检验，从而填补国际上这一研究领域的空白。具体而言，与标准的约翰森协整检验相比，我们在 VECM 模型中增加虚拟变量，因此允许确定性趋势存在多个结构变化，我们假设确定性趋势结构变化的时点是已知的，另一方面，我们假设 VECM 模型扰动项的方差是时变的，从而可以允许方差存在一个或者多个结构变化，方差结构变化的个数、形式（突然变化或者是平滑转移变化）和结构变化的时点都是未知的。在此基础上，我们推导了确定性趋势和方差同时存在结构变化时协整检验统计量的渐近分布，发现其渐近分布同时取决于确定性趋势结构变化的时点和方差结构变化的形式，因此这一渐近分布显著不同于标准协整检验（Johansen，1996）、只考虑确定性趋势结构变化的协整检验（Johansen et al.，2000）和只考虑方差结构变化的协整检验（Cavaliere et al.，2010，2014）。为了得到协整检验的临界值，我们提出了新的 Wild Bootstrap 协整检验方法，从理论上证明了 Wild Bootstrap 协整检验统计量的渐近分布与原始的协整检验统计量的分布完全一样，因此 Wild Bootstrap 算法可以得到渐近正确的临界值。我们设定一系列的蒙特卡罗模拟验证不同协整检验的有限样本性质，基于数值模拟的结果证实了我们的理论推导。因此，本章的研究是对前沿协整检验理论的进一步扩展，体现出本书的理论创新。

本章的主要内容安排如下。本章的第二节研究确定性趋势和方差同时存在结构变化时的协整检验，我们推导了协整检验的渐近分布，在此基础上提出新的 Wild Bootstrap 协整检验方法，并从理论上证明了新的检验统计量的渐近性质，第三节基于蒙特卡罗模拟研究不同协整检验的有限样本性质，第四节是本章的小结。本章的附录给出了本章所有定理的具体证明过程。

第二节 确定性趋势和方差同时存在结构变化时的协整检验

一、确定性趋势和方差同时存在结构变化时的 VECM 模型

标准约翰森协整检验（Johansen，1996）基于如下的 n 维变量的 VECM 模型：

$$\Delta X_t = \alpha \beta' X_{t-1} + \sum_{i=1}^{k-1} \Gamma_i \Delta X_{t-i} + \alpha \rho' t + \mu + \varepsilon_t \tag{5.1}$$

其中 ε_t 是简约随机扰动，且 $\varepsilon_t \sim iid(0, \Sigma)$，我们假设协整系统（5.1）的协整秩为 r，因此 α 和 β 是 n×r 维的调节与协整系数的满秩矩阵。$\alpha\rho't + \mu$ 是 VECM 模型的确定性趋势。在这里，我们重点研究的是受约束的确定性时间趋势情形，因此，基于格兰杰表述定理，我们可以发现，变量的水平值 X_t 只包含线性的时间趋势，而不含有二次的时间趋势项（参见 Johansen, 1996）。其它确定性趋势形式的设定（无约束的时间趋势、受约束的截距等）也可以进行类似的分析。在标准的约翰森协整检验中，扰动项 ε_t 的方差协方差矩阵 Σ 假设为固定不变的，而确定性趋势的截距 μ 和斜率 αρ' 也都假设为常数。但是由于现实经济中所发生的巨大冲击，很多经济变量表现出非常明显的结构变化特征，确定性趋势和方差都很可能发生结构变化。我们将上述标准的约翰森协整检验扩展至确定性趋势和方差都存在结构变化的情形，从而填补国际上这一研究领域的空白。

我们假设 VECM 模型的确定性时间趋势具有 q-1 个结构变化点，结构变化的时点是已知的，记为 $T_1, T_2, \cdots, T_{q-1}$，且 $0 = T_0 < T_1 < T_2 < \cdots < T_{q-1} < T_q = T$，T 是样本长度。因此整个样本区间被分解成为 q 个子区间。其中第 j 个子区间的长度为 $T_j - T_{j-1}$。第 j 个子区间的 VECM 模型可以表示为：

$$\Delta X_t = \alpha\beta'X_{t-1} + \sum_{i=1}^{k-1}\Gamma_i\Delta X_{t-i} + \alpha\rho_j't + \mu_j + \varepsilon_t \qquad (5.2)$$

其中 $T_{j-1} + k < t < T_j$，$j = 1, 2, \cdots, q$。式（5.2）相比于式（5.1），VECM 模型确定性趋势的截距和斜率都发生了结构变化，也就是说，此时确定性趋势的截距 μ_j 和斜率 $\alpha\rho_j'$ 系数随子区间 j 的变化而变化。为了将确定性趋势具有结构变化的 VECM 模型表述为一个方程，定义如下的一些虚拟变量：

$$D_{j,t} = \begin{cases} 1 & t = T_{j-1} \\ 0 & 其它 \end{cases}, \quad E_{j,t} = \sum_{i=k+1}^{T_j - T_{j-1}} D_{j,t-i} = \begin{cases} 1 & T_{j-1} + k + 1 \leq t \leq T_j \\ 0 & 其它 \end{cases} \qquad (5.3)$$

在此基础上，定义如下的一些矩阵：

$$E_t = (E_{1,t}, \cdots, E_{q,t})', \quad \mu = (\mu_1, \cdots, \mu_q), \quad \rho' = (\rho_1', \cdots, \rho_q') \qquad (5.4)$$

基于上述，我们可以得到确定性时间趋势的截距和斜率都发生结构变化的 VECM 表述：

$$\Delta X_t = \alpha\beta'X_{t-1} + \sum_{i=1}^{k-1}\Gamma_i\Delta X_{t-i} + \alpha\rho'tE_t + \mu E_t + \sum_{i=1}^{k}\sum_{j=2}^{q}\kappa_{j,i}D_{j,t-i} + \varepsilon_t \qquad (5.5)$$

其中 $t \geq k+1$。式（5.5）VECM 模型中的确定性趋势表示为：$\alpha\rho'tE_t + \mu E_t$，

根据（5.4）将其展开，我们可以得到 VECM 模型中的确定性趋势等价于：

$$\alpha\rho_1' tE_{1,t} + \alpha\rho_2' tE_{2,t} + \cdots + \alpha\rho_q' tE_{1,q} + \mu_1 E_{1,t} + \mu_2 E_{2,t} + \cdots + \mu_q E_{q,t} \quad (5.6)$$

一方面，根据（5.3），$E_{j,t}$ 是一个虚拟变量，当 $T_{j-1} + k + 1 \leq t \leq T_j$ 时取值为 1，其它时候取值为 0。因此，当 $T_{j-1} + k + 1 \leq t \leq T_j$ 时，式（5.5）VECM 模型中的确定性趋势可以等价于 $\alpha\rho_j't + \mu_j$，这就说明，针对全样本区间的（5.5）和针对第 j 个子区间的式（5.2）事实上是等价的。$D_{j,t-i}$ 也是一个虚拟变量，当 $t = T_j + i$ 时取值为 1，其它时候取值为 0。这样就能保证第 j 个子区间的初始值 X_{T_j+1}，X_{T_j+2}，$\cdots$，X_{T_j+k} 所对应的残差为零，所以这些初始值不会对模型的似然函数产生影响。

另一方面，时间序列不仅确定性时间趋势有可能会存在结构变化，其方差也可能具有结构变化。因此，我们扩展标准约翰森协整检验同方差的假定，假设 VECM 模型的误差项 ε_t 服从如下的假设。

假设 5.1　VECM 模型的误差项满足 $\varepsilon_t = \sigma_t z_t$，其中 $z_t \sim N(0, I_n)$，σ_t 是 n × n 维的矩阵。σ_t 是非随机的而且 $\sigma_t := \sigma(t/T)$，其中 $t = 1, \cdots, T$，$\Sigma(u) = \sigma(u)\sigma(u)'$ 是一个正定的矩阵。

假设 5.1 是对假设 2.1 和假设 3.1 单变量时变方差的扩展，从而允许 VECM 模型的误差项服从多变量的时变方差过程。假设 5.1 涵盖了很多常见的时变方差过程，比如方差存在单个或者多个结构突变点的情形。我们假设方差结构变化的个数、具体形式和结构变化的时点都是未知的。在此基础上，我们还需要进一步假设 VECM 模型（5.5）的特征多项式满足如下的假设条件。

假设 5.2　（a）$\det(A(z)) = 0$ 的特征根全部落在单位圆上或者是单位圆外，其中：$A(z) := (1-z)I_n - \alpha\beta'z - \Gamma_1 z(1-z) - \cdots - \Gamma_{k-1} z^{k-1}(1-z)$。（b）$\det(\alpha_\perp' (I_n - \sum_{i=1}^{k-1}\Gamma_i)\beta_\perp) \neq 0$。

假设 5.2 排除了 VECM 模型出现爆炸根的可能性。在假设 5.1 和 5.2 的条件下，我们可以得到 VECM 模型（5.5）相应的格兰杰表述。

引理 5.1　在假设 5.1 和 5.2 的条件下，第 j 个子区间的初始值 $X_{T_{j-1}+1}$，$X_{T_{j-1}+2}$，$\cdots$，$X_{T_{j-1}+k}$ 的分布给定，VECM 模型（5.5）等价于：

$$X_t = C\sum_{i=T_{j-1}+k+1}^{t}\varepsilon_i + \tau tE_t + O_p(1) \quad (5.7)$$

其中 E_t 的定义与（5.3）相同，$T_{j-1} + k < t < T_j$，$j = 1, 2, \cdots, q$，$\tau =$

$(\tau_1 \quad \tau_2 \quad \cdots \quad \tau_q)$, $\tau_j = C\mu_j + (C(I_n - \sum_{i=1}^{k-1}\Gamma_i) - I)\bar{\beta}\rho_j$, $C = \beta_\perp(\alpha'_\perp(I_n - \sum_{i=1}^{k-1}\Gamma_i)\beta_\perp)^{-1}\alpha'_\perp$。

从引理 5.1 可知，由于式（5.5）中 VECM 模型是受约束的线性时间趋势，因此变量的水平值 X_t 也只含有确定性的线性时间趋势。一方面，与标准的约翰森（1996）协整检验的格兰杰表述相比，式（5.7）中确定性趋势的斜率系数发生了结构变化，第 j 个子区间中 X_t 确定性时间趋势的斜率为 τ_j，另一方面，由于扰动项 $\varepsilon_t = \sigma_t z_t$，所以 X_t 的随机趋势是一个具有时变方差的随机游走。

二、对协整秩的检验

由于 VECM 模型的误差项 ε_t 具有时变的方差，因此我们考虑 VECM 模型参数的伪最大似然估计量 [Pseudo – Maximum Likelihood Estimator，参见卡瓦列雷等（2010）]，基于此进行协整检验。伪最大似然估计的主要思想是基于错误的假设条件：$\Sigma(u) = \sigma(u)\sigma(u)'$ 是一个固定的矩阵。从定义可知，伪最大似然估计基于一个与现实不符的条件进行估计，但是我们仍然可以得到 α，β^*，Γ 的一致估计量。

为了渐近分布推导的方便，我们进行如下的变换：

$$\begin{pmatrix} X_{t-1} \\ tE_t \end{pmatrix} = \begin{pmatrix} I & (\sum_{t=1}^{T} X_{t-1}E'_t t)(\sum_{t=1}^{T} tE_t E'_t t)^{-1} \\ 0 & I \end{pmatrix} \begin{pmatrix} X_{t-1} \mid tE_t \\ tE_t \end{pmatrix} \quad (5.8)$$

其中 $X_{t-1} \mid tE_t = X_{t-1} - (\sum_{t=1}^{T} X_{t-1}E'_t t)(\sum_{t=1}^{T} tE_t E'_t t)^{-1} tE_t$。

记 $Q_T = \begin{pmatrix} I & (\sum_{t=1}^{T} X_{t-1}E'_t t)(\sum_{t=1}^{T} tE_t E'_t t)^{-1} \\ 0 & I \end{pmatrix}$，因此，我们有：

$$\begin{pmatrix} \beta \\ \rho \end{pmatrix}' \begin{pmatrix} X_{t-1} \\ tE_t \end{pmatrix} = \left(Q_T' \begin{pmatrix} \beta \\ \rho \end{pmatrix}\right)' \begin{pmatrix} X_{t-1} \mid tE_t \\ tE_t \end{pmatrix} \quad (5.9)$$

记 $X^*_{t-1} = \begin{pmatrix} X_{t-1} \mid tE_t \\ tE_t \end{pmatrix}$，$\beta^* = Q_T' \begin{pmatrix} \beta \\ \rho \end{pmatrix}$，我们可以将 VECM 模型（5.5）改写成为：

$$\Delta X_t = \alpha\beta^{*'}X_{t-1}^* + \mu E_t + \sum_{i=1}^{k-1}\Gamma_i\Delta X_{t-i} + \sum_{j=2}^{k}\sum_{j=2}^{q}\kappa_{j,i}D_{j,t-i} + \varepsilon_t \quad (5.10)$$

将式（5.5）改写成式（5.10）的原因主要有两个，一是式（5.5）中 $\beta'X_{t-1}$ 含有确定性趋势，但是式（5.10）中 $\beta^{*'}X_{t-1}^*$ 不含确定性趋势，二是根据引理 5.1，X_{t-1} 既含有确定性线性时间趋势，也含有随机趋势，但是 $(X_{t-1}|tE_t)$ 只含有随机趋势。这种转化会简化后续渐近分布的推导，但是从式（5.8）~式（5.10）的转换过程来看，式（5.5）和式（5.10）中的 VECM 模型是等价的。

为了公式推导简便，记：$Z_{0t} = \Delta X_t$，$Z_{1t} = X_{t-1}^*$，$Z_{2t} = (E_t',\ \Delta X_{t-1}',\ \Delta X_{t-2}',\ \cdots,\ \Delta X_{t-k+1}')'$，$\kappa = (\kappa_{2,1},\ \kappa_{2,2},\ \cdots,\ \kappa_{2,k},\ \kappa_{3,1},\ \cdots,\ \kappa_{q,k})$，$D_t = (D_{2,t-1}',\ D_{2,t-2}',\ \cdots,\ D_{2,t-k}',\ D_{3,t-1}',\ \cdots,\ D_{q,t-k}')'$，$\Gamma = (\mu,\ \Gamma_1,\ \Gamma_2,\ \cdots,\ \Gamma_{k-1})$，那么 VECM 模型（5.10）还可以进一步简写为：

$$Z_{0t} = \alpha\beta^{*'}Z_{1t} + \Gamma Z_{2t} + \kappa D_t + \varepsilon_t \quad (5.11)$$

式（5.11）VECM 模型的伪最大似然函数为：

$$\log L(\alpha, \beta^*, \Gamma, \Sigma) = -\frac{1}{2}(T-k)\log|\Sigma|$$
$$-\frac{1}{2}\sum_{t=k+1}^{T}(Z_{0t} - \alpha\beta^{*'}Z_{1t} - \Gamma Z_{2t} - \kappa D_t)'$$
$$\Sigma^{-1}(Z_{0t} - \alpha\beta^{*'}Z_{1t} - \Gamma Z_{2t} - \kappa D_t) \quad (5.12)$$

对 Γ 求一阶偏导数，并令其等于零，我们可以得到：

$$\sum_{j=1}^{q}\sum_{t=T_{j-1}+k+1}^{T_j}(Z_{0t} - \alpha\beta^{*'}Z_{1t} - \Gamma Z_{2t})Z_{2t}' = 0 \quad (5.13)$$

记：$M_{ij} = (T-qk)^{-1}\sum_{j=1}^{q}\sum_{t=T_{j-1}+k+1}^{T_j}Z_{it}Z_{jt}'$，可以得到：

$$\hat{\Gamma}(\alpha, \beta^*) = M_{02}M_{22}^{-1} - \alpha\beta^{*'}M_{12}M_{22}^{-1} \quad (5.14)$$

将式（5.14）代入式（5.12），并记 $R_{0t} = Z_{0t} - M_{02}M_{22}^{-1}Z_{2t}$，$R_{1t} = Z_{1t} - M_{12}M_{22}^{-1}Z_{2t}$，有：

$$\log L(\alpha, \beta, \Sigma) = -\frac{1}{2}(T-qk)\log|\Sigma|$$
$$-\frac{1}{2}\sum_{j=1}^{q}\sum_{t=T_{j-1}+k+1}^{T_j}(R_{0t} - \alpha\beta^{*'}R_{1t})'$$
$$\Sigma^{-1}(R_{0t} - \alpha\beta^{*'}R_{1t}) \quad (5.15)$$

基于式（5.15），记 $S_{ij} = (T-qk)^{-1}\sum_{j=1}^{q}\sum_{t=T_{j-1}+k+1}^{T_j}R_{it}R_{jt}'$，我们可以得到 α 和 Σ 的

估计量：

$$\hat{\alpha}(\beta^*) = S_{01}\beta^*(\beta^{*\prime}S_{11}\beta^*)^{-1}, \hat{\Sigma}(\beta^*) = S_{00} - S_{01}\beta^*(\beta^{*\prime}S_{11}\beta^*)^{-1}\beta^{*\prime}S_{10} \tag{5.16}$$

将式（5.16）代入式（5.15），我们得到：

$$\ln L(\beta^*) \propto -\frac{T}{2}\ln|S_{00} - S_{01}\beta^*(\beta^{*\prime}S_{11}\beta^*)^{-1}\beta^{*\prime}S_{10}| \tag{5.17}$$

根据矩阵的运算，我们得到：

$$\begin{vmatrix} S_{00} & S_{01}\beta^* \\ \beta^{*\prime}S_{10} & \beta^{*\prime}S_{11}\beta^* \end{vmatrix} = |S_{00}||\beta^{*\prime}S_{11}\beta^* - \beta^{*\prime}S_{10}S_{00}^{-1}S_{01}\beta^*|$$

$$= |\beta^{*\prime}S_{11}\beta^*||S_{00} - S_{01}\beta^*(\beta^{*\prime}S_{11}\beta^*)^{-1}\beta^{*\prime}S_{10}| \tag{5.18}$$

因此，有：

$$\ln L(\beta^*) \propto -\frac{T}{2}\ln\left(|S_{00}|\frac{|\beta^{*\prime}S_{11}\beta^* - \beta^{*\prime}S_{10}S_{00}^{-1}S_{01}\beta^*|}{|\beta^{*\prime}S_{11}\beta^*|}\right) \tag{5.19}$$

求解式（5.19）中的最大似然函数，等价于求解如下的特征值问题：

$$|\lambda S_{11} - S_{10}S_{00}^{-1}S_{01}| = 0 \tag{5.20}$$

对于协整秩为 r 的 VECM 模型，式（5.20）中特征值问题具有 r 个非零的特征根，VECM 模型的伪最大似然函数可以用这 r 个非零的特征根表示，而协整向量的估计则可以用这 r 个非零的特征根所对应的特征向量所表示。

具体而言，VECM 模型的似然函数：

$$\ln L \propto -\frac{T}{2}\ln|S_{00}| - \frac{T}{2}\ln\frac{|\hat{\beta}'(S_{11} - S_{10}S_{00}^{-1}S_{01})\hat{\beta}|}{|\hat{\beta}'S_{11}\hat{\beta}|}$$

$$= -\frac{T}{2}\ln|S_{00}| - \frac{T}{2}\ln\left|I - \begin{pmatrix} \lambda_1 & 0 & 0 & 0 \\ 0 & \ddots & 0 & 0 \\ 0 & 0 & \lambda_r & 0 \\ 0 & 0 & 0 & 0 \end{pmatrix}\right|$$

$$= -\frac{T}{2}\ln|S_{00}| - \frac{T}{2}\sum_{i=1}^{r}\ln(1 - \lambda_i) \tag{5.21}$$

无约束时，VECM 模型的似然函数：

$$\ln L_{UR} = -\frac{T}{2}\ln|S_{00}| - \frac{T}{2}\sum_{i=1}^{n}\ln(1 - \lambda_i) \tag{5.22}$$

基于此，可以得到协整迹检验统计量的表达式为：

$$Q_r = -T \sum_{i=r+1}^{n} \ln(1 - \lambda_i) \tag{5.23}$$

我们将方差转换的多元布朗运动定义为 $M(u) := \int_0^u \sigma(s) dB(s)$，其中 $B(\cdot)$ 是一个标准的多元布朗运动。下面的定理给出了时间趋势和方差都存在结构变化时，协整迹检验统计量的渐近分布。

定理 5.1 假设 y_t 的数据生成过程为式（5.5），在假设 5.1 和 5.2 的条件下，协整迹检验统计量（5.23）的渐近分布为：

$$Q_r \xrightarrow{W} tr\left\{\int_0^1 (d\tilde{M}(u)) F(u)' \left(\int_0^1 F(u) F(u)' du\right)^{-1} \int_0^1 F(u) (d\tilde{M}(u))'\right\}$$

其中：$\tilde{M}(u) := (\alpha_\perp' \bar{\Sigma} \alpha_\perp)^{-1/2} \alpha_\perp' M(u)$，$\bar{\Sigma} := \int_0^1 \Sigma(s) ds$，$F(u) := \begin{pmatrix} \tilde{M}(u) \\ ue_u \end{pmatrix} | e_u$。

从定理 5.1 可以看出，确定性趋势和方差同时存在结构变化的条件下，协整检验的分布显著不同于标准协整检验的分布（Johansen，1996）。这一渐近分布也不同于约翰森等（Johansen et al.，2000）只考虑确定性趋势结构变化时的协整检验和卡瓦列雷等（Cavaliere et al.，2010，2014）只考虑方差结构变化时的协整检验分布。这一渐近分布取决于确定性趋势结构变化的位置以及方差结构变化的形式。为了得到确定性趋势和方差同时存在结构变化的条件下协整检验的正确临界值，我们建议使用 Wild Bootstrap 协整检验方法。Wild Bootstrap 协整检验方法的核心思想是在重新生成的 Bootstrap 数据中复制原始的时变方差的模式。Wild Bootstrap 协整检验算法概述如下。

（1）在协整秩为 r 的条件下估计 VECM 模型（5.5），所得到的参数估计分别记为：$\hat{\alpha}^{(r)}$，$\hat{\beta}^{(r)}$，$\hat{\rho}^{(r)}$，$\hat{\mu}^{(r)}$，$\hat{\Gamma}_i^{(r)}$，$\hat{\kappa}_{j,i}^{(r)}$，以及所对应的残差项 $\hat{\varepsilon}_t^{(r)}$。

（2）检查特征方程 $|\hat{A}^{(r)}(z) = 0|$ 的特征根是否都落在单位圆上或者单位圆内，其中 $\hat{A}^{(r)}(z) := (1-z)I_n - \hat{\alpha}^{(r)}\hat{\beta}^{(r)'}z - \hat{\Gamma}_1^{(r)}z(1-z) - \cdots - \hat{\Gamma}_{k-1}^{(r)}z^{k-1}(1-z)$。如果满足这一条件，接着进行下面的步骤。

（3）根据下式构建 Wild Bootstrap 数据：

$$\Delta X_{r,t}^B = \hat{\alpha}^{(r)}\hat{\beta}^{(r)'} X_{r,t-1t}^B + \sum_{i=1}^{k-1} \hat{\Gamma}_i^{(r)} \Delta X_{r,t-i}^B + \hat{\alpha}^{(r)}\hat{\rho}^{(r)'} tE_t$$
$$+ \hat{\mu}^{(r)} E + \sum_{i=1}^{k}\sum_{j=2}^{q} \hat{\kappa}_{j,i}^{(r)} D_{j,t-i} + \varepsilon_{r,t}^B$$

其中：$\varepsilon_{r,t}^B := \hat{\varepsilon}_{r,t}^c \zeta_t$，$\hat{\varepsilon}_{r,t}^c := \hat{\varepsilon}_t^{(r)} - T^{-1}\sum_{i=1}^T \hat{\varepsilon}_t^{(r)}$，$\zeta_t$ 是一个 i. i. d. $N(0,1)$ 序列。

(4) 基于 $\{X_t^B\}_{t=1}^T$ 计算协整迹检验统计量，记为 Q_r^B。

$$Q_r^B = -T\sum_{i=r+1}^n \ln(1-\lambda_i^B)$$

(5) 计算 Wild Bootstrap 方法形成的 p 值，$P^* := 1 - G^B(Q_r)$，其中 $G^B(\cdot)$ 代表 Q_r^B 的累积密度函数。

下面我们着重研究 Wild Bootstrap 协整检验的渐近性质。

定理 5.2 假设 y_t 的数据生成过程为 (5.5)，在假设 5.1 和 5.2 的条件下，有：

$$Q_r^B \xrightarrow{w}_p \mathrm{tr}\left\{\int_0^1 (d\tilde{M}(u))F(u)'\left(\int_0^1 F(u)F(u)'du\right)^{-1}\int_0^1 F(u)(d\tilde{M}(u))'\right\}$$

定理 5.2 表明 Q_r^B 和 Q_r 有相同的渐近分布，所以当样本量趋向于无穷大的时候，Wild Bootstrap 算法可以生成渐近正确的临界值，因此 Wild Bootstrap 协整检验是渐近正确的。

综上所述，我们将标准的约翰森协整检验理论扩展至确定性趋势和方差同时存在结构变化的情形。与标准的约翰森协整检验相比，我们在 VECM 模型中增加虚拟变量，因此允许确定性趋势存在多个结构变化，一方面，我们假设确定性趋势结构变化的时点是已知的，另一方面，我们假设 VECM 模型扰动项的方差是时变的，从而可以允许方差存在一个或者多个结构变化，方差结构变化的个数、形式（突然变化或者是平滑转移变化）和结构变化的时点都是未知的。我们从理论上推导了确定性趋势和方差同时存在结构变化时协整检验统计量 Q_r 的渐近分布，发现其渐近分布同时取决于确定性趋势结构变化的时点和方差结构变化的形式，因此这一渐近分布显著不同于标准协整检验（Johansen，1996）、只考虑确定性趋势结构变化的协整检验（Johansen et al.，2000）和只考虑方差结构变化的协整检验（Cavaliere et al.，2010，2014）。在此基础上，为了得到协整检验的临界值，我们提出了新的 Wild Bootstrap 协整检验方法，并从理论上证明了 Wild Bootstrap 协整检验统计量 Q_r^B 的渐近分布与原始的协整检验统计量 Q_r 的分布完全一样，所以当样本量趋向于无穷大的时候，Wild Bootstrap 算法可以生成渐近正确的临界值。这就证明 Wild Bootstrap 协整检验具有渐近正确的尺度。

第三节　不同协整检验的有限样本性质及其比较

以下我们通过蒙特卡罗模拟的方法研究不同协整检验的有限样本性质，本书所提出的新的 Wild Bootstrap 协整检验记为 Q_r^B，这一检验同时考虑了确定性趋势和方差的结构变化。为了比较，我们还同时考虑其它三种协整检验方法。约翰森（Johansen，1996）提出的标准的协整检验记为 J_r^C，J_r^C 假设时间趋势和方差都没有发生结构变化，其临界值取自于卡瓦列雷（Cavaliere，1999）。约翰森等（Johansen et al.，2000）提出的协整检验考虑了时间趋势的结构变化但是假设误差项为同方差，记其为 Q_r^C，协整检验 Q_r^C 的临界值取自于约翰森等（Johansen et al.，2000）。卡瓦列雷等（Cavaliere et al.，2014）提出的协整检验允许方差存在结构变化，但是假设时间趋势不存在结构变化，我们将卡瓦列雷等（Cavaliere et al.，2014）提出的协整检验记为 J_r^B。J_r^B 同样是基于 Wild Bootstrap 算法的检验，但与本书所提出来的 Q_r^B 检验相比，没有考虑时间趋势的结构变化。检验 Q_r^B 和 J_r^B 都是基于 Wild Bootstrap 样本计算检验统计量的临界值，而检验 J_r^C 和 Q_r^C 则是基于渐近分布的临界值。J_r^C、J_r^B 和 Q_r^C 的计算方法分别参见约翰森（Johansen，1996）、卡瓦列雷等（Cavaliere et al.，2014）、约翰森等（Johansen et al.，2000）。参考卡瓦列雷等（Cavaliere et al.，2014），我们假设 n 维数据 X_t 生成过程为：

$$\Delta X_t = \alpha\beta' X_{t-1} + \Gamma_1 \Delta X_{t-1} + \alpha\rho' t E_t + \mu E_t + \sum_{i=1}^{2}\sum_{j=2}^{2} \kappa_{j,i} D_{j,t-i} + \varepsilon_t \quad (5.24)$$

我们假设 n = 4，q = 2，因此时间趋势存在 1 个结构变化，虚拟变量 E_t 的定义与式（5.3）相同。我们假设存在一个协整关系，与卡瓦列雷等（Cavaliere et al.，2014）一样，我们假设调节向量 α =（-0.4，0，0，0）′，协整向量 β =（1，0，0，0）′。注意到 α 和 β 的设定使得式（5.24）变成式（5.5）中 VECM 模型的"正则形式"（canonical form），对于一个 n×n 维的可逆矩阵 H，对数据进行转换 $y_t = HX_t$，并不会对协整检验产生影响，因此任何一个 VECM 模型都有其对应的"正则形式"。我们设定 VECM 模型的"正则形式"进行模拟，有助于更清晰地评估一些核心参数（比如协整秩）对协整检验的影响（参见 Toda，1994，1995）。由于拓特（Toda，1994，1995）所提出的 VECM 模型的"正则形式"广泛应用于协整检验的有限样本性质比较，因此我们沿用了这一形式。由于 q = 2，根据式（5.3），$\rho' = (\rho_1', \rho_2')$，$\mu = (\mu_1, \mu_2)'$，不失一般性，我们取 $\rho_1 = 1$，$\mu_1 = (1, 1, 1, 1)'$，$\{\rho_2, \mu_2\}$ 在 $\{1, (1, 1, 1, 1)'\}$ 和 $\{2, (2, 2, 2, 2)'\}$ 之间取值，注意到如果 $\{\rho_2, \mu_2\} = \{1, (1, 1, 1, 1)'\}$，那么表示确定性时间趋势不存在结构变化。取 $\Gamma_1 = 0.5 \times I_n$。假设时间趋势结构变化点的位置为 tb = $0.5 \times T$，其中 T 为观测值的长度。为了使 $\{\rho_2, \mu_2\} = \{1, (1, 1, 1, 1)'\}$ 时数据生成过程与标准的确定性时间趋势不存在结构变化的 VECM 模型完全一致，我们取 $\kappa_{2,1} = \alpha\rho_2'(tb + 1) + \mu_2$，$\kappa_{2,2} = \alpha\rho_2'(tb + 2) + \mu_2$。经过简单的运算，我们可以发现当 $\{\rho_2, \mu_2\} = \{1, (1, 1, 1, 1)'\}$ 时，式(5.24) 等价于：

$$\Delta X_t = \alpha\beta' X_{t-1} + \Gamma_1 \Delta X_{t-1} + \alpha\rho_2' t + \mu_2 + \varepsilon_t \tag{5.25}$$

明显可以看出，式（5.25）中 VECM 模型的确定性趋势没有发生结构变化。

参考程和菲利普斯（Cheng & Phillips，2010），我们假设 $\varepsilon_t = (\varepsilon_{1t}, \varepsilon_{2t}, \varepsilon_{3t}, \varepsilon_{4t})'$，$\varepsilon_{it}$ 之间相互独立，假设 ε_{it} 的方差结构变化的形式一样，并且服从如下的时变方差模式：

模式 1：方差存在 1 个结构变化。$\sigma_t^2 = \sigma_0^2 + (\sigma_1^2 - \sigma_0^2) I(t > T\tau)$。

模式 2：方差存在 2 个结构变化。$\sigma_t^2 = \sigma_0^2 + (\sigma_1^2 - \sigma_0^2) I(T\tau < t \leqslant T(1 - \tau))$。

模式 3：方差存在趋势型的结构变化。$\sigma_t^2 = \sigma_0^2 + (\sigma_1^2 - \sigma_0^2)(t/T)$。

不失一般性，我们取 $\sigma_0 = 1$ 而且令 σ_1 取值为 $\{1/3, 3\}$。当方差存在 1 个结构变化时，令 τ 取值为 $\{0.2, 0.8\}$。当方差存在 2 个结构变化时，令 τ 取值为 $\{0.2, 0.4\}$。蒙特卡罗模拟的次数取为 2 000 次。Wild Bootstrap 算法中 Bootstrap 的次数是 399 次。显著性水平我们取为 5%。

表 5 - 1 给出的是确定性时间趋势不存在结构变化但是方差存在或不存在结构变化时，4 个协整检验（J_r^C、J_r^B、Q_r^C 和 Q_r^B）拒绝原假设的概率。J_0^C 表示的是协整检验统计量 J_r^C 拒绝协整秩等于 0 的概率，而 J_1^C 表示的是协整检验统计量 J_r^C 拒绝协整秩等于 1 的概率。如前所述，J_r^C 假设确定性趋势和方差都不存在结构变化。而根据我们的数据生成过程，真实的数据生成过程包含有 1 个协整关系，因此 J_0^C 表示的是协整检验统计量 J_r^C 的功效（power），而 J_1^C 表示的是协整检验统计量 J_r^C 的尺度（size）。其它三个协整检验也是类似的解释。我们首先考察检验

统计量的尺度性质。在同方差的条件下,基于渐近分布临界值的 J_r^C 和 Q_r^C 检验在 T=100 时有明显的尺度扭曲,T=100 时,J_r^C 实际尺度是 10.6%,Q_r^C 实际尺度是 15.7%,有比较明显的尺度扭曲。但是这种尺度扭曲随着样本量的增加而消失。当 T=400 时,J_r^C 实际尺度是 6.7%,Q_r^C 实际尺度是 7.2%。而基于 Wild Bootstrap 算法的 J_r^B 和 Q_r^B 检验在小样本条件下表现良好。当 T=100 时,J_r^B 实际尺度是 4.5%,Q_r^B 实际尺度是 2.6%,明显要好于 J_r^C 和 Q_r^C 的尺度性质。这就说明,在时间趋势和方差都不存在结构变化的标准条件下,传统的基于渐近分布临界值的协整检验在小样本的条件下的尺度性质仍然较差,而 Wild Bootstrap 算法明显可以改善协整检验的有限样本性质。下面考察方差存在结构变化的情形。J_r^C 和 Q_r^C 检验存在明显的尺度扭曲,而且尺度扭曲在 T=400 时仍然存在。比如,当方差存在一次结构变化时,在 T=400,$\sigma_1=1/3$,$\tau=0.2$ 时,J_r^C 的尺度为 66.5%,Q_r^C 的尺度为 60.1%,尺度扭曲的现象非常的严重。但是在相同的条件之下,J_r^B 的尺度为 6.4%,Q_r^B 的尺度为 6.3%。这一结果表明,基于 Wild Bootstrap 的协整检验对于方差的结构变化是稳健的。我们接下来考察检验统计量的功效性质。从表 5-1 可以看出,J_r^B 的功效要高于 Q_r^B 的功效。比如,当方差存在一次结构变化时,在 T=100,$\sigma_1=1/3$,$\tau=0.2$ 时,J_r^B 的功效为 66.5%,而 Q_r^B 的功效为 55.2%。这就说明,如果真实的数据生成过程的确定性时间趋势不存在结构变化,引入不必要的虚拟变量会降低协整检验的功效。

表 5-1　拒绝原假设的概率 ($\{\rho_2, \mu_2\} = \{1, (1, 1, 1, 1)'\}$)

σ_1	τ	T	J_0^C	J_0^B	Q_0^C	Q_0^B	J_1^C	J_1^B	Q_1^C	Q_1^B
			同方差							
		100	0.944	0.739	0.905	0.541	0.106	0.045	0.157	0.026
		200	1.000	1.000	1.000	0.998	0.080	0.050	0.091	0.044
		400	1.000	1.000	1.000	1.000	0.067	0.054	0.072	0.047
			方差存在一次结构变化							
3	0.2	100	0.874	0.699	0.857	0.485	0.061	0.038	0.130	0.043
		200	1.000	1.000	0.998	0.990	0.055	0.049	0.081	0.045
		400	1.000	1.000	1.000	1.000	0.043	0.051	0.071	0.051
3	0.8	100	0.973	0.637	0.958	0.508	0.350	0.075	0.362	0.068
		200	1.000	0.975	1.000	0.947	0.349	0.074	0.317	0.069
		400	1.000	1.000	1.000	1.000	0.319	0.061	0.292	0.065

续表

σ_1	τ	T	J_0^C	J_0^B	Q_0^C	Q_0^B	J_1^C	J_1^B	Q_1^C	Q_1^B
			方差存在一次结构变化							
1/3	0.2	100	0.993	0.665	0.991	0.552	0.662	0.098	0.668	0.088
		200	1.000	0.962	1.000	0.924	0.677	0.087	0.633	0.081
		400	1.000	1.000	1.000	1.000	0.665	0.064	0.601	0.063
3	0.8	100	0.965	0.694	0.944	0.474	0.188	0.051	0.270	0.039
		200	1.000	1.000	1.000	0.986	0.141	0.047	0.182	0.047
		400	1.000	1.000	1.000	1.000	0.118	0.049	0.139	0.046
			方差存在两次结构变化							
3	0.2	100	0.935	0.627	0.920	0.421	0.121	0.054	0.223	0.034
		200	1.000	0.997	0.999	0.974	0.106	0.055	0.159	0.040
		400	1.000	1.000	1.000	1.000	0.089	0.055	0.137	0.053
3	0.4	100	0.973	0.636	0.982	0.395	0.301	0.065	0.573	0.071
		200	1.000	0.988	1.000	0.877	0.309	0.066	0.548	0.064
		400	1.000	1.000	1.000	1.000	0.305	0.070	0.556	0.043
1/3	0.2	100	0.989	0.611	0.979	0.484	0.507	0.061	0.444	0.052
		200	1.000	0.982	1.000	0.954	0.469	0.061	0.352	0.052
		400	1.000	1.000	1.000	1.000	0.435	0.053	0.296	0.058
1/3	0.4	100	0.957	0.679	0.873	0.568	0.194	0.048	0.133	0.041
		200	1.000	1.000	0.999	0.998	0.136	0.041	0.073	0.044
		400	1.000	1.000	1.000	1.000	0.108	0.064	0.065	0.044
			方差存在趋势型结构变化							
3		100	0.895	0.711	0.874	0.466	0.098	0.035	0.164	0.043
		200	1.000	1.000	0.999	0.995	0.079	0.047	0.104	0.046
		400	1.000	1.000	1.000	1.000	0.058	0.055	0.084	0.052
1/3		100	0.987	0.706	0.983	0.531	0.303	0.062	0.358	0.048
		200	1.000	0.998	1.000	0.981	0.260	0.048	0.282	0.053
		400	1.000	1.000	1.000	1.000	0.220	0.053	0.231	0.048

协整检验的一个重要目的是为了确定协整系统所存在的协整秩的个数，表5-2给出的是确定性时间趋势不存在结构变化但是方差是同方差或者存在一次结构变化时，基于次序检验的方法估计得到的协整秩的概率。整体而言，J_r^B估计得到真实协整秩为1的概率是最高的。比如，当方差存在一次结构变化时，在

T=200，$\sigma_1=3$，$\tau=0.8$ 时，基于次序检验的方法，J_r^B 估计得到协整秩为 1 的概率是 90%，但是 J_r^C、Q_r^C 和 Q_r^B 估计得到协整秩为 1 的概率分别是 65%、68% 和 88%。而当样本量增大时，J_r^C 和 Q_r^C 估计得到协整秩为 1 的概率仍然很低。在 T=400，$\sigma_1=3$，$\tau=0.8$ 时，基于次序检验的方法，J_r^B 和 Q_r^B 估计得到协整秩为 1 的概率分别是 94% 和 94%，但是 J_r^C 和 Q_r^C 估计得到协整秩为 1 的概率分别是 68% 和 71%。这进一步说明，当确定性趋势不存在结构变化但方差存在结构变化时，基于 Wild Bootstrap 的协整检验 J_r^B 和 Q_r^B 对于方差的结构变化是稳健的，而由于基于渐近分布的 J_r^C 和 Q_r^C 检验存在严重的尺度扭曲，估计得到正确协整秩的概率很低。而且如果真实的数据生成过程的确定性时间趋势不存在结构变化，引入不必要的虚拟变量会降低协整检验的有效性。

表 5-2　根据次序检验方法得到的协整秩的概率（$\{\rho_2,\mu_2\}=\{1,(1,1,1,1)'\}$）

		同方差			方差存在一次结构变化								
					$\sigma_1=3$, $\tau=0.2$			$\sigma_1=3$, $\tau=0.8$			$\sigma_1=1/3$, $\tau=0.2$		
	T / $\hat{r}$	100	200	400	100	200	400	100	200	400	100	200	400
J_r^C	0	0.06	0.00	0.00	0.13	0.00	0.00	0.03	0.00	0.00	0.01	0.00	0.00
	1	0.84	0.92	0.93	0.81	0.95	0.96	0.62	0.65	0.68	0.33	0.32	0.34
	2	0.09	0.07	0.06	0.06	0.05	0.04	0.30	0.30	0.28	0.43	0.42	0.44
	3, 4	0.01	0.01	0.01	0.00	0.00	0.00	0.05	0.05	0.04	0.24	0.26	0.23
J_r^B	0	0.26	0.00	0.00	0.30	0.00	0.00	0.36	0.03	0.00	0.34	0.04	0.00
	1	0.69	0.95	0.95	0.66	0.95	0.95	0.56	0.90	0.94	0.57	0.87	0.94
	2	0.04	0.04	0.05	0.03	0.04	0.05	0.06	0.07	0.05	0.08	0.08	0.06
	3, 4	0.00	0.01	0.01	0.00	0.01	0.01	0.01	0.01	0.01	0.02	0.01	0.00
Q_r^C	0	0.10	0.00	0.00	0.14	0.00	0.00	0.04	0.00	0.00	0.01	0.00	0.00
	1	0.75	0.91	0.93	0.73	0.92	0.93	0.60	0.68	0.71	0.32	0.37	0.40
	2	0.14	0.08	0.07	0.12	0.08	0.07	0.31	0.28	0.26	0.46	0.45	0.45
	3, 4	0.01	0.01	0.00	0.01	0.00	0.00	0.05	0.04	0.03	0.20	0.18	0.15
Q_r^B	0	0.46	0.00	0.00	0.52	0.01	0.00	0.49	0.05	0.00	0.45	0.08	0.00
	1	0.52	0.95	0.95	0.44	0.95	0.95	0.44	0.88	0.94	0.47	0.84	0.94
	2	0.02	0.04	0.04	0.04	0.04	0.05	0.06	0.06	0.06	0.07	0.07	0.05
	3, 4	0.00	0.00	0.00	0.00	0.00	0.00	0.01	0.01	0.01	0.02	0.01	0.01

表 5-3 给出的是确定性时间趋势存在结构变化而方差存在或不存在结构变化时协整检验拒绝原假设的概率。当确定性趋势存在结构变化，而方差不存在结构变化时，检验 Q_r^C 和 Q_r^B 有渐近正确的尺度，当 T = 400 时，Q_r^C 和 Q_r^B 的实际尺度分别是 7.6% 和 4.4%，然而 J_r^C 和 J_r^B 检验的实际尺度分别是 41.8% 和 16.8%。说明在同方差的条件下，如果确定性趋势存在结构变化，不考虑确定性趋势结构变化的协整检验存在严重的尺度扭曲。值得注意的是，虽然 Q_r^C 有渐近正确的尺度，但是在当 T = 100 时，Q_r^C 的实际尺度是 19.2%，然而 Q_r^B 检验的实际尺度是 6.0%。说明基于 Wild Bootstrap 的协整检验 Q_r^B 在小样本条件下的表现好于基于渐近分布临界值的协整检验 Q_r^C。与前面的结论一致，当方差存在结构变化时，J_r^C 和 Q_r^C 检验存在明显的尺度扭曲。而且，由于真实的数据生成过程中，确定性时间趋势也存在着结构变化，因此 J_r^B 检验也存在明显的尺度扭曲。比如，当方差存在两个结构变化，在 T = 400，σ_1 = 3，τ = 0.4 时，检验 J_r^C、J_r^B 和 Q_r^C 的实际尺度分别为 84.9%、28.2% 和 55.2%，存在非常严重的尺度扭曲，但是在相同的条件之下，Q_r^B 的尺度为 5.9%。这说明，如果确定性时间趋势和方差同时存在结构变化，那么这 4 种协整检验中，只有本书所提出来的 Q_r^B 检验具有正确的尺度性质。

表 5-3　拒绝原假设的概率（$\{\rho_2, \mu_2\} = \{2, (2, 2, 2, 2)'\}$）

σ_1	τ	T	J_0^C	J_0^B	Q_0^C	Q_0^B	J_1^C	J_1^B	Q_1^C	Q_1^B
			同方差							
		100	0.924	0.574	1.000	0.987	0.374	0.090	0.192	0.060
		200	1.000	0.992	1.000	1.000	0.405	0.160	0.102	0.050
		400	1.000	1.000	1.000	1.000	0.418	0.168	0.076	0.044
			方差存在一次结构变化							
3	0.2	100	0.505	0.231	0.950	0.624	0.084	0.028	0.148	0.049
		200	0.663	0.488	1.000	1.000	0.133	0.093	0.087	0.044
		400	0.935	0.908	1.000	1.000	0.259	0.185	0.069	0.049
3	0.8	100	0.842	0.358	1.000	0.769	0.306	0.054	0.453	0.082
		200	0.969	0.706	1.000	1.000	0.352	0.082	0.370	0.070
		400	1.000	0.991	1.000	1.000	0.397	0.091	0.315	0.061

续表

σ_1	τ	T	J_0^C	J_0^B	Q_0^C	Q_0^B	J_1^C	J_1^B	Q_1^C	Q_1^B
			方差存在一次结构变化							
1/3	0.2	100	0.999	0.554	1.000	1.000	0.752	0.085	0.754	0.090
		200	1.000	0.938	1.000	1.000	0.752	0.077	0.671	0.077
		400	1.000	1.000	1.000	1.000	0.730	0.074	0.618	0.055
3	0.8	100	0.969	0.534	1.000	0.974	0.507	0.074	0.323	0.055
		200	1.000	0.981	1.000	1.000	0.524	0.135	0.194	0.049
		400	1.000	1.000	1.000	1.000	0.535	0.146	0.149	0.052
			方差存在两次结构变化							
3	0.2	100	0.677	0.250	0.974	0.631	0.166	0.040	0.237	0.060
		200	0.824	0.511	1.000	1.000	0.260	0.088	0.173	0.052
		400	0.984	0.923	1.000	1.000	0.398	0.185	0.139	0.052
3	0.4	100	0.975	0.594	0.997	0.718	0.676	0.216	0.586	0.097
		200	0.998	0.806	1.000	0.999	0.764	0.270	0.546	0.073
		400	1.000	0.981	1.000	1.000	0.849	0.282	0.552	0.059
1/3	0.2	100	0.987	0.504	1.000	0.998	0.522	0.065	0.517	0.063
		200	1.000	0.964	1.000	1.000	0.486	0.080	0.380	0.050
		400	1.000	1.000	1.000	1.000	0.458	0.060	0.309	0.057
1/3	0.4	100	0.890	0.464	1.000	0.999	0.225	0.042	0.181	0.048
		200	1.000	0.993	1.000	1.000	0.216	0.073	0.087	0.043
		400	1.000	1.000	1.000	1.000	0.220	0.075	0.071	0.050
			方差存在趋势型结构变化							
3		100	0.610	0.290	0.980	0.720	0.143	0.036	0.204	0.059
		200	0.845	0.685	1.000	1.000	0.207	0.098	0.116	0.045
		400	0.995	0.990	1.000	1.000	0.293	0.166	0.091	0.048
1/3		100	0.990	0.598	1.000	0.999	0.643	0.087	0.426	0.057
		200	1.000	0.990	1.000	1.000	0.604	0.121	0.309	0.051
		400	1.000	1.000	1.000	1.000	0.606	0.113	0.243	0.050

表 5-4 给出的是确定性时间趋势存在结构变化但是方差是同方差或者存在一次结构变化时，基于次序检验的方法估计得到的协整秩的概率。整体而言，Q_r^B 估计得到真实协整秩为 1 的概率是最高的。比如，当方差存在一次结构变化，

在 T＝100，$\sigma_1=1/3$，$\tau=0.2$ 时，J_r^C、J_r^B 和 Q_r^C 估计得到协整秩为 1 的概率分别是 25%、47% 和 25%，但是 Q_r^B 估计得到协整秩为 1 的概率是 91%。因此，对于确定性时间趋势和方差同时存在结构变化的情形，本书所提出来的 Q_r^B 检验是最优的。

表 5－4　根据次序检验方法得到的协整秩的概率（$\{\rho_2, \mu_2\}=\{2,(2,2,2,2)'\}$）

		同方差			方差存在一次结构变化								
					$\sigma_1=3$，$\tau=0.2$			$\sigma_1=3$，$\tau=0.8$			$\sigma_1=1/3$，$\tau=0.2$		
	T $\hat{r}$	100	200	400	100	200	400	100	200	400	100	200	400
J_r^C	0	0.08	0.00	0.00	0.50	0.34	0.07	0.16	0.03	0.00	0.00	0.00	0.00
	1	0.55	0.59	0.58	0.42	0.53	0.68	0.54	0.62	0.60	0.25	0.25	0.27
	2	0.32	0.36	0.37	0.08	0.12	0.24	0.27	0.32	0.35	0.46	0.50	0.50
	3，4	0.06	0.05	0.05	0.01	0.01	0.02	0.04	0.03	0.05	0.29	0.25	0.23
J_r^B	0	0.43	0.01	0.00	0.77	0.51	0.09	0.64	0.29	0.01	0.45	0.06	0.00
	1	0.48	0.83	0.83	0.21	0.40	0.72	0.31	0.62	0.90	0.47	0.86	0.93
	2	0.08	0.15	0.16	0.02	0.08	0.17	0.05	0.08	0.08	0.07	0.07	0.07
	3，4	0.01	0.01	0.01	0.00	0.01	0.01	0.01	0.01	0.01	0.02	0.01	0.01
Q_r^C	0	0.00	0.00	0.00	0.05	0.00	0.00	0.00	0.00	0.00	0.00	0.00	0.00
	1	0.81	0.90	0.92	0.80	0.91	0.93	0.55	0.63	0.69	0.25	0.33	0.38
	2	0.17	0.09	0.07	0.14	0.08	0.07	0.37	0.33	0.28	0.48	0.47	0.47
	3，4	0.02	0.01	0.01	0.01	0.01	0.00	0.08	0.04	0.03	0.28	0.20	0.15
Q_r^B	0	0.01	0.00	0.00	0.38	0.00	0.00	0.23	0.00	0.00	0.00	0.00	0.00
	1	0.93	0.95	0.96	0.58	0.96	0.95	0.69	0.93	0.94	0.91	0.92	0.95
	2	0.05	0.04	0.04	0.04	0.04	0.04	0.07	0.06	0.06	0.08	0.07	0.04
	3，4	0.01	0.01	0.00	0.01	0.00	0.01	0.01	0.01	0.01	0.01	0.01	0.01

第四节　本章小结

在本章中，我们将标准的约翰森协整检验理论扩展至确定性趋势和方差同时存在结构变化的情形。与标准的约翰森协整检验相比，我们在 VECM 模型中增加虚拟变量，因此允许确定性趋势存在多个结构变化，我们假设确定性趋势结构变化的时点是已知的，另一方面，我们假设 VECM 模型扰动项的方差是时变的，从而可以允许方差存在一个或者多个结构变化，方差结构变化的个数、形式（突然变化或者是平滑转移变化）和结构变化的时点都是未知的。因此，本章是对前沿协整理论进一步的扩展，体现出本书的理论创新。本章所得到的主要结论可以概述如下。

（1）我们从理论上推导了确定性趋势和方差同时存在结构变化时协整检验统计量 Q_r 的渐近分布，发现其渐近分布同时取决于确定性趋势结构变化的时点和方差结构变化的形式，因此这一渐近分布显著不同于标准协整检验 J_r^C（Johansen，1996）、只考虑确定性趋势结构变化的协整检验 Q_r^C（Johansen et al.，2000）和只考虑方差结构变化的协整检验 J_r^B（Cavaliere et al.，2014）。在此基础上，为了得到协整检验的临界值，我们提出了新的 Wild Bootstrap 协整检验方法 Q_r^B，从理论上证明了 Wild Bootstrap 协整检验统计量 Q_r^B 的渐近分布与原始的协整检验统计量 Q_r 的分布完全一样，所以当样本量趋向于无穷大的时候，Wild Bootstrap 算法可以生成渐近正确的临界值。这就证明 Wild Bootstrap 协整检验具有渐近正确的尺度。

（2）我们设计并且实现了蒙特卡罗模拟，其结果揭示了本书提出的 Q_r^B 协整检验的有限样本性质。为了比较，我们还同时考虑其它三种协整检验方法，即 J_r^C、J_r^B 和 Q_r^C 协整检验方法。我们模拟了一系列情况，对四种协整检验的有限样本性质进行了深入的比较分析。

（3）在确定性时间趋势和方差都不存在结构变化的标准条件下，4 个协整检验（J_r^C、J_r^B、Q_r^C 和 Q_r^B）都具有渐近正确的尺度。当 T = 400 时，J_r^C、J_r^B、Q_r^C 和 Q_r^B 的实际尺度分别是 6.7%、5.4%、7.2% 和 4.7%。但是传统的基于渐近分布临界值的协整检验 J_r^C 和 Q_r^C 在小样本的条件下的尺度性质仍然较差，而 Wild Bootstrap 算法明显可以改善协整检验的有限样本性质。比如，当 T = 100 时，J_r^C 实际尺度是 10.6%，Q_r^C 实际尺度是 15.7%，有明显的尺度扭曲，但是同样的条件下，J_r^B 实际尺度是 6.7%，Q_r^B 实际尺度是 7.2%，说明小样本条件下，基于 Wild Bootstrap 算法的检验比基于渐近分布临界值的检验更加可靠。

（4）在确定性趋势不存在结构变化但是方差存在结构变化的条件下，J_r^C 和

Q_r^C 检验存在明显的尺度扭曲，而且尺度扭曲在 T = 400 时仍然存在。比如，当方差存在一次结构变化时，在 T = 400，$\sigma_1 = 1/3$，$\tau = 0.2$ 时，J_r^C 的尺度为 66.5%，Q_r^C 的尺度为 60.1%，尺度扭曲的现象非常的严重。但是在相同的条件之下，J_r^B 的尺度为 6.4%，Q_r^B 的尺度为 6.3%。这一结果表明，基于 Wild Bootstrap 的协整检验对于方差的结构变化是稳健的。但是如果真实的数据生成过程的确定性时间趋势不存在结构变化，引入不必要的虚拟变量会降低协整检验的功效。比如，当方差存在一次结构变化时，在 T = 100，$\sigma_1 = 1/3$，$\tau = 0.2$ 时，J_r^B 的功效为 66.5%，而 Q_r^B 的功效为 55.2%。另一方面，如果确定性时间趋势不存在结构变化但是方差存在结构变化，J_r^B 估计得到真实协整秩为 1 的概率是最高的。比如，当方差存在一次结构变化时，在 T = 200，$\sigma_1 = 3$，$\tau = 0.8$ 时，基于次序检验的方法，J_r^B 估计得到协整秩为 1 的概率是 90%，但是 J_r^C、Q_r^C 和 Q_r^B 估计得到协整秩为 1 的概率分别是 65%、68% 和 88%。

（5）当确定性趋势存在结构变化，而方差不存在结构变化时，检验 Q_r^C 和 Q_r^B 有渐近正确的尺度，当 T = 400 时，Q_r^C 和 Q_r^B 的实际尺度分别是 7.6% 和 4.4%，然而 J_r^C 和 J_r^B 检验的实际尺度分别是 41.8% 和 16.8%。说明在同方差的条件下，如果确定性趋势存在结构变化，不考虑确定性趋势结构变化的协整检验存在严重的尺度扭曲。值得注意的是，虽然 Q_r^C 有渐近正确的尺度，但是在当 T = 100 时，Q_r^C 的实际尺度是 19.2%，然而 Q_r^B 检验的实际尺度是 6.0%。说明基于 Wild Bootstrap 的协整检验 Q_r^B 在小样本条件下的表现好于基于渐近分布临界值的协整检验 Q_r^C。

（6）如果确定性时间趋势和方差同时存在结构变化，那么这 4 种协整检验中，只有本书所提出来的 Q_r^B 检验具有正确的尺度性质。比如，当方差存在两个结构变化，在 T = 400，$\sigma_1 = 3$，$\tau = 0.4$ 时，检验 J_r^C、J_r^B 和 Q_r^C 的实际尺度分别为 84.9%、28.2% 和 55.2%，存在非常严重的尺度扭曲，但是在相同的条件之下，Q_r^B 的尺度为 5.9%。而且，Q_r^B 估计得到真实协整秩为 1 的概率是最高的。比如，当方差存在一次结构变化，在 T = 100，$\sigma_1 = 1/3$，$\tau = 0.2$ 时，J_r^C、J_r^B 和 Q_r^C 估计得到协整秩为 1 的概率分别是 25%、47% 和 25%，但是 Q_r^B 估计得到协整秩为 1 的概率是 91%。因此，对于确定性时间趋势和方差同时存在结构变化的情形，本书所提出来的 Q_r^B 检验是最优的。这从数值的角度证实了本书研究的理论价值。

本 章 附 录

引理 5.1 的证明

第 j 个子区间的 VECM 模型可以表示为:

$$\Delta X_t = \alpha\beta'X_{t-1} + \sum_{i=1}^{k-1}\Gamma_i\Delta X_{t-i} + \alpha\rho_j't + \mu_j + \varepsilon_t \tag{A5.1}$$

容易得到:

$$\begin{bmatrix} \Delta X_t \\ \Delta X_{t-1} \\ \Delta X_{t-2} \\ \vdots \\ \Delta X_{t-k+1} \end{bmatrix} = \begin{bmatrix} \alpha & \Gamma_1 & \Gamma_2 & \cdots & \Gamma_{k-1} \\ 0 & I_n & 0 & \cdots & 0 \\ 0 & 0 & I_n & \cdots & 0 \\ \vdots & \vdots & \vdots & \ddots & \vdots \\ 0 & 0 & 0 & \cdots & I_n \end{bmatrix} \begin{bmatrix} \beta'X_t \\ \Delta X_{t-1} \\ \Delta X_{t-2} \\ \vdots \\ \Delta X_{t-k+1} \end{bmatrix} + \begin{bmatrix} \alpha\rho_j't + \mu_j + \varepsilon_t \\ 0 \\ 0 \\ \vdots \\ 0 \end{bmatrix}$$

$$\begin{bmatrix} \beta'X_{t-1} \\ \Delta X_{t-1} \\ \Delta X_{t-2} \\ \vdots \\ \Delta X_{t-k+1} \end{bmatrix} = \begin{bmatrix} \beta' & 0 & 0 & \cdots & 0 \\ I_n & -I_n & 0 & \cdots & 0 \\ 0 & I_n & -I_n & \cdots & 0 \\ \vdots & \vdots & \vdots & \ddots & \vdots \\ 0 & 0 & 0 & \cdots & -I_n \end{bmatrix} \begin{bmatrix} X_{t-1} \\ X_{t-2} \\ X_{t-3} \\ \vdots \\ X_{t-k} \end{bmatrix}$$

上面这两个式子分别可以简写为: $\Delta\mathbb{X}_t = AB'\mathbb{X}_{t-1} + e_t$, $\mathbb{X}_{\beta,t} = B'\mathbb{X}_t$。

这样我们就可以得到:

$$\mathbb{X}_t = (I + AB')\mathbb{X}_{t-1} + e_t = \sum_{i=0}^{t-(T_{j-1}+k+1)}(I + AB')^i e_{t-i} + (I + AB')^{t-(T_{j-1}+k)}\mathbb{X}_{T_{j-1}+k} \tag{A5.2}$$

根据恒等式 $B_\perp(A_\perp'B_\perp)^{-1}A_\perp' + A(B'A)^{-1}B' = I$,我们可以得到:

$$\mathbb{X}_t = (B_\perp(A_\perp'B_\perp)^{-1}A_\perp')\sum_{i=0}^{t-(T_{j-1}+k+1)}e_{t-i} + (B_\perp(A_\perp'B_\perp)^{-1}A_\perp')\mathbb{X}_{T_{j-1}+k}$$
$$+ A(B'A)^{-1}\mathbb{X}_{\beta,t}$$

根据正交补矩阵的定义，容易得到 $A'_\perp = (\alpha'_\perp \quad -\alpha'_\perp \Gamma_1 \quad -\alpha'_\perp \Gamma_2 \quad \cdots \quad -\alpha'_\perp \Gamma_{k-1})$，$B'_\perp = (\beta'_\perp \quad \beta'_\perp \quad \beta'_\perp \quad \cdots \quad \beta'_\perp)$，记 $\Psi = (\Gamma_1 \quad \Gamma_2 \quad \cdots \quad \Gamma_{k-1})$，可以得到：

$$X_t = C \sum_{i=T_{j-1}+k+1}^{t} \varepsilon_i + C\mu_j(t - T_{j-1} - k) + C(I - \Psi)\mathbb{X}_{T_{j-1}+k} + (\alpha \quad \Psi)(B'A)^{-1}\mathbb{X}_{\beta,t}$$

另一方面，我们有 $\mathbb{X}_{\beta,t} = \sum_{i=0}^{t-(T_{j-1}+k+1)} (I_n + B'A)^i B' e_{t-i} + (I_n + B'A)^{t-(T_{j-1}+k)} \mathbb{X}_{\beta,T_{j-1}+k}$，因此 $(\alpha \quad \Psi)(B'A)^{-1}\mathbb{X}_{\beta,t}$ 含有的时间趋势项为：

$$-\{(\alpha \quad \Psi)(B'A)^{-1}(B'A)^{-1}B'\alpha\rho'_j\}t$$

经过标准的运算可以得到：

$$X_t = C \sum_{i=T_{j-1}+k+1}^{t} \varepsilon_i + (C\mu_j + (C(I_n - \sum_{i=1}^{k-1} \Gamma_i) - I)\bar{\beta}\rho_j)t + O_p(1)$$

我们记 $\tau_j = C\mu_j + (C(I_n - \sum_{i=1}^{k-1} \Gamma_i) - I)\bar{\beta}\rho_j$，$\tau = (\tau_1 \quad \tau_2 \quad \cdots \quad \tau_q)$，有：

$$X_t = C \sum_{i=T_{j-1}+k+1}^{t} \varepsilon_i + \tau t E_t + O_p(1) \quad (A5.3)$$

其中：$j = 1, 2, \cdots, q$，$T_{j-1} + k < t < T_j$。

定理5.1 的证明

定义：$B'_T = \begin{bmatrix} (\alpha'_\perp \bar{\Sigma} \alpha_\perp)^{-1/2} \alpha'_\perp (I - \sum_{i=1}^{k-1} \Gamma_i)\bar{\beta}_\perp \beta'_\perp & 0 \\ 0 & T^{-1/2} \end{bmatrix}$，我们可以得到：

$$T^{-1/2} B'_T R_{1,\lfloor Tu \rfloor} \xrightarrow{W} F(u)$$

我们定义 $\Omega_{\beta\beta} := \plim_{T \to \infty} T^{-1} \sum_{t=1}^{T} \beta^{*'} Z_{1t} Z'_{1t} \beta^*$，$\Omega_{\beta i} := \plim_{T \to \infty} T^{-1} \sum_{t=1}^{T} \beta^{*'} Z_{1t} Z'_{it}$，其中 $i = 0, 2$，$\Omega_{ij} = \plim_{T \to \infty} T^{-1} \sum_{t=1}^{T} Z_{it} Z'_{jt}$，其中 $i, j = 0, 2$，根据卡瓦列雷等（Cavalierea et al., 2010）引理 A.1，$\Omega_{\beta\beta}$，$\Omega_{\beta i}$ 和 Ω_{ij} 都可以表示成指数衰减型系数的无穷和形式。所以我们容易得到：$S_{00} \xrightarrow{p} \bar{\Sigma}_{00} := \Omega_{00} - \Omega_{02}\Omega_{22}^{-1}\Omega_{20}$，$\beta^{*'}S_{10} \xrightarrow{p} \bar{\Sigma}_{\beta 0} := \Omega_{\beta 0} - \Omega_{\beta 2}\Omega_{22}^{-1}\Omega_{20}$，$\beta^{*'}S_{11}\beta^* \xrightarrow{p} \bar{\Sigma}_{\beta\beta} := \Omega_{\beta\beta} - \Omega_{\beta 2}\Omega_{22}^{-1}\Omega_{2\beta}$。

如前所述，进行协整检验的关键是求解如下的特征值问题 $|\lambda S_{11} - S_{10}S_{00}^{-1}S_{01}| = 0$，因此我们可以定义 $S(\lambda) := \lambda S_{11} - S_{10}S_{00}^{-1}S_{01}$。

所以我们可以得到：

$$\left| (\beta^{*\prime} \quad T^{-1/2}B_T') S(\lambda) \begin{pmatrix} \beta^* \\ T^{-1/2}B_T \end{pmatrix} \right|$$

$$\xrightarrow{W} \left| \lambda \begin{pmatrix} \bar{\Sigma}_{\beta\beta} & 0 \\ 0 & \int_0^1 F(u)F(u)'du \end{pmatrix} - \begin{pmatrix} \bar{\Sigma}_{\beta 0}\bar{\Sigma}_{00}^{-1}\bar{\Sigma}_{0\beta} & 0 \\ 0 & 0 \end{pmatrix} \right|$$

$$= \left| \lambda\bar{\Sigma}_{\beta\beta} - \bar{\Sigma}_{\beta 0}\bar{\Sigma}_{00}^{-1}\bar{\Sigma}_{0\beta} \right| \left| \lambda\int_0^1 F(u)F(u)'du \right|$$

这就说明，式（5.20）中 r 个非零的特征根收敛于上式的解。

另一方面，我们考虑：

$$\left| (\beta^{*\prime} \quad B_T') S(\lambda) \begin{pmatrix} \beta^* \\ B_T \end{pmatrix} \right| = \begin{vmatrix} \beta^{*\prime}S(\lambda)\beta^* & \beta^{*\prime}S(\lambda)B_T \\ B_T'S(\lambda)\beta^* & B_T'S(\lambda)B_T \end{vmatrix}$$

$$= \left| \beta^{*\prime}S(\lambda)\beta^* \right| \left| B_T'S(\lambda)B_T - B_T'S(\lambda)\beta^*(\beta^{*\prime}S(\lambda)\beta^*)^{-1}\beta^{*\prime}S(\lambda)B_T \right|$$

式（5.20）中最小的 n + 1 − r 个特征根以速度 T 收敛于零，可以定义 $\rho = T\lambda$，容易得到：

$$\beta^{*\prime}S(\lambda)\beta^* = \rho T^{-1}\beta^{*\prime}S_{11}\beta^* - \beta^{*\prime}S_{10}S_{00}^{-1}S_{01}\beta^* \xrightarrow{P} -\bar{\Sigma}_{\beta 0}\bar{\Sigma}_{00}^{-1}\bar{\Sigma}_{0\beta}$$

$$B_T'S(\lambda)\beta^* = \rho T^{-1}B_T'S_{11}\beta^* - B_T'S_{10}S_{00}^{-1}S_{01}\beta^* \xrightarrow{P} -B_T'S_{10}\bar{\Sigma}_{00}^{-1}\bar{\Sigma}_{0\beta}$$

由此我们可以得到：

$$B_T'S(\lambda)B_T - B_T'S(\lambda)\beta^*(\beta^{*\prime}S(\lambda)\beta^*)^{-1}\beta^{*\prime}S(\lambda)B_T$$

$$= \rho T^{-1}B_T'S_{11}B_T - B_T'S_{10}(\bar{\Sigma}_{00}^{-1} - \bar{\Sigma}_{00}^{-1}\bar{\Sigma}_{0\beta}(\bar{\Sigma}_{\beta 0}\bar{\Sigma}_{00}^{-1}\bar{\Sigma}_{0\beta})^{-1}\bar{\Sigma}_{\beta 0}\bar{\Sigma}_{00}^{-1})S_{01}B_T$$

$$= \rho T^{-1}B_T'S_{11}B_T - B_T'S_{10}(\bar{\Sigma}_{00}^{-1} - \bar{\Sigma}_{00}^{-1}\alpha(\alpha'\bar{\Sigma}_{00}^{-1}\alpha)^{-1}\alpha'\bar{\Sigma}_{00}^{-1})S_{01}B_T$$

根据恒等式：$\bar{\Sigma}_{00}^{-1}\alpha(\alpha'\bar{\Sigma}_{00}^{-1}\alpha)^{-1}\alpha' + \alpha_\perp(\alpha_\perp'\bar{\Sigma}_{00}\alpha_\perp)^{-1}\alpha_\perp'\bar{\Sigma}_{00} = I$，容易得到：

$$B_T'S(\lambda)B_T - B_T'S(\lambda)\beta^*(\beta^{*\prime}S(\lambda)\beta^*)^{-1}\beta^{*\prime}S(\lambda)B_T$$

$$= \rho T^{-1}B_T'S_{11}B_T - B_T'S_{10}\alpha_\perp(\alpha_\perp'\bar{\Sigma}_{00}\alpha_\perp)^{-1}\alpha_\perp'S_{01}B_T$$

由此可以说明式（5.20）中最小的 n + 1 − r 个特征根收敛于：

$$\left| \rho\int_0^1 F(u)F(u)'du - \int_0^1 F(u)(dM(u))'\alpha_\perp(\alpha_\perp'\bar{\Sigma}_{00}\alpha_\perp)^{-1}\alpha_\perp'\int_0^1 (dM(u))F(u)' \right| = 0$$

根据 $\tilde{M}(u) := (\alpha_\perp'\bar{\Sigma}\alpha_\perp)^{-1/2}\alpha_\perp'M(u)$，我们可以得到：

$$Q_r \xrightarrow{W} tr\left\{\int_0^1 (d\tilde{M}(u))F(u)'\left(\int_0^1 F(u)F(u)'du\right)^{-1}\int_0^1 F(u)(d\tilde{M}(u))'\right\}$$

定理 5.2 的证明

我们假设对于真实的数据生成过程式 (5.5), 真实的协整秩为 r_0。而我们要检验的原假设是协整秩为 r, 假设 $r \leq r_0$。我们首先研究在原假设条件下参数估计的性质。

我们假设数据生成过程式 (5.5) 中 VECM 模型真实的参数取值分别为: α_0, β_0, ρ_0, $\theta_0 := (\Gamma_{1,0}, \Gamma_{2,0}, \cdots, \Gamma_{k-1,0}, \mu_0)$, $\kappa_{j,i,0}$, 我们记 $\beta^{\#} = (\beta' \quad \rho')'$, $X_{t-1}^{\#} = (X_{t-1}' \quad E_t' t)'$, $C_0 = \beta_{0\perp}(\alpha_{0\perp}'(I_n - \sum_{i=1}^{k-1}\Gamma_{i,0})\beta_{0\perp})^{-1}\alpha_{0\perp}'$, $\tau_0 = (\tau_{1,0} \quad \tau_{2,0} \quad \cdots \quad \tau_{q,0})$, $\gamma_0^{\#} = (\beta_{0\perp}' \quad -\beta_{0\perp}'\tau_0)'\tau_{j,0} = C_0\mu_{j,0} + (C_0(I_n - \sum_{i=1}^{k-1}\Gamma_{i,0}) - I)\bar{\beta}_0\rho_{j,0}$, $\xi_0^{\#} = (0 \quad 1)'$。基于上述的定义,我们可以得到一组在 $n + q$ 维空间的非正交基向量为: $(\beta_0^{\#}, \gamma_0^{\#}, \xi_0^{\#})$。由此我们可以得到:

$$\hat{\beta}^{\#} = \beta_0^{\#} b + \gamma_0^{\#} b_\gamma + \xi_0^{\#} b_\xi$$

其中 b, b_γ 和 b_ξ 分别代表在 $\beta_0^{\#}$, $\gamma_0^{\#}$ 和 $\xi_0^{\#}$ 所张成空间的映射,容易得到:

$$T^{-1/2}\begin{bmatrix} \beta_{0\perp}' & -\beta_{0\perp}'\tau_0 \\ 0 & T^{-1/2} \end{bmatrix}\begin{bmatrix} X_{t-1} \\ tE_t \end{bmatrix} | \Delta X_{t-1}, \Delta X_{t-2}, \cdots, \Delta X_{t-k+1}, E_t, D_{j,t-i}]$$

$$\xrightarrow{W} \begin{pmatrix} \beta_{0\perp}'C_0 M(u) \\ ue_u \end{pmatrix} | e_u = :F_1(u)$$

所以我们可以得到:

$$\begin{bmatrix} \beta_0^{\#\prime} \\ T^{-1/2}\gamma_0^{\#\prime} \\ T^{-1}\xi_0^{\#\prime} \end{bmatrix} S(\lambda) [\beta_0^{\#} \quad T^{-1/2}\gamma_0^{\#} \quad T^{-1}\xi_0^{\#}] \xrightarrow{W}$$

$$|\lambda\bar{\Sigma}_{\beta_0\beta_0} - \bar{\Sigma}_{\beta_0 0}\bar{\Sigma}_{00}^{-1}\bar{\Sigma}_{0\beta_0}| \quad |\lambda\int_0^1 F_1(u)F_1(u)'du|$$

上式所对应的特征根为: $[\beta_0^{\#} \quad T^{-1/2}\gamma_0^{\#} \quad T^{-1}\xi_0^{\#}]^{-1}\hat{\beta}^{\#} = \begin{bmatrix} b \\ T^{1/2}b_\gamma \\ Tb_\xi \end{bmatrix}$。

由于 VECM 模型式 (5.5) 真实的协整秩为 r_0, 因此上式有 r_0 个特征根大于零，而其余的 $(n+q-r_0)$ 个特征根等于零。这样我们就可以得到：$b = O_p(1)$，$b_\gamma = o_p(T^{-1/2})$，$b_\xi = o_p(T^{-1})$。所以 $\hat{\beta}^\#$ 在 $\beta_0^\#$ 所张成的空间。如果进行标准化处理使得：$\bar{\Sigma}_{\beta_0\beta_0} = I$，我们有 $\hat{\beta}^\# \xrightarrow{p} \beta_0^\#$。记 $K_n^{(r)} := (I_r, 0_{r\times(n-r)})'$，$K_{r_0}^{(r)} := (I_r, 0_{r\times(r_0-r)})'$，$\beta_0^{\#(r)} := \beta_0^\# K_{r_0}^{(r)}$，那么根据特征向量和特征值的连续性，我们有：

$$\hat{\beta}^{\#(r)} \xrightarrow{p} \beta_0^{\#(r)}$$

容易得到：

$$\hat{\alpha}^{(r)} = S_{01}\hat{\beta}^{\#(r)} \xrightarrow{p} \bar{\Sigma}_{0\beta_0^*} K_{r_0}^{(r)} = \alpha_0 K_{r_0}^{(r)} := \alpha_0^{(r)}$$

记：$Z_{0t}^\# = \Delta X_t$，$Z_{1t}^\# = (X_{t-1}', E_t't)'$，$Z_{2t}^\# = (\Delta X_{t-1}', \Delta X_{t-2}', \cdots, \Delta X_{t-k+1}', E_t')'$，$M_{02}^\# = (T-qk)^{-1}\sum_{j=1}^{q}\sum_{t=T_{j-1}+k+1}^{T_j} Z_{0t}^\# Z_{2t}^{\#\prime}$，$M_{12}^\# = (T-qk)^{-1}\sum_{j=1}^{q}\sum_{t=T_{j-1}+k+1}^{T_j} Z_{1t}^\# Z_{2t}^{\#\prime}$，$M_{22}^\# = (T-qk)^{-1}\sum_{j=1}^{q}\sum_{t=T_{j-1}+k+1}^{T_j} Z_{2t}^\# Z_{2t}^{\#\prime}$，$Y_{02} = \text{Cov}(Z_{0t}^\#, Z_{2t}^\#)$，$Y_{\beta_0^*2} = \text{Cov}(\beta_0^\# Z_{1t}^\#, Z_{2t}^\#)$，$Y_{22} = \text{Var}(Z_{2t}^\#)$，我们可以得到：

$$\hat{\theta}^{(r)} = (M_{02}^\# - \hat{\alpha}^{(r)}\hat{\beta}^{\#(r)\prime}M_{12}^\#)(M_{22}^\#)^{-1} \xrightarrow{p} \theta_0^{(r)} := (Y_{02} - \alpha_0 K_{r_0}^{(r)} K_{r_0}^{(r)\prime} Y_{\beta_0^*2}) Y_{22}^{-1}$$

记：$K_{r_0,\perp}^{(r)} = (0, I_{r_0-r})'$，我们有恒等式 $I = K_{r_0,\perp}^{(r)} K_{r_0,\perp}^{(r)\prime} + K_{r_0}^{(r)} K_{r_0}^{(r)\prime}$，我们可以得到：

$$\theta_0^{(r)} = (Y_{02} - \alpha_0 Y_{\beta_0^*2}) Y_{22}^{-1} + \alpha_0 K_{r_0,\perp}^{(r)} K_{r_0,\perp}^{(r)\prime} Y_{\beta_0^*2} Y_{22}^{-1} = \theta_0 + \alpha_0 K_{r_0,\perp}^{(r)} K_{r_0,\perp}^{(r)\prime} Y_{\beta_0^*2} Y_{22}^{-1}$$

以下我们开始重点推导 Wild Bootstrap 数据的格兰杰表述定理。

根据与引理 5.1 相似的推导过程，我们可以得到：

$$X_{r,t}^B = \hat{C}^{(r)} \sum_{i=T_{j-1}+k+1}^{t} \hat{\varepsilon}_{r,i}^B + (\hat{C}^{(r)}\hat{\mu}_j^{(r)}) + (\hat{C}^{(r)}(I_n - \sum_{i=1}^{k-1}\hat{\Gamma}_i^{(r)}) - I)\bar{\beta}^{(r)}\hat{\rho}_j^{(r)})t + S_{r,t}T^{-1/2}$$

其中 $j = 1, 2, \cdots, q$，$T_{j-1} + k < t < T_j$，$\hat{C}^{(r)} = \hat{\beta}_\perp^{(r)}(\alpha_\perp^{(r)\prime}(I_n - \sum_{i=1}^{k-1}\hat{\Gamma}_i^{(r)})\beta_\perp^{(r)})^{-1}\alpha_\perp^{(r)\prime}$，$S_{r,t} = S_{r,t}^1 + S_{r,t}^2 + S_{r,t}^3$，$S_{r,t}^1 = (\hat{\alpha}^{(r)} \quad \hat{\Psi}^{(r)})(\hat{B}'\hat{A})^{-1}\sum_{i=T_{j-1}+k}^{t-1}\hat{\Phi}^i(T^{-1/2}\hat{B}'(\hat{\mu}_j^{(r)\prime} + \hat{\varepsilon}_{r,t-i}^{B\prime}, 0, \cdots, 0)')$，$S_{r,t}^2 = (\hat{\alpha}^{(r)} \quad \hat{\Psi}^{(r)})(\hat{B}'\hat{A})^{-1}\sum_{i=T_{j-1}+k}^{t-2}\hat{\Phi}_i^*(T^{-1/2}\hat{B}'(\hat{\rho}^{(r)}\hat{\alpha}^{(r)\prime}, 0, \cdots, 0)')$，$\hat{\Phi} = (I + \hat{B}'\hat{A})$，$\hat{\Phi}_t(z) = \hat{\Phi}_t(1) + \hat{\Phi}_t^*(z)(1-z)$，$S_{r,t}^3 = T^{-1/2}[\hat{C}^{(r)}(I, -\hat{\Psi}^{(r)}) + (\hat{\alpha}^{(r)} \quad \hat{\Psi}^{(r)})(\hat{B}'\hat{A})^{-1}\hat{\Phi}^t\hat{B}']\mathbb{X}_{T_{j-1}+k}$。

我们现在证明对任意的 $\eta > 0$，有 $P^*(\max_{t=1,2,\cdots,T}\|S_{r,t}\| > \eta) \xrightarrow{p} 0$。由于 $\hat{\Phi}$

和 $\hat{\Phi}_i^*$ 最大特征值的模小于 1，而且初始值固定，我们容易得到 $P^*(\max_{t=1,2,\cdots,T}\|S_{r,t}^2\|>\eta)\xrightarrow{p}0$ 和 $P^*(\max_{t=1,2,\cdots,T}\|S_{r,t}^3\|>\eta)\xrightarrow{p}0$ 成立。只需要证明 $P^*(\max_{t=1,2,\cdots,T}\|S_{r,t}^1\|>\eta)\xrightarrow{p}0$，因此现在只需要证明 $P^*(T^{-1/2}\max_{t=1,2,\cdots,T}\|\hat{\varepsilon}_{r,t}^B\|>\eta)\xrightarrow{p}0$。

记：$\bar{\varepsilon}_r = T^{-1}\sum_{t=1}^T \hat{\varepsilon}_{r,t}$，根据 Wild Bootstrap 协整检验的原理，我们可以得到：

$$E^*(\hat{\varepsilon}_{r,t}^{B\prime}\hat{\varepsilon}_{r,t}^B)^2 = [(\hat{\varepsilon}_{r,t}-\bar{\varepsilon}_r)'(\hat{\varepsilon}_{r,t}-\bar{\varepsilon}_r)]^2 = (\hat{\varepsilon}_{r,t}'\hat{\varepsilon}_{r,t}-\bar{\varepsilon}_r'\bar{\varepsilon}_r)^2$$

根据柯西不等式，我们可以得到：

$$P^*(T^{-1/2}\max_{t=1,2,\cdots,T}\|\hat{\varepsilon}_{r,t}^B\|>\eta) \leq \frac{1}{\eta^4 T^2}\sum_{t=1}^T E^*(\hat{\varepsilon}_{r,t}^{B\prime}\hat{\varepsilon}_{r,t}^B)^2$$

$$= \frac{1}{\eta^4 T^2}\sum_{t=1}^T (\hat{\varepsilon}_{r,t}'\hat{\varepsilon}_{r,t}-\bar{\varepsilon}_r'\bar{\varepsilon}_r)^2$$

由此我们只需要证明 $T^{-1}\sum_{t=1}^T (\hat{\varepsilon}_{r,t}'\hat{\varepsilon}_{r,t})^2 = O_p(1)$。

我们可以得到如下的一些关系式：

$$\Delta X_t = \alpha_0 \beta_0^{\#\prime} Z_{1t}^\# + \theta_0 Z_{2t}^\# + \sum_{i=1}^k \sum_{j=2}^q \kappa_{j,i,0} D_{j,t-i} + \varepsilon_t$$

其中：$\kappa_{j,i,0} = \Delta X_{T_{j-1}+i} - \alpha_0 \beta_0^{\#\prime} Z_{1,T_{j-1}+i}^\# - \theta_0 Z_{2,T_{j-1}+i}^\#$

$$\Delta X_t = \alpha_0^{(r)} \beta_0^{(r)\#\prime} Z_{1t}^\# + \theta_0^{(r)} Z_{2t}^\# + \sum_{i=1}^k \sum_{j=2}^q \kappa_{j,i,0}^{(r)} D_{j,t-i} + \varepsilon_{r,t}$$

其中：$\kappa_{j,i,0}^{(r)} = \Delta X_{T_{j-1}+i} - \alpha_0^{(r)} \beta_0^{(r)\#\prime} Z_{1,T_{j-1}+i}^\# - \theta_0^{(r)} Z_{2,T_{j-1}+i}^\#$

$$\Delta X_t = \hat{\alpha}^{(r)} \hat{\beta}^{\#(r)\prime} Z_{1t}^\# + \hat{\theta}^{(r)} Z_{2t}^\# + \sum_{i=1}^k \sum_{j=2}^q \hat{\kappa}_{j,i}^{(r)} D_{j,t-i} + \hat{\varepsilon}_{r,t}$$

其中：$\hat{\kappa}_{j,i}^{(r)} = \Delta X_{T_{j-1}+i} - \hat{\alpha}^{(r)} \hat{\beta}^{\#(r)\prime} Z_{1,T_{j-1}+i}^\# - \hat{\theta}^{(r)} Z_{2,T_{j-1}+i}^\#$

我们可以得到：

$$\varepsilon_{r,t} = \Delta X_t - \alpha_0^{(r)} \beta_0^{(r)\#\prime} Z_{1t}^\# - \theta_0^{(r)} Z_{2t}^\# - \sum_{i=1}^k \sum_{j=2}^q \kappa_{j,i,0}^{(r)} D_{j,t-i}$$

$$= \varepsilon_t + \alpha_0 K_{r_0,\perp} K_{r_0,\perp}' \beta_0^{\#\prime} Z_{1t}^\# - \alpha_0 K_{r_0,\perp} K_{r_0,\perp}' Y_{\beta_0^*} Y_{22}^{-1} Z_{2t}^\#$$

$$- \sum_{i=1}^k \sum_{j=2}^q (\kappa_{j,i,0}^{(r)} - \kappa_{j,i,0}) D_{j,t-i}$$

容易得到：

$$T^{-1}\sum_{t=1}^T (\varepsilon_{r,t}'\varepsilon_{r,t})^2 = O_p(1)$$

基于上述，我们可以得到：

$$\hat{\varepsilon}_{r,t} = \Delta X_t - \hat{\alpha}^{(r)}\hat{\beta}^{\#(r)}{'}Z_{1t}^{\#} - \hat{\theta}^{(r)}Z_{2t}^{\#} - \sum_{i=1}^{k}\sum_{j=2}^{q}\hat{\kappa}_{j,i}^{(r)}D_{j,t-i}$$

$$= \varepsilon_t - (\hat{\alpha}^{(r)}\hat{\beta}^{\#(r)}{'} - \alpha_0\beta_0^{\#'})Z_{1t}^{\#} - (\hat{\theta}^{(r)} - \theta_0)Z_{2t}^{\#}$$

$$- \sum_{i=1}^{k}\sum_{j=2}^{q}(\hat{\kappa}_{j,i}^{(r)} - \kappa_{j,i,0})D_{j,t-i}$$

通过简单的运算，可以得到：

$$\hat{\alpha}^{(r)}\hat{\beta}^{\#(r)}{'} - \alpha_0\beta_0^{\#'} = \hat{\alpha}K_{r_0}^{(r)}K_{r_0}^{(r)}{'}\hat{\beta}^{\#'} - \alpha_0\beta_0^{\#'}$$

$$= \hat{\alpha}K_{r_0}^{(r)}K_{r_0}^{(r)}{'}\hat{\beta}^{\#'} - \alpha_0K_{r_0}^{(r)}K_{r_0}^{(r)}{'}\beta_0^{\#'} - \alpha_0K_{r_0,\perp}^{(r)}K_{r_0,\perp}^{(r)}{'}\beta_0^{\#'}$$

$$= (\hat{\alpha} - \alpha_0)K_{r_0}^{(r)}K_{r_0}^{(r)}{'}\beta_0^{\#'} + \hat{\alpha}K_{r_0}^{(r)}K_{r_0}^{(r)}{'}(\hat{\beta}^{\#} - \beta_0^{\#}){'}$$

$$- \alpha_0K_{r_0,\perp}^{(r)}K_{r_0,\perp}^{(r)}{'}\beta_0^{\#'}$$

$$\hat{\theta}^{(r)} - \theta_0 = (M_{02}^{\#} - \hat{\alpha}^{(r)}\hat{\beta}^{\#(r)}{'}M_{12}^{\#})(M_{22}^{\#})^{-1} - (Y_{02} - \alpha_0 Y_{\beta_0^{\#2}})Y_{22}^{-1}$$

$$= (M_{02}^{\#}(M_{22}^{\#})^{-1} - Y_{02}Y_{22}^{-1}) - (\hat{\alpha}^{(r)}\hat{\beta}^{\#(r)}{'} - \alpha_0\beta_0^{\#'})M_{12}^{\#}(M_{22}^{\#})^{-1}$$

$$- \alpha_0(\beta_0^{\#'}M_{12}^{\#}(M_{22}^{\#})^{-1} - Y_{\beta_0^{\#2}}Y_{22}^{-1})$$

这样我们可以得到：

$$\hat{\varepsilon}_{r,t} = \varepsilon_{r,t} + \nu_{r,t}$$

其中：

$$\nu_{r,t} = -((\hat{\alpha} - \alpha_0)K_{r_0}^{(r)}K_{r_0}^{(r)}{'}\beta_0^{\#'} + \hat{\alpha}K_{r_0}^{(r)}K_{r_0}^{(r)}{'}(\hat{\beta}^{\#} - \beta_0^{\#}){'})(Z_{1t}^{\#} - M_{12}^{\#}(M_{22}^{\#})^{-1}Z_{2t}^{\#})$$

$$+ (\alpha_0(\beta_0^{\#'}M_{12}^{\#}(M_{22}^{\#})^{-1} - Y_{\beta_0^{\#2}}Y_{22}^{-1}) - (M_{02}^{\#}(M_{22}^{\#})^{-1} - Y_{02}Y_{22}^{-1}))Z_{2t}^{\#}$$

因此我们有：

$$T^{-1}\sum_{t=1}^{T}(\hat{\varepsilon}_{r,t}'\hat{\varepsilon}_{r,t})^2 = T^{-1}\sum_{t=1}^{T}(\varepsilon_{r,t}'\varepsilon_{r,t})^2 + o_p(1)$$

容易得到：

$$T^{-1}\sum_{t=1}^{T}(\hat{\varepsilon}_{r,t}'\hat{\varepsilon}_{r,t})^2 = O_p(1)$$

所以我们可以得到：

$$P^*(\max_{t=1,2,\cdots,T}\|S_{r,t}\| > \eta) \xrightarrow{p} 0$$

记：$Q_T^B = \begin{pmatrix} I & (\sum_{t=1}^{T}X_{t-1}^{B}E_t't)(\sum_{t=1}^{T}tE_tE_t't)^{-1} \\ 0 & I \end{pmatrix}$，我们有：

$$\begin{pmatrix}\hat{\beta}^{(r)}\\\hat{\rho}^{(r)}\end{pmatrix}'\begin{pmatrix}X^B_{r,t-1}\\tE_t\end{pmatrix}=\left(Q^B_T\begin{pmatrix}\hat{\beta}^{(r)}\\\hat{\rho}^{(r)}\end{pmatrix}\right)'\begin{pmatrix}X^B_{r,t-1}\mid tE_t\mid\\tE_t\end{pmatrix}$$

记：$Z^B_{r,1t} = \begin{pmatrix}X^B_{r,t-1}\mid tE_t\mid\\tE_t\end{pmatrix}$，$\hat{\beta}^{(r)*} = Q^{B\prime}_T\begin{pmatrix}\hat{\beta}^{(r)}\\\hat{\rho}^{(r)}\end{pmatrix}$，$Z^B_{r,2t} = (E'_t, \Delta X^{B\prime}_{r,t-1}, \Delta X^{B\prime}_{r,t-2},$ $\cdots, \Delta X^{B\prime}_{r,t-k+1})'$ $Z^B_{r,0t} = \Delta X^B_{r,t}$, $\hat{\Gamma}^{(r)} = (\hat{\mu}^{(r)}, \hat{\Gamma}^{(r)}_1, \hat{\Gamma}^{(r)}_2, \cdots, \hat{\Gamma}^{(r)}_{k-1})$, $\hat{\kappa}^{(r)} = (\hat{\kappa}^{(r)}_{2,1}, \hat{\kappa}^{(r)}_{2,2},$ $\cdots, \hat{\kappa}^{(r)}_{2,k}, \hat{\kappa}^{(r)}_{3,1}, \cdots, \hat{\kappa}^{(r)}_{q,k})$, $D_t = (D'_{2,t-1}, D'_{2,t-2}, \cdots, D'_{2,t-k}, D'_{3,t-1}, \cdots, D'_{q,t-k})'$，根据 Wild Bootstrap 协整检验的原理，我们可以得到：

$$Z^B_{r,0t} = \hat{\alpha}^{(r)}\hat{\beta}^{(r)*\prime}Z^B_{r,1t} + \hat{\Gamma}^{(r)}Z^B_{r,2t} + \hat{\kappa}^{(r)}D_t + \varepsilon^B_{r,t}$$

记：$M^B_{r,02} = (T-qk)^{-1}\sum_{j=1}^{q}\sum_{t=T_{j-1}+k+1}^{T_j}Z^B_{r,0t}Z^{B\prime}_{r,2t}$，$R^B_{r,0t} = Z^B_{r,0t} - M^B_{r,02}(M^B_{r,22})^{-1}Z^B_{r,2t}$，$M^B_{r,12} = (T-qk)^{-1}\sum_{j=1}^{q}\sum_{t=T_{j-1}+k+1}^{T_j}Z^B_{r,1t}Z^{B\prime}_{r,2t}$，$M^B_{r,22} = (T-qk)^{-1}\sum_{j=1}^{q}\sum_{t=T_{j-1}+k+1}^{T_j}Z^B_{r,2t}Z^{B\prime}_{r,2t}$，$R^B_{r,1t} = Z^B_{r,1t} - M^B_{r,12}(M^B_{r,22})^{-1}Z^B_{r,2t}$，$S^B_{r,ij} = (T-qk)^{-1}\sum_{j=2}^{q}\sum_{t=T_{j-1}+k+1}^{T_j}R^B_{r,it}R^{B\prime}_{r,jt}$，定义如下的特征根方程：

$$\mid \lambda S^B_{r,11} - S^B_{r,10}(S^B_{r,00})^{-1}S^B_{r,01}\mid = 0$$

对上式的特征根进行排序 $\hat{\lambda}^B_1 > \hat{\lambda}^B_2 > \cdots > \hat{\lambda}^B_n > \hat{\lambda}^B_{n+1} = \hat{\lambda}^B_{n+2} = \cdots = \hat{\lambda}^B_{n+q} = 0$，那么计算得到的 Wild Bootstrap 协整检验统计量为：

$$Q^B_r = -T\sum_{i=r+1}^{n}\ln(1-\hat{\lambda}^B_i)$$

参考卡瓦列雷等（Cavalierea et al., 2010），我们可以证明：对于任意的 $\eta > 0$，我们有：

$$P^*(\parallel S^B_{r,00} - \bar{\Sigma}_{r,00}\parallel > \eta) \to 0$$
$$P^*(\parallel S^B_{r,01}\hat{\beta}^{(r)*} - \bar{\Sigma}_{r,0\beta^{(r)}_0}\parallel > \eta) \to 0$$
$$P^*(\parallel \hat{\beta}^{(r)*\prime}S^B_{r,11}\hat{\beta}^{(r)*} - \bar{\Sigma}_{r,\beta^{(r)}_0\beta^{(r)}_0}\parallel > \eta) \to 0$$

参考卡瓦列雷等（Cavalierea et al., 2010），我们可以证明：

$$Q^B_r \xrightarrow{w}_p tr\left\{\int_0^1(d\tilde{M}(u))F(u)'\left(\int_0^1 F(u)F(u)'du\right)^{-1}\int_0^1 F(u)(d\tilde{M}(u))'\right\}$$

第六章
结论与展望

第一节 主 要 结 论

无论从主流的教科书还是国际文献都可以看出,单位根和协整理论,一直是宏观计量经济理论和应用研究的主要领域。本文实质性地扩展了关于单位根和协整的前沿理论研究,形成重要的计量理论创新。本文的理论工作既是对目前世界前沿计量方法研究的重要扩展,也有很重要的实证应用价值。本文计量方法论研究和应用研究的主要结论概述如下。

(1) 我们提出了一个新的非对称和时变方差的 AESTAR 单位根检验,我们将传统的 AESTAR 单位根检验同方差假设扩展到时变方差的假设,从而可以允许方差存在一个或者多个结构变化,结构变化的个数、形式和时点都假设为未知的。我们推导了在时变方差条件下的 AESTAR 单位根检验统计量 F 的渐近分布。我们基于方差的结构变化而提出新的 Wild Bootstrap AESTAR 单位根检验 F^B,其渐近分布收敛于 AESTAR 单位根检验统计量 F 的渐近分布。我们通过一系列蒙特卡罗模拟实验评估传统 AESTAR(F^C) 和 Wild Bootstrap AESTAR(F^B) 单位根检验的有限样本性质。对于方差存在 1 个或 2 个结构变化点的情形,F^C 检验存在相当严重的尺度扭曲。对于方差存在 1 个结构变化点的情形(方差从 1 结构变化为 1/4),当 T = 200 时,F^C 检验的实际尺度为 28.9%,而相应的 F^B 检验的实际尺度为 6.8%,明显修正了 F^C 检验的尺度扭曲。进一步来说,我们还将上述方差具有结构变化的 AESTAR 检验推广到误差的方差具有结构变化并且具有序列自相关的情形。传统的 AESTAR 检验(Sollis, 2009)通过在检验式中加入变量的差分滞后项处理自相关。我们参考菲利普斯(Phillips, 1987)和菲利普斯和佩龙(Phillips & Perron, 1988)的研究,基于非参调整的方法,提出一个新的序列相关稳健的 AESTAR 单位根检验 F_A。我们从理论上证明了 F_A 的渐近分布与误差没有自相关时 F 的渐近分布完全一样,这就意味着,基于固定方差假设下渐近分布临界值的序列相关稳健的 AESTAR 单位根检验 F_A^C,适用于误差只存在自相关而不存在时变方差的情形。在时变方差的条件下,检验 F_A 的渐近分布仍然取决于未知的方差形式，所以我们依然运用 Wild Bootstrap 计算检验 F_A 的临界值，由此而形成 Wild Bootstrap 序列相关稳健的 AESTAR 单位根检验 F_A^B。我们从理论上证明了检验 F_A^B 适用于同时存在自相关和时变方差的情形。蒙特卡罗实验发现，当方差固定时，检验 F_A^C 对序列相关是稳健的。然而，对于方差存在 1 个或者 2 个结构变化点的情况，检验 F_A^C 存在明显的尺度扭曲。例如，对于方差存在 1 个结构变化点的情形（方差从 1 结构变化为 1/4），当 T = 200 时，F_A^C 检验的实际尺度为 19.2%，相反，F_A^B 检验的实际尺度为 5.6%，因此检验 F_A^B 对于时变方差和序列相关都是稳健的。我们将新的 AESTAR 单位根检验应用于亚洲国家和地区的实际汇率数据，发现一些实际汇率数据表现出明显的非对称调节特征。AESTAR 单位根检验揭示出一种特殊形式的 PPP 理论。从这个角度上说，本文为检验 PPP 理论提供了一个崭新的视角，体现出重要的应用创新。

（2）我们将目前世界前沿的 HLT(z_δ) 和 PY(t_{PY}) 确定性趋势检验的同方差假设扩展到时变方差的假设，从而可以允许方差存在一个或者多个结构变化，结构变化的形式（即突然变化或者是平滑转移变化）和结构变化的时点都假设为未知的。我们发现如果时间序列是一个单位根过程（I(1)），在时变方差条件下，z_δ 和 t_{PY} 检验仍然渐近收敛于标准正态分布，但是如果时间序列是一个平稳过程（I(0)），那么 z_δ 和 t_{PY} 检验不再渐近收敛于标准正态分布，这时的渐近分布取决于时变方差的形式。这就说明，时变方差改变了 z_δ 和 t_{PY} 检验的渐近分布而导致这两个检验都失效了。基于上述发现，本文提出了两个新的确定性时间趋势检验。即在时变方差的假设下，本文基于徐（2012）所提出的新的长期方差估计量对 z_δ 和 t_{PY} 检验进行修正，分别得到两个新的修正后的检验 z_δ^m 和 t_{PY}^m。我们从理论上证明，在时变方差下，不论时间序列是单位根过程（I(1)）还是平稳过程（I(0)），z_δ^m 和 t_{PY}^m 检验都会渐近收敛于标准正态分布。因此，在时变方差和变量单位根性质未知条件下，可以利用 z_δ^m 和 t_{PY}^m 对变量的确定性时间趋势进行检验。蒙特卡罗模拟证实，当方差固定的时候，所有的确定性趋势检验统计量都表现良好。但是当存在方差的结构变化时，检验统计量 z_δ^m 和 t_{PY}^m 有明显的尺度扭曲。比如，当 T = 500，κ = 1/3，τ = 0.2 和 ρ = 0.5 时，检验统计量 z_δ 的尺度高达 11.8%，但是相应的检验统计量 z_δ^m 的尺度为 6.4%。当 T = 500，κ = 1/3，τ = 0.2 和 ρ = 0.8 时，检验统计量 t_{PY} 的尺度高达 15.9%，但是相应的检验统计量 t_{PY}^m 的尺度为 5.6%。以上的结果从数值的角度证实，检验统计量 z_δ^m 和 t_{PY}^m 的渐近分布为正态分布，但是检验统计量 z_δ 和 t_{PY} 的渐近分布不是正态分布。我们提供了一个实证研究，检验我国的 CPI 数据是否具有显著的时间趋势。对我国 CPI 环比数据确定性趋势的检验直接影响后续非线性、单位根等检验结果的可靠性，而确定性趋势检验结果本身也具有重大的经济学含义。在 5% 显着性水平，t_{PY} 检验可以拒绝 CPI 环比数据不存在时间趋势的原假设，但是 z_δ^m 和 t_{PY}^m 不能拒绝不存在时间趋势的原假设。根据先前所述的理论和仿真结果，时变方差条件下 z_δ^m 和 t_{PY}^m 的结果更加可靠。这一实证研究充分说明了本文理论研究的应用价值。

（3）我们将标准的约翰森协整检验理论扩展至确定性趋势和方差同时存在结构变化的情形。与标准的约翰森协整检验相比，我们在 VECM 模型中增加虚拟变量，因此允许确定性趋势存在多个结构变化，我们假设确定性趋势结构变化的时点是已知的，另一方面，我们假设 VECM 模型扰动项的方差是时变的，从而可以允许方差存在一个或者多个结构变化，方差结构变化的个数、形式（突然变化或者是平滑转移变化）和结构变化的时点都是未知的。我们从理论上推导了确定性趋势和方差同时存在结构变化时协整检验统计量 Q_r 的渐近分布，发现其渐近分布同时取决于确定性趋势结构变化的时点和方差结构变化的形式，因此这一渐近分布显著不同于标准协整检验 J_r^C（Johansen，1996）、只考虑确定性趋势结构变化的协整检验 Q_r^C（Johansen et al.，2000）和只考虑方差结构变化的协整检验 J_r^B（Cavalierea et al.，2014）。在此基础上，我们提出了新的 Wild Bootstrap 协整检验方法 Q_r^B，从理论上证明了 Wild Bootstrap 协整检验统计量 Q_r^B 的渐近分布与原始的协整检验统计量 Q_r 的分布完全一样，所以当样本量趋向于无穷大的时候，Wild Bootstrap 算法可以生成渐近正确的临界值。这就证明 Wild Bootstrap 协整检验具有渐近正确的尺度。我们设计并且实现了蒙特卡罗模拟，其结果揭示了本文提出的 Q_r^B 协整检验的有限样本性质。为了比较，我们还同时考虑其它三种协整检验方法，即 J_r^C、J_r^B 和 Q_r^C 协整检验方法。我们模拟了一系列情况，对四种协整检验的有限样本性质进行了深入的比较分析。如果确定性时间趋势和方差同时存在结构变化，那么这 4 种协整检验中，只有本文所提出来的 Q_r^B 检验具有正确的尺度性质。比如，当方差存在两个结构变化，在 T = 400，$\sigma_1 = 3$，$\tau = 0.4$ 时，检验 J_r^C、J_r^B 和 Q_r^C 的实际尺度分别为 84.9%、28.2% 和 55.2%，存在非常严重的尺度扭曲，但是在相同的条件之下，Q_r^B 的尺度为 5.9%。而且，Q_r^B 估计得到真实协整秩为 1 的概率是最高的。比如，当方差存在一次结构变化，在 T = 100，$\sigma_1 = 1/3$，$\tau = 0.8$ 时，J_r^C、J_r^B 和 Q_r^C 估计得到协整秩为 1 的概率分别是 46.2%、46.7% 和 67.8%，但是 Q_r^B 估计得到协整秩为 1 的概率是 92.0%。因此，对于确定性时间趋势和方差同时存在结构变化的情形，本文所提出来的 Q_r^B 检验是最优的。这从数值的角度证实了本文研究的理论价值。

（4）我们解析了基于 VECM 模型而识别冲击和分解冲击效应的 KPSW 计量理论，在此基础上，根据我国宏观经济和数据，为分解我国 GDP 的长期趋势而构建 GDP 等宏观经济变量的协整系统，将简约的协整 VECM 模型转换为结构 VECM，继而转换成包含有协整信息的 VMA，基于此分解长期趋势。根据长期趋势的演变，基于左右截尾的正态分布而推断经济新常态的数量特征。KPSW 冲击识别理论是协整理论重要的后续发展，我们在国内首次基于 KPSW 理论分解我国经济新常态下的长期趋势，得到的结果有很丰富的政策含义，从而体现了本文的应用创新。分解结果表明，我国 GDP 的长期趋势发生结构性下移：2001～2009 年期间，GDP 的长期趋势的年均增长率为 9.88%，而 2010～2014 年则下移到 7.85%，2014 年更是下降到 7.6 个百分点。我国现阶段 GDP 增长速度的持续下降，主要源于长期趋势的结构性下移。GDP 的短期成分围绕着长期趋势而波动，形成了与货币、预期变化等短期冲击基本吻合的波动形态。特别的，短期成分从 2013 年开始向下波动，2014 年短期成分下降幅度达到 0.55，形成下降的短期成分与长期趋势相互重合，我国现阶段处于长期趋势的结构性下移和短期成分下降的叠加期。这一结果表明，我国 GDP 增速持续下降来源于长期趋势的结构性下移，遏制经济增长的持续下降最为重要的途径是通过促进和培育长期经济增长因素而促进经济的长期增长，通过实时适度刺激而扭转短期成分的下降。我国 GDP 的长期趋势从 2010 年的 9.44% 持续下降到 2014 年的 7.6%，由长期趋势的理论内涵和我国的现实可以看出，资本积累和技术进步的速度下降、人口红利消失等供给因素和其它长期经济增长因素，驱动长期趋势的结构性下移。从这个角度来说，长期趋势的结构性下移所隐含的意义之一是对应的宏观经济形成某种弱供给特征，因此，长期趋势的结构性下移，亦可以作为供给侧结构性改革的计量证据。经济新常态的宏观经济管理，应从过去的以刺激为主的宏观调控转变为促进和培育长期经济增长因素和加强供给侧的结构性改革为主，从而形成具有持久经济增长效应的长期经济发展动力，增强经济增长稳健的长期趋势。与此同时，在 GDP 的短期成分下行或者周期性下滑，实时适度的实施刺激性调控。根据本文的分解结果，2014 年可以作为实施适度刺激经济的时间节点并且延续至短期成分的止跌回升。

第二节　研　究　展　望

本文以单位根和协整检验的前沿理论为切入点，进行了一系列理论和实证研究，并得到了一些有意义的结论。但是仍然还存在大量的问题有待进一步的研究。未来可能的一些研究方向主要包括：

（1）单位根检验问题。如前所述，目前单位根理论研究的前沿在于结构变化、非线性和非对称调节对单位根检验的影响。本文重点考察的是方差的结构变化对 AESTAR 单位根检验的影响，那么，确定性趋势的结构变化会对非线性和非对称单位根产生怎样的影响，如果确定性趋势和方差同时存在结构变化，如何进行非线性和非对称的单位根检验。

（2）确定性趋势的检验问题。本文仅研究了对确定性趋势存在性的检验，未来可能的研究方向是如何检验确定性时间趋势是否存在结构变化，以及如何确定性时间趋势发生结构变化的个数。如果时间序列是一个分整，亦或者是一个爆炸根过程，如何进行确定性时间趋势的检验。

（3）协整检验问题。本文将标准的约翰森协整检验扩展至确定性趋势和方差同时存在结构变化的情形。虽然我们假设确定性趋势存在多个结构变化点，但是我们要求结构变化的时点是已知的。因此未来一个重要的研究方向是将本文的协整检验扩展至确定性趋势结构变化时点未知的情形。以上的理论问题还有待未来进一步的研究工作。

参考文献

[1] 白重恩、张琼:《中国生产率估计及其波动分解》,载于《世界经济》2015年第12期,第3~28页。

[2] 蔡昉:《认识中国经济的短期和长期视角》,载于《经济学动态》2013年第5期,第4~9页。

[3] 陈彦斌、唐诗磊:《信心、动物精神与中国宏观经济波动》,载于《金融研究》2009年第9期,第89~109页。

[4] 高阳:《现代经济周期理论述评与批判》,载于《南开经济研究》2015年第1期,第51~70页。

[5] 龚刚、高阳:《理解商业周期:基于稳定和非稳定机制的视角》,载于《经济研究》2013年第11期,第17~26页。

[6] 龚敏、李文溥:《中国经济波动的总供给与总需求冲击作用分析》,载于《经济研究》2007年第11期,第32~44页。

[7] 郭红兵、陈平:《基于SVAR模型的中国产出缺口估计及评价》,载于《数量经济技术经济研究》2010年第5期,第116~128页。

[8] 胡乃武、孙稳存:《中国经济波动的平缓化趋势分析》,载于《中国人民大学学报》2008年第1期,第43~48页。

[9] 黄桂田、赵留彦:《供给冲击、需求冲击与经济周期效应——基于中国数据的实证分析》,载于《金融研究》2010年第6期,第1~16页。

[10] 睢国余、蓝一:《中国经济周期性波动微观基础的转变》,载于《中国社会科学》2005年第1期,第60~70页。

[11] 李扬、张晓晶:《"新常态":经济发展的逻辑与前景》,载于《经济研究》2015年第5期,第4~19页。

[12] 梁琪、滕建州:《中国宏观经济和金融总量结构变化及因果关系研究》,载于《经济研究》2006年第1期,第11~22页。

[13] 林建浩、王美今：《新常态下经济波动的强度与驱动因素识别研究》，载于《经济研究》2016年第5期，第27~40页。

[14] 林建浩、王美今：《中国宏观经济波动的"大稳健"——时点识别与原因分析》，载于《经济学（季刊）》2013年第2期，第577~604页。

[15] 陆明涛、袁富华、张平：《经济增长的结构性冲击与增长效率：国际比较的启示》，载于《世界经济》2016年第1期，第24~51页。

[16] 陆旸、蔡昉：《从人口红利到改革红利：基于中国潜在增长率的模拟》，载于《世界经济》2016年第1期，第3~23页。

[17] 陆旸、蔡昉：《人口结构变化对潜在增长率的影响：中国和日本的比较》，载于《世界经济》2014年第1期，第3~29页。

[18] 吕光明：《供求冲击与中国经济波动：基于SVAR模型的甄别分析》，载于《统计研究》2009年第7期，第20~27页。

[19] 欧阳志刚、史焕平：《中国经济增长与通胀的随机冲击效应》，载于《经济研究》2010年第7期，第68~78页。

[20] 王少平、胡进：《中国GDP的趋势周期分解与随机冲击的持久效应》，载于《经济研究》2009年第4期，第65~76页。

[21] 王少平、孙晓涛：《BN周期成分的符号与我国GDP的真实周期》，载于《数量经济技术经济研究》2013年第4期，第46~56页。

[22] 卫梦星：《"反事实"思想在宏观政策效应评估中的应用》，中国社会科学院研究生院博士学位论文，2013。

[23] 袁富华：《长期增长过程的"结构性加速"与"结构性减速"：一种解释》，载于《经济研究》2012年第3期，第127~140页。

[24] 袁富华：《低碳经济约束下的中国潜在经济增长》，载于《经济研究》2010年第8期，第79~89页。

[25] 袁富华、张平、陆明涛：《长期经济增长过程中的人力资本结构——兼论中国人力资本梯度升级问题》，载于《经济学动态》2015年第5期，第11~21页。

[26] 张军、徐力恒、刘芳：《鉴往知来：推测中国经济增长潜力与结构演变》，载于《世界经济》2016年第1期，第52~74页。

[27] 张卫平、李天栋：《中国的货币在长期是中性的吗？——基于Fisher-Seater定义的研究》，载于《经济研究》2012年第4期，第89~100页。

[28] 张晓晶:《试论中国宏观调控新常态》,载于《经济学动态》2015 年第 4 期,第 12~22 页。

[29] 赵昕东:《基于 SVAR 模型的中国产出缺口估计与应用》,载于《经济评论》2008 年第 6 期,第 90~95 页。

[30] 郑挺国、黄佳祥:《中国宏观经济下行区间的冲击来源及其差异性分析》,载于《世界经济》2016 年第 9 期,第 28~52 页。

[31] 中国经济增长前沿课题组:《突破经济增长减速的新要素供给理论、体制与政策选择》,载于《经济研究》2015 年第 11 期,第 4~19 页。

[32] 中国经济增长前沿课题组:《中国经济长期增长路径、效率与潜在增长水平》,载于《经济研究》2012 年第 11 期,第 4~17 页。

[33] 中国经济增长前沿课题组:《中国经济增长的低效率冲击与减速治理》,载于《经济研究》2014 年第 12 期,第 4~17 页。

[34] 中国经济增长前沿课题组:《中国经济转型的结构性特征、风险与效率提升路径》,载于《经济研究》2013 年第 10 期,第 4~17 页。

[35] Astill S., D. I. Harvey, S. J. Leybourne and A. M. R. Taylor. 2014. Robust Tests for a Linear Trend with an Application to Equity Indices. *Journal of Empirical Finance*, 29 (4): 168 – 185.

[36] Astill S., D. I. Harvey, S. J. Leybourne and A. M. R. Taylor. 2015. Robust and Powerful Tests for Nonlinear Deterministic Components. *Oxford Bulletin of Economics and Statistics*, 77 (6): 780 – 799.

[37] Banerjee A., R. L. Lumsdaine and J. H. Stock. 1992. Recursive and Sequential tests of the Unit Root and Trend Break Hypotheses: Theory and International Evidence. *Journal of Business and Economic Statistics*, 10: 271 – 287.

[38] Barr D. R., and E. T. Sherrill. 1999. Mean and Variance of Truncated Normal Distributions. *American Statistician*, 53 (4): 357 – 361.

[39] Baxter M. and R. G. King. 1995. Measuring Business Cycles: Approximate band-pass Filters for Economic Time Series. *Review of Economics & Statistics*, 81 (4): 575 – 593.

[40] Beaudry P. and F. Portier. 2006. Stock Prices, News, and Economic Fluctuations. *American Economic Review*, 96: 1293 – 1307.

[41] Bec F., A. Guayand E. Guerre. 2008. Adaptive Consistent Unit Root Tests based on Autoregressive Threshold Model. *Journal of Econometrics*, 142 (1): 94 – 133.

[42] Bekaert G., R. J. Hodrick and X Zhang. 2009. International Stock Return Comovements. *Journal of Finance*, 64 (6): 2591 – 2626.

[43] Ben – David D., R. L. Lumsdaine and D H Papell. 2003. Unit Roots, Postwar Slowdowns and Long-run Growth: Evidence from Two Structural Breaks. *Empirical Economics*, 28: 303 – 319.

[44] Beveridge S. and C. R. Nelson. 1981. A new Approach to Decomposition of Economic Time Series into Permanent and Transitory Components with Particular Attention to Measurement of the Business Cycle. *Journal of Monetary Economics*, 7 (2): 151 – 174.

[45] Blanchard O. J. and D. Quah. 1989. The Dynamic Effcts of Aggregate Demand and Supply Disturbances. *American Economic Review*, 79 (4): 655 – 673.

[46] Boswijk H. P., G. Cavaliere, A Rahbek and A M R Taylor. 2016. Inference on Co-integration Parameters In Heteroskedastic Vector Autoregressions. *Journal of Econometrics*, 192 (1): 64 – 85.

[47] Boswijk H. P., M. Jansson and M. Nielsen. 2012. Improved Likelihood Ratiotests for Cointegration Rank in the Varmodel. *Journal of Econometrics*, 184: 97 – 110.

[48] Brandt M. W., A. Brav, J. R. Grahamand A Kumar. 2010. The Idiosyncratic Volatility Puzzle: Time Trend or Speculative Episodes? *Review of Financial Studies*, 23 (2): 863 – 899.

[49] Brggemann R., H. Lütkepohland P. Saikkonen. 2006. Residual Autocorrelation Testing for Vector Error Correction Models. *Journal of Econometrics*, 134 (2): 579 – 604.

[50] Bunzel H. and T. J. Vogelsang. 2005. Powerful Trend Function Tests that are Robust to Strong Serial Correlation, with an Application to the Prebisch-singer Hypothesis. *Journal of Business & Economic Statistics*, 23 (4): 381 – 394.

[51] Busetti F. and A. M. R. Taylor. 2003. Testing Against Stochastic Trend in the Presence of Variance Shifts. *Journal of Business and Economic Statistics*, 21: 510 – 531.

[52] Campbell J. Y., M. Lettau, B. G. Malkiel and Y. Xu. 2001. Have Individu-

al Stocks become more Volatile? an Empirical Exploration of Idiosyncratic Risk. *Journal of Finance*, 56 (1): 1-43.

[53] Canjels E. and M. W. Watson. 1994. Estimating Deterministic Trends in the Presence of Serially Correlated Errors. *Review of Economics & Statistics*, 79 (2): 184-200.

[54] Carrion-I-Silvestre J. L., D. Kim and P. Perron. 2009. Gls-based Unit Root Tests with Multiple Structural Breaks under both the Null and the Alternative Hypotheses. *Econometric Theory*, 25 (6): 1754-1792.

[55] Cavaliere G., A. Rahbek and A. M. R. Taylor. 2014. Bootstrap Determination of the co-integration Rank in Heteroskedastic VAR Models. *Econometric Reviews*, 33, 606-650.

[56] Cavaliere G., A. Rahbek and A. M. R. Taylor. 2010. Testing for Co-integration in Vector Autoregressions with Nonstationary Volatility. *Journal of Econometrics*, 158 (1): 7-24.

[57] Cavaliere G., A. Rahbek and A. M. R. Taylor. 2012. Bootstrap Determination of the Cointegration Rank in Vector Autoregressive Models. *Econometrica*, 36 (4): 272-289.

[58] Cavaliere G., D. I. Harvey, S. J. Leybourne and A. M. R. Taylor. 2011. Testing for Unit Roots in the Presence of a Possible Break in Trend and Non-stationary Volatility. *Econometric Theory*, 27 (5): 957-991.

[59] Cavaliere G., D. I. Harvey, S. J. Leybourne and A. M. R. Taylor. 2015. Testing for Unit Roots under Multiple Possible Trend Breaks and Non-stationary Volatility Using Bootstrap Minimum Dickey-Fuller Statistics. *Journal of Time Series Analysis*, 36 (5): 603-629.

[60] Cavaliere G., H. B. Nielsen and A. Rahbek. 2015. Bootstrap Testing of Hypotheses on Co-integration Relations in Vector Autoregressive Models. *Econometrica*, 83 (2): 813-831.

[61] Cavaliere G. and A. M. R. Taylor. 2006. Testing the Null of Co-integration in the Presence of Variance Breaks. *Journal of Time Series Analysis*, 27 (4): 613-636.

[62] Cavaliere G. and A. M. R. Taylor. 2007. Testing for Unit Roots in Time Series

Models with Non-stationary Volatility. *Journal of Econometrics*, 140 (2): 919 – 947.

[63] Cavaliere G. and A. M. R. Taylor. 2008. Bootstrap Unit Root Tests for Time Series with Nonstationary Volatility. *Econometric Theory*, 24 (1): 43 – 71.

[64] Cavaliere G. and A. M. R. Taylor. 2009. Heteroskedastic Time Series with a Unit root. *Econometric Theory*, 25 (5): 1228 – 1276.

[65] Cavaliere G. 2003. Asymptotics for Unit Root Tests under Markov-regime Switching. *Econometrics Journal*, 6: 193 – 216.

[66] Cheng X. and P. C. B. Phillips. 2009. Cointegrating Rank Selection in Models with Time-varying Variance. *Journal of Econometrics*, 169 (2): 155 – 165.

[67] Chen X. and T. C. Mills. 2012. Measuring the Euro Area output Gap Using a Multivariate Unobserved Components Model Containing Phase Shifts. *Empirical Economics*, 43 (2): 671 – 692.

[68] Choi C. Y. and Y. K. Moh. 2007. How Useful are Tests for Unit-root in Distinguishing Unit-root Processes from Stationary but Non-linear Processes? *Econometrics Journal*, 10 (1): 82 – 112.

[69] Christiano L. J. and T. J. Fitzgerald. 2003. The Band Pass Filter. *International Economic Review*, 44 (2): 435 – 465.

[70] Chun S. and P. Perron. 2013. Comparisons of Robust Tests for Shifts in Trend with an Application to Trend Deviations of Real Exchange Rates in the Long Run. *Applied Economics*, 45 (24): 3512 – 3528.

[71] Clark P. K. 1987. The Cyclical Component of U. S. Economic Activity. *Quarterly Journal of Economics*, 102 (4): 797 – 814.

[72] Dickey D. A. and W. A. Fuller. 1979. Distribution of the Estimators for Autoregressive Time Series With a Unit Root. *Journal of the American Statistical Association*, 74: 427 – 431.

[73] Elliott G., T. J. Rothenberg and J. H. Stock. 1992. Effcient Tests for an Autore – Gressive Unit Root. *Econometrica*, 64 (4): 813 – 836.

[74] Engle R. F. and C. W. J. Granger. 1987. Co-integration and Error Correction: Representation, Estimation, and Testing. *Econometrica*, 55 (2): 251 – 276.

[75] Garca – Cicco J., R. Pancrazi and M. Uribe. 2010. Real Business Cycles in

Emerging Countries? *American Economic Review*, 100 (5): 2510-2531.

[76] Gordon R. J. 1990. What is New-keynesian Economics? *Journal of Economic Literature*, 28 (3): 1115-1171.

[77] Gordon R. J. 2015. Secular Stagnation: a Supply-side View. *American Economic Review*, 105 (5): 54-59.

[78] Hansen H. and S. Johansen. 1999. Some Tests for Parameter Constancy in Cointegrated VAR-models. *Econometrics Journal*, 2 (2): 306-333.

[79] Hansen P. R. 2003. Structural Changes in the Cointegrated Vector Autoregressive Model. *Journal of Econometrics*, 114 (2): 261-295.

[80] Harris D., S. J. Leybourne and A. M. R. Taylor. 2016. Tests of the Co-integration Rank in VAR Models in the Presence of Apossible Break in Trend at an Unknown Point. *Journal of Econometrics*, 192 (2): 451-467.

[81] Harvey D. I., S. J. Leybourne and A. M. R. Taylor. 2009. Simple, Robust, and Powerful Tests of the Breaking Trend Hypothesis. *Econometric Theory*, 25 (4): 995-1029.

[82] Harvey D. I., S. J. Leybourne and A. M. R. Taylor. 2010. Robust Methods for Detecting Multiple Level Breaks in Autocorrelated Time Series. *Journal of Econometrics*, 157 (2): 342-358.

[83] Harvey D. I., S. J. Leybourne and A. M. R. Taylor. 2012. Unit Root Testing under a Local Break in Trend. *Journal of Econometrics*, 167 (1): 140-167.

[84] Harvey D. I. and S. J. Leybourne. 2015. Confidence Sets for the Date of a Break in Level and Trend When the Order of Integration is Unknown. *Journal of Econometrics*, 184 (2): 262-279.

[85] Harvey D. I., S. J. Leybourne and A. M. R. Taylor. 2007. A Simple, Robust and Powerful Test of the Trend Hypothesis. *Journal of Econometrics*, 141 (2): 1302-1330.

[86] Herwartz H. and H. Lütkepohl. 2011. Generalized Least Squares Estimation for Cointegration Parameters under Conditional Heteroskedasticity. *Journal of Time Series Analysis*, 32 (3): 281-291.

[87] Hodrick R. J. and E. C. Prescott. 1997. Postwar U. S. Business Cycles: an Empirical Investigation. *Journal of Money Credit & Banking*, 29 (1): 1-16.

[88] Hubrich K., H. Lütkepohland P. Saikkonen. 2001. A Review of Systems Cointe - Gration Tests. *Econometric Reviews*, 20 (3): 247 - 318.

[89] Inoue A. 1999. Tests of Cointegration with a Trend Break. *Journal of Econometrics*, 90: 215 - 237.

[90] Johansen S., R. Mosconi, and B. Nielsen. 2000. Cointegration Analysis in the Presence of Structural Breaks in the Deterministic Trend. *Econometrics Journal*, 3 (2): 216 - 249.

[91] Johansen S. and K. Juselius. 1990. Maximum Likelihood Estimation and Inference on Cointegration with Applications to the Demand for Money. *Oxford Bulletin of Economics and Statistics*, 52 (2): 169 - 210.

[92] Johansen S. 1988. Statistical Analysis of Cointegration Vectors. *Journal of Economic Dynamics & Control*, 12 (2): 231 - 254.

[93] Johansen S. 1991. Estimation and Hypothesis Testing of Cointegration Vectors in Gaussian Vector Autoregressive Models. *Econometrica*, 59 (59): 1551 - 1580.

[94] Johansen S. 1992. Determination of the Cointegration Rank in the Presence of a Linear Trend. *Oxford Bulletin of Economics and Statistics*, 54 (3): 383 - 397.

[95] Johansen S. 1994. The Role of the Constant and Linear Terms in Cointegration Analysis of Nonstationary Variables. *Econometric Reviews*, 13 (2): 205 - 229.

[96] Johansen S. 1996. Likelihood based Inference on Cointegration in the Vector Autoregressive Model. Oxford University Press.

[97] Johansen S. 2000. Abartlett Correction Factor for Tests on the Cointegrating Relations. Econometric Theory, 16 (5): 740 - 778.

[98] Johansen S. 2002. A Small Sample Correction for the Test of Cointegrating Rank in the Vector Autoregressive Model. *Econometrica*, 70 (5): 1929 - 1961.

[99] Johansen S. 2005. Interpretation of Cointegrating Coeffcients in the Cointegrated Vector Autoregressive Model. *Oxford Bulletin of Economics and Statistics*, 67 (1): 93 - 104.

[100] Johansen S. 2010. Some Identification Problems in the Cointegrated Vector Autoregressive Model. *Journal of Econometrics*, 158 (2): 262 - 273.

[101] Kapetanios G., Y. Shinand, A. Snell. 2003. Testing for a Unit Root in the

Nonlinear STAR Framework. *Journal of Econometrics*, 112 (2): 359 – 379.

[102] Kejriwal M. and P. Perron. 2010. A Sequential Procedureto Determine the Number of Breaks in Trend with an Integrated or Stationary Noise Component. *Journal of Time Series Analysis*, 31 (5): 305 – 328.

[103] Kim C. J. and C. R. Nelson. 1999. Has the U. S. Economy Become More Stable? A Bayesian Approach Based on a Markov – Switching Model of the Business Cycle. *Review of Economics & Statistics*, 81 (4): 608 – 616.

[104] Kim D. and P. Perron. 2009. Unit Root Tests Allowing for a Break in the Trend Function at an Unknown Time under both the Null and Alternative Hypotheses. *Journal of Econometrics*, 148 (1): 1 – 13.

[105] Kim T. H. , S. Leybourne and P. Newbold. 2002. Unitroot Tests with a Break in Innovation Variance. *Journal of Econometrics*, 109 (2): 365 – 387.

[106] Kim T. H. , S. J. Leybourneand P. Newbold. 2000. Spurious Rejections by Perron Tests in the Presence of a Break. *Oxford Bulletin of Economics and Statistics*, 62 (3): 433 – 444.

[107] King R. G. , C. I. Plosser, J. H. Stock and M. W. Watson. 1991. Stochastic Trends and Economic Fluctuations. *American Economic Review*, 81 (4): 819 – 840.

[108] Kwiatkowski D. , P. C. B. Phillips, P. Schmidt and Y. Shin. 1992. Testing the Null Hypothesis of Stationarity Against the Alternative of a Unit Root: How Sure are We that Economic Time Series have a Unit Root? *Journal of Econometrics*, 54 (1 – 3): 159 – 178.

[109] Lilliefors H. W. 1967. On the Kolmogorov-smirnov Test for Normality with Mean and Variance Unknown. *Journal of the American Statistical Association*, 62 (318): 399 – 402.

[110] Ling S. , W. K. Li and M. McAleer. 2003. Estimation and Testing for Unit Root Processes with Garch (1, 1) Errors: Theory and Monte Carlo Evidence. *Econometric Reviews*, 22 (2): 179 – 202.

[111] Lorenzoni G. 2009. A. Theory of Demand Shocks. *American Economic Review*, 99 (5): 2050 – 2084.

[112] Lütkepohl H. , P. Saikkonenand C. Trenkler. 2003. Comparison of Test for

the Cointegrating Rank of a Var Process with a Structural Shift. *Journal of Econometrics*, 113（2）: 201 - 229.

［113］Lütkepohl H. , P. Saikkonen and C. Trenkler. 2004. Testing for the Cointegrating Rank of a Var Process with Level Shift at Unknown Time. *Econometrica*, 72（2）: 647 - 662.

［114］Maki D. 2008. Tests for a Unit Root Using Three-regime Tar Models: Power Comparison and Some Applications. *Econometric Reviews*, 28（4）: 335 - 363.

［115］Mcconnell M. M. and G. Perez - Quiros. 2000. Output Fluctuations in the United States: What has Changed Since the Early 1980's? *American Economic Review*, 90: 1464 - 1476.

［116］Morley J. 2002. A State-space Approach to Calculating the Beveridge - Nelson Decomposition. *Economics Letters*, 75（1）: 123 - 127.

［117］Nelson C. R. and C. R. Plosser. 1982. Trends and Random Walks in Macroeconmic Time Series: Some Evidence and Implications. *Journal of Monetary Economics*, 10（2）: 139 - 162.

［118］Ng S. and P. Perron. 2001. Lag Length Selection and the Construction of Unit Root Tests with Good Size and Power. *Econometrica*, 69（6）: 1519 - 1554.

［119］Omtzigt P. and S. Fachin. 2006. The Size and Power of Bootstrap and Bartlett-Corrected Tests of Hypotheses on the Cointegrating Vectors. *Econometric Reviews*, 25（1）: 41 - 60.

［120］Ouyang M. , and Y. Peng. 2015. The Treatment-effect Estimation: A Case Study of the 2008 Economic Stimulus Package of China. *Journal of Econometrics*, 188（2）: 545 - 557.

［121］Perron P. and T. Wada. 2010. Let's Take a Break: Trendsand Cycles in US Real GDP. *Journal of Monetary Economics*, 56（6）: 749 - 765.

［122］Perron P. and T. Yabu. 2009. Estimating Deterministic Trends with an Integrated or Stationary Noise Component. *Journal of Econometrics*, 151（1）: 56 - 69.

［123］Perron P. and T. Yabu. 2009. Testing for Shifts in Trend with an Integrated or Stationary Noise Component. *Journal of Business & Economic Statistics*, 27（3）: 369 - 396.

[124] Perron P. 1986. Trends and Random Walks in Macroeconomic Time Series: Further Evidence from a New Approach. *Journal of Economic Dynamics & Control*, 12 (2): 297-332.

[125] Perron P. 1989. The Great Crash, the Oil Price Shock, and the Unit Root Hypothesis. *Econometrica*, 57 (6): 1361-1401.

[126] Phillips, P. C. B. and P. Perron. 1988. Testing for a Unit Root in Time Series Regression. *Biometrika*, 75: 335-346.

[127] Roy A., B. Falk and W. A. Fuller. 2004. Testing for Trend in the Presence of Autoregressive Error. *Journal of the American Statistical Association*, 99 (468): 1082-1091.

[128] Saikkonen P., H. Lütkepohl and C. Trenkler. 2006. Break Date Estimation for Var Processes with Level Shift with an Application to Cointegration Testing. *Econometric Theory*, 22 (1): 15-68.

[129] Saikkonen P. and H. Lütkepohl. 2000. Testing for the Cointegrating Rank of a Var Process with Structural Shifts. *Journal of Business & Economic Statistics*, 12 (4): 414-435.

[130] Smallwood A. D. 2016. A Monte Carlo Investigation of Unit Root Tests and Long Memory in Detecting Mean Reversion in Regime Switching, Structural Break, and Nonlinear Data. *Econometric Reviews*, 35 (6): 986-1012.

[131] Sobreira N. and L. C. Nunes. 2016. Tests for Multiple Breaks in the Trend with Stationary or Integrated Shocks. *Oxford Bulletin of Economics and Statistics*, 307 (3): 143-150.

[132] Swensen A. R. 2006. Bootstrap Algorithms for Testing and Determining the Cointegration Rank in VAR Models. *Econometrica*, 74: 1699-1714.

[133] Taylor J. B. 2000. Teaching Modern Macroeconomics at the Principles Level. *American Economic Review*, 90 (2): 90-94.

[134] Toda H. Y. 1994. Finite Sample Properties of Likelihood Ratio Tests for Cointegrating Ranks When Linear Trends are Present. *Review of Economics and Statistics*, 76 (1): 66-79.

[135] Toda H. Y. 1995. Finite Sample Performance of Likelihood Ratio Tests for

Cointegrating Ranks in Vector Autoregressions. *Econometric Theory*, 11 (5): 6868 - 6872.

[136] Trenkler C., P. Saikkonenand H. Lütkepohl. 2008. Testing for the Cointegrating Rank of a Var Process with Level Shift and Trend Break. *Journal of Time Series Analysis*, 29 (2): 331 -358.

[137] Trenkler C. and E. Weber. 2016. On the Identication of Multivariate Correlated Unobserved Components Models. *Economics Letters*, 138: 15 -18.

[138] Trenkler C. 2009. Bootstrap Systems Cointegration Tests with a Prior Adjustment dor Deterministic Terms. *Econometric Theory*, 25 (1): 243 -269.

[139] Tu Y. and Y. Yi. 2017. Forecasting Cointegrated Nonstationary Time Series with Time-varying Variance. *Journal of Econometrics*, 196 (1): 83 -98.

[140] Vogelsang T. J. and P. Perron. 1998. Additional Tests for a Unit Root Allowing for a Break in the Trend Function at an Unknown Time. *Journal of Econometrics*, 39 (4): 1073 -1100.

[141] Vogelsang T. J. 1998. Trend Function Hypothesis Testing in the Presence of Serial Correlation. *Econometrica*, 66 (1): 123 -148.

[142] Zivot E. and D. W. K. Andrews. 2002. Further Evidence on the Great Crash, the Oil-price Shock, and the Unit-root Hypothesis. *Journal of Business & Economic Statistics*, 10 (1): 251 -270.